教育部人文社科基金项目"空间视阈下城市记忆的建构与传播研究—以长沙为例"（17YJAZH017）成果

留住乡愁
城市记忆的空间传播

邓　庄　著

人民出版社

责任编辑：李椒元

装帧设计：中联学林

责任校对：张明明

图书在版编目（CIP）数据

留住乡愁：城市记忆的空间传播／邓庄 著．

—北京：人民出版社，2020.5

ISBN 978－7－01－021855－7

Ⅰ.①留… Ⅱ.①邓… Ⅲ.①大众传播—研究②城市景观—研究
③城市文化—研究 Ⅳ.①G206.3②TU984③C912.81

中国版本图书馆 CIP 数据核字（2020）第 012506 号

留住乡愁

LIUZHU XIANGCHOU

——城市记忆的空间传播

邓 庄 著

人民出版社 出版发行

（100706 北京市东城区隆福寺街 99 号）

三河市华东印刷有限公司印刷 新华书店经销

2020 年 5 月第 1 版 2020 年 5 月北京第 1 次印刷

开本：710 毫米×1000 毫米 1/16 印张：16

字数：236 千字 印数：0,001－3,000 册

ISBN 978-7-01-021855-7 定价：40.00 元

邮购地址：100706 北京市东城区隆福寺街 99 号

人民东方图书销售中心 电话：（010）65250042 65289539

目　录

Contents

绪　论 …………………………………………………………… 1

一、理论和实际价值　1

二、国内外研究现状与趋势　4

三、研究思路与方法　6

第一章　空间、城市记忆与传播 ………………………………… 7

第一节　空间与传播　9

一、空间内涵的多元与演进　9

二、空间与媒介的互构　16

三、城市与媒介的交融　26

第二节　空间视阈下城市记忆的传播　30

一、城市记忆的内涵、特征与构成　30

二、城市记忆的空间性传播　51

第二章 空间嬗变与城市表征 ………………………………… 60

第一节 城市实体空间的媒介角色 61

一、建筑即媒介 61

二、景观与记忆 63

第二节 怀旧空间的文化传播 70

一、怀旧空间的文化意蕴 70

二、怀旧空间的媒介化 74

三、纪念性空间的认同建构 82

第三节 空间的争夺 90

一、景观变迁与民意 91

二、空间冲突与舆情应对 95

第三章 媒介叙事与地方记忆 ………………………………… 98

第一节 媒介书写与地方记忆 98

一、城市记忆书写的媒介功用 98

二、城市记忆书写的媒介机制 101

第二节 城市杂志的"怀旧书写" 109

一、媒体"怀旧书写"的产生背景 110

二、城市杂志"怀旧书写"的策略 111

三、城市杂志"怀旧书写"的意义与反思 115

四、对媒体"怀旧书写"的反思 117

第三节 地域文化专刊的"地域书写" 118

一、"地域书写"的兴起 118

二、"地域书写"的策略 119

三、《湖湘地理》对长沙记忆的书写 125

四、对"地域书写"的反思 133

第四节 电视民生栏目的"市井味道" 134

一、地域贴近,捕捉市井风情 135

二、情感贴近,构筑心理认同 138

第五节 电视纪录片的历史记忆 142

一、城与人的变迁 143

二、纪实与艺术的结合 148

第六节 微信公众号的城市记忆 154

一、微信公众号传播内容 155

二、微信公众号传播的反思 160

第四章 日常生活实践与城市意义网络······163

第一节 日常生活实践与城市记忆 164

一、日常生活与记忆 164

二、身体空间与记忆 167

第二节 城市行走与城市体验 170

一、从城市文本到城市行走 170

二、移动互联网与城市体验 172

第五章 文化记忆的展演与地方认同······181

第一节 地方博物馆、文化记忆与地方认同 181

一、集体文化记忆汇聚地 183

二、地方文化活动中心 185

第二节 地方博物馆的展陈传播 186

一、博物馆展陈的美学、政治和科学维度 187

二、地方博物馆的展陈传播与城市认同 190

第三节 地方博物馆的社交媒体传播 219

一、新媒体环境下博物馆的角色变迁　219

二、地方博物馆微博传播内容　222

三、地方博物馆微博传播策略　231

四、地方博物馆微博传播问题与建议　235

结　语·· 238

参考文献·· 241

后　记·· 246

绪　论

一、理论和实际价值

记忆和乡愁是中国文化中挥之不去、浓厚重彩的刻痕，如果不了解记忆和乡愁的意义，就很难理解中国文化的灵魂和精神。记忆和乡愁所依附的空间，是其赖以延续和发展的载体。城市记忆是一种"文化乡愁"，一种随现代化平整运动而产生的文化传统的失落感和追忆情绪，是现代性文明和文化的副产品。[①] 我们需要从全球地方变迁视野下重新认识当代乡愁。

城市与记忆密不可分。城市是人类集体记忆的场所，城市记忆具有空间性，强调在城市空间中产生的记忆，是反映城市中的社会群体对城市各个时间断面内所有有形物质环境和无形精神文化的共同记忆。[②]

一方面，城市是记忆的源泉，透过地方的生产是建构记忆的主要方式之一，因为记忆扎根于人们真实的地方和社会经历中，地方是重要的助记符。建筑学家多洛蕾斯·海登指出，由于地方对人的各种感官的综

---

① 万俊人：《经济全球化与文化多元论》，《中国社会科学》2001 年第 2 期。
② Rossi A. The Architecture of the City［M］. Cambridge：MIT Press. 1984：79

合刺激，使地方成为强大的记忆源泉，位于都市地景历史的核心①。哲学家凯西（Casey E. S）指出，机敏而鲜活的记忆自动会与地方发生关联，在地方找到有利于记忆活动并足以与记忆搭配的特质。② 因此，记忆自然而然是地方导向的，或至少是得到地方支撑的。

另一方面，记忆也赋予地方以情感和意义，使人们产生对于地方的依恋，成为创造"地方感"的重要方式。各种历史文化景观充盈着城市的记忆，塑造着城市地方感。当我们把记忆和意义融入感知体验，使城市成为一个个具有意义和情感的地方，就造就了令人难以忘记的地方特质，将一处处单纯的物质空间转变为美好和令人愉悦的人性化场所。正如四合院、胡同之于北京，外滩、豫园、石库门之于上海，西关、沙面之于广州，西湖、灵隐寺之于杭州一样，夫子庙、中山陵之于南京一样，城市记忆赋予城市以个性化的鲜活生命力。

城市记忆离不开媒介和传播。建筑学者认为，城市记忆是一种由城市记忆客体、城市记忆主体和城市记忆载体相互作用的连续演变动态系统。城市记忆载体作为记忆显形、保存和传递的媒介，使人们在回忆与体验中产生对城市的依恋与认同。③ 由于科技发展，人们更多依靠书籍、报刊、电视或网络等外在化记忆载体或装置，而不是与人体、人脑密切相关的内在记忆。传播学者认为，城市是一种媒介，此媒介不仅仅是大众传媒，还包含了传播的各种方式和工具，如日常交流、邮政交通、印刷出版、各种物质和文化空间，"城市的实质是经由传播构筑的

①　Hayden D. The Power of Place：Urban Landscapes as Public History ［M］. Cambridge：MIT Press. 1995：18

②　Casey E. S. Remembering：A Plenomenological Study ［M］. Bloomington ：Indiana University Press. 1987：186

③　朱蓉，吴尧：《城市·记忆·形态：心理学与社会学视维中的历史文化保护与发展》，东南大学出版社2013年版，第48页。

网络化的中介关系"①。由于人们在现代城市空间的体验是融合性的，物质空间、传播媒介、社会实践共同构筑了现代社会生活的传播、交往、沟通的过程，因此城市记忆是在实体空间、虚拟空间与人们的空间实践中生成的。城市记忆传播的意义不仅在于传递信息，还有社会交往、意义共享；传播的媒介不仅是大众媒介，还有物质空间，乃至一切连接主客体的中介；传播的目的不仅在于社会整合，还包括地方感的营造、仪式感的实现、人与人关系的建构。

总之，城市是人类集体记忆的场所。城市记忆是时间的，也是空间的；是过去的，也是当下的；是个人的，也是社会的。记忆客体和载体的丰富性、记忆生产者的灵活性和记忆消费者的颠覆性，决定了传播在城市记忆中的重要作用，媒介是城市记忆元素重要的培育者。

中国城市空前的变化速度所带来的形象的趋同与无序、社群的认知认同危机等一系列现象与问题，背后隐藏着与社会体系、社会心理、城市建设价值观等密不可分的诸多原因。2012 年，中央城镇化工作会议明确提出新型城镇化要"望得见山、看得见水、记得住乡愁"。2015年，中央城市工作会议提出"保护弘扬中华优秀传统文化，延续城市历史文脉，保护好前人留下的文化遗产"。因此，加强城市记忆的研究，尤其是超越物质环境的维度，开掘在文化领域的深度研究，具有重要意义。

本研究将城市记忆领域内分属物质空间、精神文化和社会交往等不同层面的问题与现象整合到传播立场加以考察，探求在地理/建筑、媒介/信息、历史/文化的理论对话中实现整合与相互借鉴的可能性，拓展和深化了城市记忆的研究。同时从空间视角开展城市传播研究，在原有的历史和社会维度之外，拓展和丰富了传播与媒介的研究。

---

① 孙玮：《城市传播：重建传播与人的关系》，《新闻与传播研究》2015 年第 7 期。

从实际应用价值来说，本研究的成果有助于缓解文化断裂和记忆残缺的危机，留住城市特色基因，可持续地传承和发展中华文化遗产，建设美好家园。对于城市文化遗产保护、城市形象推广、城市建设和旅游开发具有一定的参考和借鉴作用。

二、国内外研究现状与趋势

城市记忆汇集了建筑学、地理学、社会学、文学、新闻传播学、历史学、档案学等多个学科，包括城市记忆保护，城市记忆和文化，城市街区、历史地段的记忆，城市记忆与城市空间形态、建筑景观，城市记忆测度等诸多议题，主要涉及三方面内容。

一是城市记忆的特点、时空要素和属性。如斯蒂芬·莱格（2008）、穆宰尼（2005）、钱智勇（2008）等提出，城市是人类集体记忆的场所，城市集体记忆具有空间性，由一系列代表不同时期的历史文献资源、建筑、街道和文物古迹等历史坐标点串联而成。周晓冬（2009）、李王鸣（2010）、汪芳（2012）等研究者，将城市记忆要素分成空间、景观、综合感知和社会关系要素四部分；或从记忆者、记忆对象、记忆途径、记忆支撑基质四个主体要素出发，对城市记忆度进行定量测算；指出历史地段承载着与城市历史相关的城市记忆，其中名人、街巷空间、建筑形式以及商业业态是重要的城市记忆变量。

二是城市记忆与建筑景观、地方感和文化遗产。近年来，大卫·哈维（2000）、蒂姆·科瑞斯威尔（2010）、迪维亚·托亚利·凯利（2004）、朱竑（2010）、刘沛林（2013）等文化、政治和地理学者关注记忆、认同和城市景观间的关系，认为建筑景观作为人类文化的载体，具有记忆储存作用，充分展示城市演化和发展的历史，而景观与记忆的相互作用，塑造了地方的文化特征，形成地方认同感。汪芳、吕舟、张兵（2017）等学者认为，记忆使物理空间转变成具有社会意义的场所，研究城乡记忆与空间实践间的关系，可以更深入地理解城乡空间的社会意义。王霄冰（2007）、舒开智（2008）认为，城市记忆与文化遗产的研究更多地关注非物质形态的文化遗产，呼吁保护和复兴传统的节庆文化，以纪念仪式和体验参与强化民族的共同集体记忆和文化认同。

三是城市记忆的社会建构。哈布瓦赫、福柯、康纳顿、海登等西方学者在相关论述中认为，社会建构成为城市集体记忆的重要特性，作为展现城市创造力和文化精神的重要载体，城市集体记忆受到社会群体的理想、信仰、制度、伦理和价值观等社会性要素的深刻影响莱格。（Legg S，2007）、雷德伍德（Rose-Redwood R S，2008）等国外人文地理学者关注公共空间的纪念碑、塑像、纪念仪式、纪念性街道名、博物馆等是如何被社会建构的，以及纪念空间的空间特质。媒介在集体记忆的社会建构中有重要作用，影视、新闻、文学、广告等建构了城市记忆的文化空间和情感空间，成为城市记忆的重要组成部分。例如：李欧梵（2010）对旧上海的文化记忆与文化地图进行想象性的重构，描绘出上海都市文化的现代性景观；孙玮（2009）以上海开埠160周年的报纸文本为分析对象，分析媒介通过对"想象的地理"进行描述来建构城市共同体；景秀明（2009）以20世纪散文作家的江南城市想象与记忆为对象，探讨江南城市形象建构以及背后的文化意识与审美观念。聂远征（2011）从空间叙事角度阐述纪念性报道对形塑地方主义文化景观、寻求民众城市文化认同的意义；柏大铭（2005）分析文本、戏剧、电影以意识形态价值定义空间的身份，将都市景观转变成历史记忆与权力规训的载体，成为推广中国城市生活新景象的重要方式；邵培仁（2010）从媒介地理学角度分析在传播与媒介领域激活和强化地方感和地方性，对于传承美德、弘扬传统与文化记忆以及社会建构的作用。

综合来看，城市记忆成为一个跨学科领域，视角不断拓展，内容不断丰富和深化，为本课题研究提供了丰富的理论资源。但上述研究呈现以下不足。一是缺乏各学科融合的综合分析研究。城市记忆是多学科之间的交汇点，但相关研究呈现出"各自为政"的情形，大都是单方面地从各自理论角度出发，跨学科综合研究比较少，系统化的学科协同研究成果缺乏。二是城市记忆与传播研究在理论框架和研究方法上有一定局限。现有研究多为结构—功能主义的范式，成果多集中于文本个案、单个历史事件的解读，缺乏更为宏观的社会和历史观，缺少空间视角的研究。

三、研究思路与方法

本书立足空间视阈，利用多学科知识对城市记忆的建构与传播展开系统研究，从地理景观、大众媒介和日常生活三个空间场域，以长沙、上海等国内城市为研究对象，揭示城市记忆建构的内容、策略与机制，探析城市记忆的生产、消费与体验，探讨与反思城市记忆建构与传播的价值与意义。

本书综合采用文献分析、文本分析、访谈与实地调查等研究方法。一是文献分析。查阅国内外理论著作和相关论文，掌握新闻传播学、文化地理学、社会学、建筑学、文学、文化学、历史学等多学科的最新成果，把握研究历程、现状、前沿。二是文本分析与话语分析。收集报纸、杂志、电视、网络的相关文本，开展细致的文本分析和话语分析。其目的是解读文本的样式、特征和内涵，推论文本主题的社会和文化意义，从而归纳出记忆建构的主题、策略与机制。三是访谈与实地调查。田野调查以保存大量历史文化遗存的长沙太平街、潮宗街、化龙池、白果园等长沙历史文化街巷为主，采用对象访谈、问卷调查、实地观察等方法，对受访对象的日常生活经验、历史文化意识、社会环境感受和传播实践进行分析，综合考察其对城市记忆的生产、消费与体验。

第一章　空间、城市记忆与传播

城市与记忆密不可分，城市是人类集体记忆的场所。城市记忆具有空间性，即强调在城市空间中产生的记忆，是反映城市中的社会群体对城市各个时间断面内所有有形物质环境和无形精神文化的共同记忆。①

城市记忆离不开媒介和传播。建筑学者认为，"城市记忆是一种由城市记忆客体、城市记忆主体和城市记忆载体相互作用的连续演变动态系统"，"城市记忆载体作为记忆显形、保存和传递的媒介，使人们在回忆与体验中产生对城市的依恋与认同"。② 由于科技发展，人们更多依靠书籍、报刊、电视或网络等外在化记忆载体或装置，而不是与人体、人脑密切相关的内在记忆。

空间的本质是社会关系。20 世纪 70 年代以来，以列斐伏尔、福柯、哈维为代表的学者推动了空间研究的转向，空间经历了由物质的、自然的空间转向精神的、社会的空间的嬗变过程，他们将更多的注意力

---

① Rossi A. The Architecture of the City，Cambridge：MIT Press. 1984，PP. 79
② 朱蓉，吴尧：《城市·记忆·形态：心理学与社会学视阈中的历史文化保护与发展》，东南大学出版社 2013 年版，第 48 页。

放在社会空间上。① 而媒介在本质上也与社会关系紧密相连。"因尼斯发现了媒介的空间属性,并将媒介的空间属性与社会发展紧密联系在一起,从而在一定意义上阐释了媒介的社会关系属性";另一方面,"空间也具有媒介的属性,它承载并传递着社会关系的信息"。因此,媒介与空间这两者"在社会关系框架内达到了一致,空间具有媒介性质,媒介也具有空间属性",空间与媒介形成一种互构关系。② 总之,作为人类传播与交往展开的空间成为交织多种实践活动的媒介,融合了物质性、关系性以及历史文化等多维传播意义,体现了空间与人不同形态的互动关系。

城市是空间的核心呈现形式,也是空间发展的重要阶段,因而传播学者在考察空间时通常把城市作为研究对象。城市是一种媒介,此媒介不仅仅是大众传媒,它包含了传播的各种方式和工具,如日常交流、邮政交通、印刷出版、各种物质和文化空间,"城市的实质是经由传播构筑的网络化的中介关系"③。由于人们在现代城市空间的体验是融合性的,物质空间、传播媒介、社会实践共同构筑了现代社会生活的传播、交往、沟通的过程,因此城市记忆是在实体空间、虚拟空间与人们的空间实践中建构与传播的。传播的媒介不仅是大众媒介,还有物质空间,乃至一切连接主客体的中介;传播的目的不仅在于社会整合,还包括地方感的营造、仪式感的实现、人与人关系的建构;传播的意义不仅在于传递信息,还有社会交往、意义共享。在空间与传播错综交织的关系中,促成了传播作为信息传递、公共交往以及意义共享的丰富性。

---

① 陶东风,周宪主编:《文化研究》(第 10 辑),社会科学文献出版社 2010 年版,第 70 页。
② 李彬,关琮严:《空间媒介化与媒介空间化:论媒介进化及其研究的空间转向》,《国际新闻界》2012 年第 5 期。
③ 孙玮:《城市传播:重建传播与人的关系》,《新闻与传播研究》2015 年第 7 期。

第一节　空间与传播

空间转向介入传播学催生了"空间传播"。空间传播是"在空间转向思潮背景下传播学领域的空间转向，即把物质空间和社会空间作为与大众媒介相互嵌入的传播介质和平台"①，考察空间在传播活动中的信息传递、关系生产、意义建构的作用，考察空间中人的交往，从而产生的新的传播学范式。

一、空间内涵的多元与演进

20 世纪末以来，空间成为社会科学研究的新视角和有效理解社会的新范式，空间的科学研究转向空间的文化研究。

时间和空间是人类存在的基本范畴，也是考察各种传播活动和媒介实践的坐标。在传统的社会理论中，空间长期以来被看作是死亡的、非辩证的、静止的，被简单地视为社会行动的环境或舞台；时间却被看作是丰富的、多产的、有生命力的、辩证的。

20 世纪以来，空间发生了本质性变化，当代空间在地理空间之外获得了扩张的新途径。大量空间概念被创造出来，自然空间、社会空间、文化空间、体验空间、精神空间、虚拟空间、赛博空间等，空间问题已经成为当代批判社会理论必须严肃面对的重大课题。20 世纪中期以来，哲学、政治学、地理学、社会学、心理学等出现的学科理论空间化的动向，是对过去长期偏重时间性而忽视空间性的一种反拨。

空间的概念在不同学科有不同的描述和定义，在哲学、数学、物理

---

① 刘娜，张露曦：《空间转向视角下的城市传播研究》，《现代传播》2017 年第 8 期。

学、地理学、人类学、社会学各学科中，乃至在人们日常生活中的空间概念，其内涵和功能都存在较大差异。空间是人类生存发展永恒的和不断变化的主题，社会、技术、经济等的发展，导致空间在人类社会和学科学术的不同领域都出现了新的变化和重新界定的要求。

（一）自然空间与社会空间

关于当代哲学社会科学是否从关注时间转向关注空间，有两种截然不同的观点，一种观点认为当代空间的重要性超过时间，另一种观点认为由于现代社会的加速，时间变得更重要，而空间由于不断被克服而失去意义。① 造成观点对立的原因在于对空间的概念理解不同。主张空间重要的观点，其空间概念大多不限于地理，而是包括了更丰富的内涵。从地理学、人类学、哲学等学科来看，对空间的认识和理解都有一个从自然空间到社会空间的过程，空间概念成为社会学理论的核心概念。

当代人文研究中的热门主题——空间，在很大程度上发轫于地理学的空间概念，而且其使用的情形和内涵与地理学最初的空间含义有很大相关性。"地理学中的空间概念，源于大地测量，升华于人地关系"，地理学中的空间，首先是地球表层由经纬度标度的球面，而且在日常生活中是以一个平面的形式展现的几何范围，其次是由起伏的地形地貌构成的地面，即在平面空间叠加海拔因素后的三维空间，再次是某种现象占据空间的范围及其本身，如陆地空间、海洋空间乃至附加了人类文化现象的社会空间、意象空间、象征空间、文化空间等；尤其是 20 世纪70 年代以来，"地理学通过感知地图或认知地图的研究，逐步重视人类主观对空间的反映"，"人文主义地理学以人类意向、目标和意图来界定空间而替代实证主义地理学的几何空间，使得地理学的空间超脱了一

---

① 冯雷：《理解空间：现代空间观念的批判与重构》，中央编译出版社 2008 年版，第5 页。

般数学、物理意义上的空间，而承载了人类的主观属性如知觉、意义、价值、符号、象征、认同、情感"。①

20 世纪初，人类学研究从地理空间转向文化空间。如哲学家恩斯特·卡西尔（Ernst Cassirer）提出了知觉空间、神话空间和抽象空间这三种主要的空间类型，强调了人类空间的符号特征，人的本质体现在神话空间和抽象空间这两种符号空间中。卡西尔认为，"人的优越之处在于靠着思维过程获得了抽象空间的概念，正是抽象空间这种观念为人类开辟了文化的世界"，② 而且，"唯有以这种新的独特的空间形式为媒介，人才能形成一个独一无二的、系统的宇宙秩序的概念。"③

20 世纪以前，哲学空间概念大体上是形而上学的，基本特征是把抽象空间看作唯一和普遍的空间形式。"由于实验心理学和人类学这两个新学科的兴起，空间成为实证性的问题"，"心理学通过对个体的空间知觉的实验研究，证明各种空间形式是人与周围环境互动的结果，身体和环境交叉显现出生动的知觉空间"，"人类学通过对不同民族、不同文化的比较研究，证明存在着截然不同的空间意识，使我们对语言、神话、宗教、艺术当中隐藏着的象征性空间有更多了解"。④ 因此，正是"由于对知觉空间和象征性空间的了解，20 世纪的哲学家才得以清算形而上学的空间，确认抽象空间的文化史意义，从空间的视角重建历

---

① 陶东风，周宪主编：《文化研究》（第 10 辑），社会科学文献出版社 2010 年版，第 70 - 79 页。
② 冯雷：《理解空间：现代空间观念的批判与重构》，中央编译出版社 2008 年版，第 86 页。
③ ［德］恩斯特卡西尔：《神话思维》，黄龙保等译，中国社会科学出版社 1992 版，第 94 页。
④ 冯雷：《理解空间：现代空间观念的批判与重构》，中央编译出版社 2008 年版，第 29 页。

史、社会理论、使空间重新成为当代哲学的一大支柱"。①

进入当代以后，列斐伏尔、福轲、哈维、吉登斯、爱德华·索亚、布迪厄、卡斯特尔等学者对空间做出一系列开拓性研究，使空间问题成为西方主流社会学的核心问题，空间概念成为社会学理论的核心概念。法国思想家亨利·列斐伏尔（Henri Lefebvre）力图纠正传统理论对空间的简单认识，他认为，"空间里弥漫着社会关系，它不仅被社会关系支持，也生产社会关系和被社会关系所生产"，从而做出了"空间是社会关系的产物"这一重要论断。②为了区别于原始的空间，后现代地理学的代表人物爱德华·索亚提出"空间性"的概念，试图表达"空间在其本身也许是原始赐予的，但空间的组织和意义却是社会变化、社会转型和社会经验的产物"。③

综上所述，空间是社会属性与自然属性的统一，包括客观物质环境意义上的空间与充满主体性的主观的空间。以解析几何为特征的数学空间和以物质构成为特征的物理空间，两者构成了广义的绝对空间或者说客观空间，这是地理空间的基础。同时空间不是一个中立的或被动的几何态，空间、空间形态和空间行为间的关系不仅取决于自然的空间法则，同样也是社会、政治、经济和文化关系的产物。因此"完整的空间认识论应是自然属性和社会属性的统一"④，是从自然空间、物质空间、地理空间到社会空间、精神空间、文化空间的建构过程。

总而言之，"随着后现代和全球化时代的到来，空间的概念由单纯的、物质的、自然的、静态的、清晰严格的术语，逐渐走向复杂的、多

---

① 冯雷：《理解空间：现代空间观念的批判与重构》，中央编译出版社 2008 年版，第30 页。

② 包亚明：《现代性与空间的生产》，上海教育出版社 2003 年版，第 48 页。

③ ［美］爱德华·W. 苏贾：《后现代地理学》，王文斌译，商务印书馆 2004 年版，第121 页。

④ 石崧：《人文地理学"空间"内涵的演进》，《地理科学》2005 年第 3 期。

元的、精神情感的、社会的、动态的、边界模糊的综合性概念"，这是
由于"原始的用以描述传统社会生产关系和人地关系的倾向于物质的
空间概念，对于当代信息化、全球化背景下的社会关系和空间想象以及
新的象征空间，逐渐失去其描述功能和作用，因此出现空间的泛化和嬗
变"，即空间经历了"由物质的、自然的空间转向精神的、社会的空间
的嬗变过程"。①

（二）地域空间与流动空间

网络社会理论的奠基人曼纽尔·卡斯特认为，在世界范围内信息技
术和新自由主义两大社会潮流融合发展中，新的社会形式和新的空间变
化从中产生——网络社会正在崛起，"作为一种历史趋势，信息时代的
支配性功能与过程日益以网络组织起来，网络构建了我们社会的新社会
形态，而网络化的逻辑的扩散实质地改变了生产、经验、权力与文化过
程中的操作和结果"；而流动空间是当代网络社会新的空间形式，"环
绕着各种流动——例如资本流动，信息流动，技术流动，组织性互动的
流动，影像、声音和象征的流动——而构建起来的"；换言之，流动是
网络社会的主导性活动，因而支撑这种流动的空间形式也应该是流动
的，即"流动空间"，包括三个层次的内容：一是电子通信网络，二是
指导性节点、生产基地或交换中心，三是占支配地位的管理精英（而
非阶级）的空间组织。②

流动空间对地方空间的支配是当代社会的主导性空间逻辑。曼纽
尔·卡斯特（Manuel Catells）认为，当代社会除了流动空间之外，还存
在着地方空间。地方空间是一个"形式、功能与意义都自我包容于物

---

① 陶东风，周宪主编：《文化研究》（第10辑），社会科学文献出版社2010年版，第
83页。
② ［美］曼纽尔·卡斯特：《网络社会的崛起》，夏铸九等译，社会科学文献出版社
2001年版，第504－505页。

理临近性之界线内的地域（locale）"，是我们经验感知的，迄今为止仍然是绝大多人日常生活的、具有身份认同的空间形式，而且"由于我们社会的功能和权力是在流动空间里组织的，其逻辑的结构性支配根本地改变了地方的意义与动态"①。

卡斯特承认，流动空间虽然奠基于电子网络，但并非完全脱离于地方，而是以特定的地方作为它的节点和核心，从而和地方相连。同样，流动空间也并未渗透到人类经验的全部领域，事实上，绝大多数的人都还生活在地方里，其感知到的空间也还是以地方为基础的空间，如日常工作、私人生活、文化认同和政治参与，在本质上都是地方的。因此，流动空间并非简单地消灭了地方空间，转化的过程才是关键。互联网的"再地方化"或重新地方化效应，指本地社会成员借助信息技术在社会行动上实现重新的社会组织和连接，如城市社区网络论坛发挥了整合和强化线下关系的作用。这正体现了流动空间与地方空间的碰撞与融合，一方面流动空间影响了地方空间的原有结构，另一方面其也为地方空间打开了通向外部世界的窗口，促使了地方空间的转化与重组。

（三）实体空间与虚拟空间

实体空间体现为地理意义上的实在空间，如街道、广场、桥梁、纪念碑、楼房、公园、酒吧等物理空间。城市正是利用物理的存在和物理空间来营造意识及意识空间，使意识能够获得最有力的表达和显现形式。城市中因建筑物的存在而构建了一种有形的、固定的物理性空间和一种无形的文化和意识空间。正如索亚所说："空间在其本身也许是原始赐予的，但空间的组织和意义却是社会变化、社会转型和社会经验的

---

① ［美］曼纽尔·卡斯特：《网络社会的崛起》，夏铸九等译，社会科学文献出版社2001年版，第518，524页。

产物。"① 因此，实体空间并不是中立的功能性空间，不仅具有实际的使用功能，而且承载了信息和含义，是与政治、文化、人的主体性（如种族、民族、政党、性别等）密切相关的文化景观。故而实体空间也可以被纳入媒介范畴，履行传播信息的功能，与媒体空间一样，构成一个言论空间、内容空间、情感空间和价值空间，可以通过符号学分析其能指和所指。②

现代的城市已经成了"文本化"的城市。城市里的园林、围墙、雕塑、公路、绿化带，甚至是垃圾桶等都可以被视为是城市文本化表达的一种载体。城市的精神、形象、文化皆可以通过这些文本化的载体得以呈现和传播。

报纸、杂志、电视、广播、电影、图书等传统大众媒体，以及互联网出现后的门户网站、搜索引擎、社交媒体、直播平台等新兴媒体，构成一个个言论空间、舆论空间、内容空间、信息空间，其相对于三维物理空间而言，是属于无形的、虚拟的认识论空间或认知空间。而与城市空间性文本不同的是，不管从物质层面来说，还是从意识的层面来讲，这种认知空间都体现为一种媒介文本的存在，是一种对城市现实的"再现"。

街道、广场、桥梁、纪念碑支撑的城市实体空间与大众媒介建构的虚拟空间并非截然相对，城市"地点"提供的场所感承载了个人对空间的依恋、特定人群的集体记忆，倾注着公共或私人的情感，具有无可替代的价值；而虚拟空间不仅没有取消反而促进了实体空间的交往。城

---

① ［美］爱德华·W. 苏贾：《后现代地理学》，王文斌译，商务印书馆 2004 年版，第 121 页。

② 李蕾蕾：《媒介—空间辩证法：创意城市理论新解》，《人文地理》2012 年第 4 期。

市生活正是结合实体、虚拟两种空间的纽带。①

值得注意的是，互联网建构的虚拟世界彻底改变了人类的生存空间，即人们不仅生活在现实社会中，也生活在虚拟世界里。人们利用虚拟技术进行着与现实社会不同的实践活动，呈现与现实社会不同的生存方式。这种利用数字化中介手段在虚拟空间进行的"在线"实践活动，与人们在实体空间的"在世"形成了一种相互嵌入的生存关系，二者形成了一种独特的自我互动关系。

当代城市空间是自然空间与社会空间、地域空间与流动空间、实体空间与虚拟空间相互依存、相互交织的复合式空间。信息和传媒技术的个人化和移动化，使人们体验到游走的自由，自由地在实体与虚拟、私人与公共、国内与国际、个人与社会等各种空间之间跨越。比如人们在城市历史文化街区游玩、品尝美食、观赏民俗表演、购买地方特产，同时利用智能手机上传照片、在网上发表自己的看法、印证网络点评的意见等。通过这样的方式，人们实现了对实体与虚拟、私人与公共、个人与社会等不同空间的连接，丰富了自己的体验以及与社会的关联。

二、空间与媒介的互构

（一）媒介演化的空间进程

"广义的传播是指借助人力、畜力、水力、机力或电力等特定的能量实现物质、信息相互传递交流的人类活动；广义的媒介是能使人流、物流和信息流在传播路径上得以交流传通的一切中介性工具的统称。"②在麦克卢汉看来，任何一种技术，只要是人类身体、思想、存在的任何

---

① 复旦大学信息与传播研究中心课题组：《可沟通城市评价体系》，《新闻与传播研究》2015 年第 7 期。

② 李曦珍等：《传播之"路"上的媒介技术进化与媒介形态演化》，《新闻与传播研究》2012 年第 1 期。

延伸，它就是媒介；媒介的这种延伸，说穿了就是对人的"器官、感官或曰功能的强化和放大"。①

因此，从人类进化层面来看，媒介技术的进化成为人的体外进化的一个重要方面。"从不断进化的媒介技术角度，我们可以将人类社会先后出现的传播形式大体分为道路传播、纸路传播和电路传播，与此相应的媒介形态分别是实物媒介、纸质媒介和电子媒介。"② 每一种传播方式的改变，都会改变人类感知时空的方式，从而对社会发展产生重大影响。

1. 实物媒介对空间的延伸与控制

在现代传播学出现之前，传播与运输是同一词汇，传播是从交通运输概念中衍生出来的。"交通，说到底，就是人员、物质与信息的交换与流通。"③ 因此，交通运输本身就是一种传播形式，在实物远距离运输和附着在实物上的信息远距离传递需求的推动下，道路传播应运而生。

交通网络作为传播行为发生的一种基础设施，对于社会具有重要的战略意义。在以道路为载体的实物信息传播中，产生了各种实体传播工具，加速了传播的进程。人体是最为古老的复合型实物媒介，从人体延伸到驿马、骆驼等牲畜，演变出由机械力推动的"车轴之轮"，并从人力车、畜力车，到蒸汽机车、内燃机车，演变出速度越来越快的车辆、舟船和飞机等交通工具，极大地提高了交通运输速度和信息传播速度，

① ［加］埃里克·麦克卢汉：《麦克卢汉精粹》，何道宽译，南京大学出版社 2000 年版，第 277 页。
② 李曦珍等：《传播之"路"上的媒介技术进化与媒介形态演化》，《新闻与传播研究》2012 年第 1 期。
③ 陈鸿彝：《中华交通史话》，中华书局 1992 年版，第 44 页。

缩短了世界各地的空间距离。① 交通技术条件决定着人类历史上文化圈的规模，影响着各个文化圈的相互联系与交往。例如：诞生于秦汉王朝和古罗马帝国时期的"丝绸之路"，是陆路传播鼎盛的象征，开辟了东西方之间经济、文化的交流与合作；16 世纪新大陆的发现和新航路的开通，使海路传播成为全球化的主要传播形式，带来跨越不同社会和文化区域的空前大交流，形成了真正的世界经济体系。②

加拿大学者因尼斯根据媒介的时空属性将媒介划分为空间偏向的媒介与时间偏向的媒介，并通过人类社会发展史来证明媒介的时空偏向与社会发展之间的密切联系。"道路传播时期的传播是空间偏向的传播"，"形成了以中央为中心向外辐射的庞大空间统一体"，这种传播具有空间扩张性质，强调中心对边缘的征服与控制，伴随着道路传播的是奴隶王朝和封建帝国的兴起以及古代国家通信制度的建立，古今中外任何一个强大帝国都必须依靠强大的道路传播系统才得以维持，"道路传播体系的发达与否，成为中央集权国家是否能维持集权统治的一个重要标志"。③

2. 纸质媒介对空间的改造与拓展

纸质媒介技术的进化，是"造字术、书写术、造纸术和印刷术等一系列媒介技术进化的综合产物"，图书和报刊是两种主要的纸质媒介形态，"书籍以其深厚凝重的思想文化延续着时间，报纸则以迅速快捷

---

① 李曦珍等：《传播之"路"上的媒介技术进化与媒介形态演化》，《新闻与传播研究》2012 年第 1 期。
② 李曦珍等：《传播之"路"上的媒介技术进化与媒介形态演化》，《新闻与传播研究》2012 年第 1 期。
③ 李曦珍等：《传播之"路"上的媒介技术进化与媒介形态演化》，《新闻与传播研究》2012 年第 1 期。

的信息传播征服并生产着空间"。① 印刷术的发明将纸质媒介传播时期切分成文字和印刷时代。它使得报纸解决了信息快速生产的问题，通过标准化产出传播物品，大大提升生产效率，扩大了信息的接受人群。而始于电报的电子通信技术发展，开始能够同时解决信息快速生产和快速发布的问题。报纸作为传播信息的大众媒介具有了空间上完全覆盖和时间上瞬息到达的特点。

一方面，空间偏向的印刷媒介前所未有地联结起原来分隔的地理空间，"第一次造就了信息传播向社会下层转移的契机"，刺激了人们追求知识的需求：在印刷术发明前的文字时代，"纸"这种传播媒介的珍贵与稀缺，使得纸路传播代表了特权阶层的特权传播，基本与专制政治密不可分，是建立在知识垄断基础上的严密的精神控制机制；印刷时代的传播"从文字时代的官僚组织传播向社会大众传播转型"，传播速度与传播范围都产生了巨大飞跃。②

另一方面，印刷媒介对空间控制的拓展，不仅体现在对传播范围与距离的拓展，还在于为远距离的受众建构了新的空间。马歇尔·麦克卢汉（Marshall Mc Luan）认为，印刷术加速视觉的发展，造就了民族主义，民族实际上就是一种公众，即统一的、同质的、阅读的公众。③ 由于受众所接受的是经过媒介组织同质化加工后的信息，受众由此进入传媒所创造的全新空间之中，人在这个空间中得到极大延伸的同时，同样

---

① 李曦珍等：《传播之"路"上的媒介技术进化与媒介形态演化》，《新闻与传播研究》2012 年第 1 期。

② 李曦珍等：《传播之"路"上的媒介技术进化与媒介形态演化》，《新闻与传播研究》2012 年第 1 期。

③ ［加］马歇尔·马克卢汉：《麦克卢汉如是说：理解我》，何道宽译，中国人民大学出版社 2006 年版，第 41 页。

受到媒介组织的偏好及意识形态的影响。①

3. 电子媒介对空间的复制与再生产

在人类媒介技术史上，有线电和无线电通信技术的发明，开启了现代通信业和全球传播时代。电子媒介的特性使得其传播速度更快，传播范围更广，传播对象更多。电报是第一个基于电学的以电为动力、以电子为载体的电子媒介。电报、广播、电视、电脑、手机等电子媒介，改变了人类对时空的感知，开创了一个崭新的活动空间。

"电子媒介的两个特性使其对空间的联结与印刷媒介有所不同"，其一是快速，远方的事物即时拉近到此地，其二是形象，声音与画面生动地再现了远方的人与物。② 印刷媒介对空间的改造体现了联结与分割两方面，一方面联结起分散的地理空间，造成了知识的扩散，另一方面也造成分割，"印刷传媒内容的复杂和循序渐进的特点，造成了阅读群体明显的等级差异和相互间交往的隔绝"③，人群因识读能力的差异而产生分化。而电子媒介对远方空间的联结与呈现是具体、丰富、生动的，甚至是"复制"了一个空间，人们在观看电视时，同时身处物理空间和被复制的远方空间，看电视"既是把远方空间复制到当时所处空间的过程，也是把人的注意力、感情和身份挪移到远方空间里事物上的过程"。④

安东尼·吉登斯（Anthany Ciddens）分析认为，远距离的社会事件和社会关系与地方性场景交织在一起，"媒介尤其是电子媒介改变了社

---

① 李曦珍等：《传播之"路"上的媒介技术进化与媒介形态演化》，《新闻与传播研究》2012年第1期。

② 王斌：《从技术逻辑到实践逻辑：媒介演化的空间历程和媒介研究的空间转向》，《新闻与传播研究》2011年第3期。

③ 陈力丹等：《传播学纲要》，中国人民大学出版社2007年版，第20页。

④ 王斌：《从技术逻辑到实践逻辑：媒介演化的空间历程和媒介研究的空间转向》，《新闻与传播研究》2011年第3期。

会生活的'情境地理学'：媒介愈来愈使我们成为其他地方所举行的演出的'直接'观众，并使我们参与到不是'物理在场'的观众之中。结果，'物理场景'和'社会情境'之间的传统联结渐渐被损；被调节的社会情境在预先建立的社会经验的形式之间，建构起新的共同性和差异性"。① 因此，"社会关系和特定场所之间不再是一一对应的情形，电子媒介生产出另一类空间—社会模式：人们在卷入在场空间和远方空间的同时，与远方空间中的事物也发生了新的社会关系，换言之，复制空间的过程也生产了新的社会关系，经由媒介的作用，空间得以被生产和再生产"。②

就人类的时空存在形态而言，有现实时空、媒介时空和心理时空。电视、电脑、手机等电子媒介通过延伸人的感觉器官，建构了一个虚拟的媒介时空，也影响了现实时空和心理时空。有学者观察到，现实社会中的"低头一族"，表明微信微博等社交媒体已经严重影响了现实生活中的社交活动，以身体为主的社会交往被以微信微博等为代表的社交网络所侵占，通过社交媒体建构的时空削弱甚至排除了物理时空中的交往对象。③

（二）媒介空间化与空间媒介化

媒介具有空间属性，媒介的空间属性是与社会发展紧密联系在一起的，因此媒介在某种意义上具有社会关系的属性；从另一方面来说，空间也具有媒介的属性，它承载并传递着社会关系的信息，因此，从社会

---

① ［英］安东尼·吉登斯：《现代性与自我认同》，赵旭东等译，生活·读书·新知三联书店 1998 年版，第 96 页。
② 王斌：《从技术逻辑到实践逻辑：媒介演化的空间历程和媒介研究的空间转向》，《新闻与传播研究》2011 年第 3 期。
③ 何镇飚，王润：《新媒体时空观与社会变化：时空思想史的视角》，《国际新闻界》2014 年第 5 期。

关系的角度来看，媒介可以建构空间，空间也是一种媒介。①

1. 媒介与空间的互构

空间的本质是社会关系。20 世纪 70 年代以来，以列斐伏尔、福柯、哈维为代表的学者推动了空间研究的转向，使空间经历了由物质的、自然的空间转向精神的、社会的空间的嬗变过程。他们将更多的注意力放在社会空间上，"空间在其本身也许是原始赐予的，但空间的组织和意义却是社会变化、社会转型和社会经验的产物"。② 在他们看来，"社会空间就其根本而言即是人与人、人与事物（包括物质环境）之间的关系状态，其分析上的结构形态即是一种关系结构，而在行动者的内在性的分析层面则显示为对这些关系的理解"。③ 列斐伏尔的空间思想在西方社会科学界产生较大影响，其贡献之一就在于他看到了空间的社会性。他把空间视为社会关系的中介，只有当社会关系在空间中得以表达时，这些关系才能够存在：它们把自身投射到空间中，在空间中固化，在此过程中也就生产了空间本身。④ 也就是说，空间里弥漫着社会关系，它不仅被社会关系所支持，也被其所生产。

从关系论的视野来看，"媒介成为一种彰显社会关系的象征，传播则是建构这种社会关系的动态过程"，可以概括为"媒介即关系，传播即建构"。⑤ 对媒介与传播研究的本体论有两种类型：一种是以内容为重点，将媒介界定为传递信息的载体，将传播界定为内容的表达和信息

① 李彬，关琮严：《空间媒介化与媒介空间化：论媒介进化及其研究的空间转向》，《国际新闻界》2012 年第 5 期。
② ［美］爱德华·苏贾：《后现代地理学：重申批判社会理论中的空间》，王文斌译，商务印书馆 2014 年版，第 121 页。
③ 郑震：《空间：一个社会学的概念》，《社会学研究》2010 年第 5 期。
④ 石崧，宁越敏：《人文地理学"空间"内涵的演进》，《地理科学》2005 年第 6 期。
⑤ 李彬，关琮严：《空间媒介化与媒介空间化：论媒介进化及其研究的空间转向》，《国际新闻界》2012 年第 5 期。

的传递，即内容或信息传播；另一种是以关系为重点，将媒介的意义定位在关系的表达，传播就是表征人与人之间的社会关系，即关系传播。① 传统主流的传播学理论是建立在内容表达与信息传递的这种本体论基础上，回避或忽略了关系传播的研究，而"传播的本质是寓于传播关系的建构和传播主体的互动之中的，传播是社会关系的整合，并且关系总是按照自身的意志来裁剪传播内容的，传播是通过一种被传播的内容来反映或说明一种关系的。关系高于内容，关系影响内容，关系决定内容"。②

因此，"媒介与空间在本质上都与社会关系紧密相连"，两者"在社会关系框架内达到了一致，即空间具有媒介性质，媒介也具有空间属性"。③ 媒介与空间经由人类的交往实践呈现出一种互相建构的关系，可以解读为媒介的空间化与空间的媒介化。

2. 媒介空间化

"'空间化'是一个关系化与生产过程化的状态；不仅仅指事物处于一定的地点场景之中的那种经验性设置，也是指一种态度与习惯实践。"④ 媒介的空间化由此可以定义为"媒介的关系化与结构化的过程，也是媒介自身社会关系与社会结构再生产的过程"。这一过程反映了虚拟空间的自我"繁殖"，即虚拟空间作为一种社会关系集合体的自身再生产。这种状况在电子媒介时代非常普遍，而且越来越成为一种媒介发

---

① 李彬，关琮严：《空间媒介化与媒介空间化：论媒介进化及其研究的空间转向》，《国际新闻界》2012 年第 5 期。
② 陈先红：《论新媒介即关系》，《现代传播》2006 年第 3 期。
③ 李彬，关琮严：《空间媒介化与媒介空间化：论媒介进化及其研究的空间转向》，《国际新闻界》2012 年第 5 期。
④ 黄继刚：《爱德华·索雅的空间文化理论研究》，山东大学 2009 年博士学位论文，第 88 页。

展的新趋势。①

　　首先是媒介的关系化与结构化。媒介的关系化与结构化进程在电子媒介产生之前就已经开始了。在文字时代，"文字的使用本身，构造了一种新的社会结构，更多的人参与到社会传播中来"。但是，"文字本身也造成新的社会隔阂，因为它形成一个相对独立的文字世界，造成识字者与文盲之间难以逾越的鸿沟"，"构成一种等级性极强的线性的社会权力链"。② 而印刷媒介的出现打破了知识高度垄断的格局，使信息传播实现了规模化的扩展，从而造成整个社会结构的变革。从中可以看出，媒介本身就带有一种解放、调整与重构社会关系的基因，而这种作用在电子媒介时代尤为明显。③

　　其次是媒介自身社会关系与社会结构再生产。"在电子媒介时代，尤其是网络时代，媒介建构了虚拟空间，又在虚拟空间的基础上重构着新的虚拟空间，这是一种社会关系与社会结构的再生产，也正是通过这种社会关系与社会结构的再生产，虚拟空间变得更加'真实'，似乎成为人们认可的实在空间。"④ 正如卡斯特所言："目前一切沟通方式（从印刷到多媒体）之电子整合为核心的新沟通系统，其历史特殊性并非是诱发出虚拟实境，反而是建构了'真实虚拟'。"⑤

---

① 李彬，关琮严：《空间媒介化与媒介空间化：论媒介进化及其研究的空间转向》，《国际新闻界》2012 年第 5 期。
② 陈力丹：《试看传播媒介如何影响社会结构：从古登堡到"第五媒体"》，《国际新闻界》2004 年第 6 期。
③ 李彬，关琮严：《空间媒介化与媒介空间化：论媒介进化及其研究的空间转向》，《国际新闻界》2012 年第 5 期。
④ 李彬，关琮严：《空间媒介化与媒介空间化：论媒介进化及其研究的空间转向》，《国际新闻界》2012 年第 5 期。
⑤ ［美］曼纽尔·卡斯特：《网络社会的崛起》，夏铸九译，社会科学文献出版社 2006 年版，第 350 页。

3. 空间媒介化

空间媒介化，"一方面是指人类通过不断发展传播媒介，创新媒介形式来拓展对实在空间的控制范围与控制力，从而在最大的空间范围内实现媒介连通的过程。另一方面是指实在空间逐渐被纳入媒介范畴，履行着传播信息的功能"。①

首先，实在空间的媒介化程度不断提升。从口语媒介、书写媒介、印刷媒介到电子媒介，媒介技术与形态变迁的背后，是人们不断地消除传播的空间障碍，也不断地强化对空间的控制力和影响力。口语阶段的传播以面对面的近距离传播为主，社会呈现出一种部落化的状态。文字的发明，扩大了传播的空间范围，书写媒介使跨地域交流成为一种常态。印刷媒介的出现，使得大规模复制信息成为可能，拓展了交往的地域空间，增强了空间的联系紧密度。电子媒介的发展，不断征服时间与空间，互联网和新媒体彻底打破了媒介地域性，传播时空一体化更加明显，实现了在本土与外地、私人与公共、虚拟与实在等各种空间之间的连接与跨越，这种时空压缩与穿越使整个世界变成了"地球村"。

其次，实在空间的媒介功能在不断强化，"人类社会的活动赋予了实在空间以社会内涵，实在空间也因此被纳入到社会信息的自我表达体系之中，成为社会的'皮肤'"。② 例如，人们的宗教活动赋予教堂、寺庙里一种神圣感和权威性，而人们也在教堂、寺庙里感受到了罪与罚、善与美等社会秩序与社会价值观。随着人们活动范围不断扩大，交往深度不断加强，实在空间的媒介功能突出地表现为它的流动性和开放性。在网络时代，可以毫不夸张地说："我们今天生活在一个不断加速超级

---

① 李彬，关琮严：《空间媒介化与媒介空间化：论媒介进化及其研究的空间转向》，《国际新闻界》2012 年第 5 期。

② 李彬，关琮严：《空间媒介化与媒介空间化：论媒介进化及其研究的空间转向》，《国际新闻界》2012 年第 5 期。

内部连接的世界，一个'全球性的世界都市'，充斥着激发深刻复杂的文化转换和重新结盟的传播互动和交流系统。"①

三、城市与媒介的交融

城市与媒介之间存在相互依存的互构关系，媒介与城市彼此交融，城市、实体空间也是媒介，传播是空间形成的过程，不仅指涉空间，而且构筑空间，传播成为构筑城市的基本因素，城市是在传播中生成的实践空间。

（一）城市是媒介

城市学家刘易斯·芒福德（Lewis Mllmford）将城市类比并等同于计算机——也就是媒介②。

通过集中物质和文化的力量，城市加速了人类交往的速度，并将它的产品变成可以储存和复制的形式。通过纪念性建筑、文字记载、有序的交往习惯，城市扩大了一切人类活动的范围，并使这些活动在时间上向前和向后延伸。城市通过许多它的储存设施（建筑物、地窖、档案、纪念性建筑、牌匾、书籍），把各种复杂的文化一代又一代地流传下去。③

芒福德只是从记录和传输信息的角度来分析城市的功能，城市在这里发挥了文化存储器的作用。

德国媒介理论家弗里德里希·A. 基特勒（Friedrich A. Kittler）断言：城市，是一种媒介。他从媒介最基本的定义即"媒介能记录、传输和处理数据"出发，将老式的书本、新近发明的计算机、广为人知

---

① ［美］詹姆斯·罗尔：《媒介、传播、文化：一个全球性的途径》，董洪川译，商务印书馆2005年版，第15页。

② ［德］弗里德里希·A. 基特勒：《城市，一种媒介》，载周宪等主编：《文化研究》（第13辑），社会科学文献出版社2013年版，第256页。

③ ［美］刘易斯·芒福德：《城市发展史：起源、演变和前景》，倪文彦等译，中国建筑工业出版社2005年版，第580页。

的城市统称为媒介。"交错的网络分割和联结着城市"，"不论网络传送的是信息（电话、广播、电视）还是能量（自来水、电力、道路），它们都是信息的不同表现形式（只不过因为现代的各种能量流都依赖于相似的控制网络）"，"城市是由河流、水道和新闻渠道共筑的网络"，"城市是所有这些路径的交汇点"。①

日本媒介学者佐藤卓已认为，"如果说媒介具有沟通私人领域和公共领域的功能的话，城市就是媒介"，诸如建筑物在向人们发出信息，街道、公园、办公室或工厂是为了交流而创造出来的空间，这些实体空间也是可以作为文本"阅读"的城市空间，作为媒介的城市集聚了大量的此类传播、沟通和交往的平台。②

将城市看成媒介，这里的媒介不仅仅是大众传媒，而是包含了传播的各种方式、工具，如日常交流、邮政交通、印刷出版、娱乐场所和体系、物质和文化空间等。在此，"城市的实质是经由传播构筑的网络化的中介关系"③。

传播学者孙玮认为："从城市传播的视角来看，传播的意义不仅是传递信息，还有社会交往、意义共享；传播的媒介不仅局限于大众媒介，也包括实体空间，关注城市景观、空间布局对于公共交往的意义；传播的目的不仅在于社会整合，还包括仪式感的实现、地方感的营造、人与人关系的建构；传播的基本单位及其边界，不仅限于民族国家，还应是城市、社区等更加多元的共同体。"④ 因此，将城市看成媒介，将

① ［德］弗里德里希·A. 基特勒：《城市，一种媒介》，载周宪等主编：《文化研究》（第 13 辑），社会科学文献出版社 2013 年版，第 261 页。
② ［日］佐藤卓已著，诸葛蔚东译：《现代传媒史》，北京大学出版社 2004 年版，第 24 页。
③ 孙玮：《城市传播：重建传播与人的关系》，《新闻与传播研究》2015 年第 7 期。
④ 孙玮：《传播：编织关系网络——基于城市研究的分析》，《新闻大学》2013 年第 3 期；孙玮：《作为媒介的城市：传播意义再阐释》，《新闻大学》2012 年第 2 期。

传播视为人类存在方式的理念，使传播成为城市与社会构成的基本要素，这与结构功能主义的研究取向形成对照。

（二）媒介是城市

由传播技术的革命导致媒介与城市关系的巨大改变，澳大利亚传播学者斯科特·麦奎尔创造了"媒体城市"这一概念，凸显了新媒体技术在当代城市空间动态生产中的作用，21世纪的社会生活正在变成媒介城市生活。

媒体与城市一起发生着巨变，媒介的发展与城市的发展在融合，从而创造出新媒体城市这种城市新形态。首先，新媒介越来越具有瞬间快速移动和无所不在的特征，对当代城市的私人和公共空间造成了深远影响，推动了新的感知和认知模式的形成，社会活动的新形式和新地点的产生。从收音机、随身听、传呼机等移动的传播接收器到数码相机、笔记本电脑、智能手机等移动的个人信息终端，媒体不再是与空间捆绑在一起的专门场所，而是正在变得可移动并普遍深入，"数字媒体不是记录过去的事件，而是频繁提供'实时的'即时反馈"。① 而从"家"这个传统的领域来看，住宅变成媒体中枢，并改变了家庭的私人性，变成一个公共空间和私人空间兼容的混合空间。例如，当一个人坐在自己家中把有关自己的信息展露给成千上万的人时，他实际上参与了公共空间内的信息传播活动。个人住宅的这一转型，受到数字网络传播的深刻影响，显示出全球信息传播正在经历着从单向播报系统转向互动性全球网络的变化，个人成为信息生产的主体。这也恰恰说明，媒介在不断融入人们的日常生活，媒介使用经历了一个"家用化"的进程，体现出媒介与人之间距离的拉近，媒介接触和消费的场所从外部空间逐步进入人

---

① ［澳］斯科特·麦奎尔：《媒体城市：媒体、建筑与都市空间》，邵文实译，江苏教育出版社2013年版，第287页。

们的私人生活场所。英国哲学家伯纳德·威廉斯（Bernard Williams）用"流动的藏私"（Mobile Privatization）来定义这一现象，即"新的移动媒介对个人生活持续地侵入，使得空间不再是一个个固定的区域，信息发送和接收不必局限于特定的地理节点，而是随时随地，使得空间的界限不再明显"。①

随着社会的移动性不断扩大，私人空间又逐渐从户内流动到户外，在日常生活中携带的一代又一代新移动媒体的开发，进一步加强了对已有的公共和私人空间边界的挑战，使得媒介不仅越来越靠近人，而且紧贴人的行动，深深嵌入人们的日常起居作息。② 媒体技术的扩张已经超越了诸如住宅、办公室或电影院之类的固定场所和特殊化了的消费场所。不仅仅对于"家"这样的私人领域，"媒体设备已成为塑造当代城市公共空间的普遍元素，它们被嵌于都市公共设施之中，位置多种多样，形式千变万化，包括信息亭、大型公共屏幕、数码监控摄像机和电脑化的交通系统"。③ 在此，斯科特·麦奎尔（Scott McQuire）不是将媒体视为某种与城市相分离的事物，而是将媒体理解为城市的一个部分。

在现代社会，媒体已经构成一种我们工作和生活其中的环境。在世界中游走，一般意味着要与形形色色的媒体流进行交涉，并参与其中。"无论是家还是街道抑或是城市，现在都被视为媒体装置的组成部分，这些媒体装置会在其领域内重新分配社交互动的规模和速度"，作为都市地理景观的公共空间与私人空间，正是由于传媒技术而导致了各自领域的错位，麦奎尔由此认为：当代城市的空间和节奏与在城市主义的经

---

① 王斌：《从技术逻辑到实践逻辑：媒介演化的空间历程和媒介研究的空间转向》，《新闻与传播研究》2011 年第 3 期。

② 王斌：《从技术逻辑到实践逻辑：媒介演化的空间历程和媒介研究的空间转向》，《新闻与传播研究》2011 年第 3 期。

③ ［澳］斯科特·麦奎尔：《媒体城市：媒体、建筑与都市空间》，邵文实译，江苏教育出版社 2013 年版，第 9 页。

典理论中有所描述的空间和节奏截然不同……当代城市是个媒体—建筑的复合体，它源于空间化了的媒体平台的激增和杂合的空间整体生产。……日趋流动、即时并渗入城市空间的媒体集合，已经变成了一个独特的社会体验模式的构成框架。……尽管至少自 19 世纪中叶"城市现代化"背景下的技术图像发展之日起，这一过程就一直在进行中，但其充分的含义直到数字网络得到扩展之时才逐渐为人所知。①

"现代城市空间的体验是融合性的，建筑物、物质空间、传播媒介、社会实践共同构筑了现代社会生活的传播、交往、沟通的过程"，如果说在传统大众媒介盛行的时代，媒介常常被视为"再现"城市的"中介"，那么在无限移动的新媒体时代，"大众媒介和城市空间已经彼此融合，难以分割，它们共同构筑了城市传播的整体"。② 因此，我们将媒介与城市视为一体，互通交融，传播成为构筑城市的基本因素，这正是当下新媒体传播革命带来的城市与传播关系的崭新图景。

第二节　空间视阈下城市记忆的传播

一、城市记忆的内涵、特征与构成

（一）相关概念辨析

1. 记忆

对于记忆一词，不同学科从各自角度有不同的分析。从心理学角度

---

① ［澳］斯科特·麦奎尔：《媒体城市：媒体、建筑与都市空间》，邵文实译，江苏教育出版社 2013 年版，第 1 页，第 9 页。

② 孙玮：《"上海再造"：传播视野中的中国城市研究》，《杭州师范大学学报》（社会科学版）2013 年第 2 期。

来看，记忆是人类心智活动的一种，是人们进行复杂的高级心理活动的基础。正如柏拉图所说，"所有的知识都是回忆"，记忆代表着一个人对过去活动、感受、经验的印象累积，"记忆的过程包括识记、保持、再现或再认"。① 换言之，我们可以将记忆看作是获得经验、保存经验、恢复经验的过程，记忆对于个体的心理、情感及工作、生活等具有重要作用。

哲学领域的记忆概念，不仅将记忆视为一种人们的心理活动或是大脑条件反射，而且更为强调记忆活动的精神本质与各种表现，如人的意向、感知觉、想象、思维、情绪、无意识等，侧重概念的分析与阐述。例如，亚里士多德将记忆看作一种在感知和思维基础上建立起来的精神活动，同时包含有感性认识和理性认识两个方面。② 胡塞尔的现象学强调感知，"在记忆的本质中，原生的包含着：它是关于被感知的意识"③。同时，他还强调记忆的再造："由于对一个以前进程的回忆包含着对这个进程在其中被给及的那些显现的再造，因而随时也都有一种对此进程之以前感知进行回忆的可能。"④ 由此可见，记忆建立在感知基础上，但同时也包含着一个再造的过程，人们通过记忆的再造来实现记忆活动。

2. 集体记忆

从 20 世纪 80 年代开始，集体记忆、文化记忆、社会记忆等已经超越医学与心理学而成为科学、哲学、社会和文化研究中频繁使用的术语。"记忆"研究从生理学、心理学、精神病理学向文化学、人文学的

---

① 夏征农：《辞海》，上海辞书出版社 1989 年版，第 435 页。
② 杨白鹤：《现代技术背景下的城市记忆》，上海大学 2012 年硕士学位论文，第 18 页。
③ 胡塞尔：《内时间意识现象学》，倪梁康译，商务印书馆 2009 年版，第 91 页。
④ 胡塞尔：《内时间意识现象学》，倪梁康译，商务印书馆 2009 年版，第 91 页。

转向，法国社会心理学家莫里斯·哈布瓦赫是这个转向的核心人物。①

记忆虽然具有强烈的主观性和个人性，但在一个稳定的社会群体中，个体的记忆存在一定的共同性，这种共同性就是"集体记忆"概念强调的出发点。对于集体记忆，哈布瓦赫将其定义为"一个特定社会群体的成员共享往事的过程和结果"。也就是说，人的记忆不仅是一种生理或心理现象，还是与他人、社会、环境紧密相关的社会文化现象，是一种社会文化的建构。个人的记忆需要别人的记忆、群体记忆的唤起，正如哈布瓦赫所言，"过去不是被保留下来的，而是在现在的基础上被重新建构的"，个人生活其中的群体、社会以及时代精神氛围，能否提供唤起、重建、叙述记忆的方法，是否鼓励个人进行某种特定形式的回忆，才是至关重要的。② 这个唤起、建构、叙述、定位和规范记忆的文化框架，就是所谓"集体记忆"或"记忆的社会框架"。特定的个人记忆能否被回忆起、以什么方式被回忆起，都取决于这个框架。③而这个集体框架恰恰就是一些工具，"集体记忆可用以重建关于过去的意象"，而且，"在每一个时代，这个意象都是与社会的主导思想相一致的"。④ 也就是说，一个社会的支配性的意识形态和文化规范、社会禁忌，常常决定性地塑造了记忆的社会框架。因此综合来看，集体记忆具有社会建构性、群体性、当下性、共同性等特点。

---

① 陶东风：《记忆是一种文化建构：哈布瓦赫〈论集体记忆〉》，《中国图书评论》2010 年第 9 期。
② ［法］莫里斯·哈布瓦赫：《论集体记忆》，毕然等译，上海世纪出版集团、上海人民出版社 2002 年版，第 68－69 页。
③ 陶东风：《记忆是一种文化建构：哈布瓦赫〈论集体记忆〉》，《中国图书评论》2010 年第 9 期。
④ ［法］莫里斯·哈布瓦赫：《论集体记忆》，毕然等译，上海世纪出版集团、上海人民出版社 2002 年版，第 71 页。

3. 文化记忆

德国的埃及学研究者扬·阿斯曼（Jan Assmann）在其著作《文化记忆》中将"记忆"引入文化学的研究领域，首次提出"文化记忆"的概念，指出文化记忆是一个民族或国家的集体记忆力，其记忆传承媒介包括仪式和文化两种类型。阿斯曼的文化记忆理论是在哈布瓦赫的集体记忆理论基础上发展起来的，并试图把记忆、文化和群体这三个重要的维度关联起来。阿斯曼认为，"哈布瓦赫没有解决交往记忆如何完成文化形构，将文化客观化，从而实现'身份的固化'的问题"，"文化记忆则试图克服交往记忆因与日常生活的亲近性而无法固定范围的问题"。①

阿斯曼根据记忆的时间跨度及意涵区分了沟通记忆和文化记忆，交往记忆是日常的集体记忆，存在于日常沟通领域的短时记忆并通过群体中的代际传播而得以存续，具有有限的时间跨度，文化记忆则是摆脱了日常并超越了个体间交流的长时记忆，由特定的社会机构借助文字、图画、纪念碑、博物馆、节日、仪式等形式创建并长久保存下来。② 文化记忆因此"被阿斯曼描述为一种借助仪式和文本的内在一致性来建立群体身份的连续结构，文化记忆就是保存意义和价值的手段"，强调的是历史的接受、传承和文化的连续性。③ 可以说，文化记忆与社会、历史范畴相联系，就是负责将文化层面上的意义传承下来并且不断提醒人们去回想和面对这些意义。

---

① 赵静蓉：《文化记忆与身份认同》，生活·读书·新知三联书店 2015 年版，第 14 页。
② ［德］扬·阿斯曼：《文化记忆：早期高级文化中的文字、回忆和政治身份》，金寿福等译，北京大学出版社 2015 年版，第 370 页。
③ 赵静蓉：《文化记忆与身份认同》，生活·读书·新知三联书店 2015 年版，第 16 页。

4. 社会记忆

哈拉尔德·韦尔策（Harald Welzer）将社会记忆定义为一个大我群体的全体成员的社会经验的总和，包括互动、文字记载、图片和空间四种构成过去的社会实践。①

马克·弗里曼（Mark Freeman）认为："社会记忆需要某些可以让回忆固着于它们的结晶点，例如某些日期和节日、名字和文件、象征物和纪念碑甚至日常物品；此外，社会记忆还需要一定的社会媒体，即文字和随之而来的图书印刷。"由此可见，他所定义的社会记忆首先是一种具有社会意义的记忆，其次关注的是社会记忆的传递。②

王明珂则根据记忆的社会意义范畴的不同，提出了三种记忆类型：第一种社会记忆，指所有在一个社会中借各种媒介保存、流传的"记忆"；第二种范围较小，被称为"集体记忆"，指在前者中有一部分的"记忆"经常在此社会中被集体回忆，而称为社会成员间或某次群体成员间分享之共同记忆；第三种范围更小，称为"历史记忆"，即在社会的"集体记忆"中，有一部分以该社会所认定的"历史"形态呈现与流传。随之他认为，在"历史记忆"的结构中，通常有两个因素——血缘关系与地缘关系，在时间中延续与变迁。③ 因此，"社会意义性"是社会记忆范畴的重要特征。

（二）城市记忆的内涵

城市记忆（City Memory）一直受到心理学、社会学、城市规划学、建筑学、文化学、历史学、档案管理学等多个学科的关注，但目前尚未

---

① ［德］哈拉尔德·韦尔策：《社会记忆：历史、回忆、传承》，白锡堃译，北京大学出版社 2007 年版，第 16 页。

② 袁同凯：《论记忆的空间性叙事》，《新疆师范大学学报》（哲学社会科学版）2017 年第 1 期。

③ 王明珂：《历史事实、历史记忆与历史心性》，《历史研究》2001 年第 5 期。

形成明确、固定的表达。与其相关的有"集体记忆"（Collective Memo-ry）、"城市的记忆"（The Memory of the City）、"城市的历史记忆"（The Historic Memory of the City）等。① 不同学科对城市记忆这一概念理解的侧重点也不同，大致可概括为以下几类。

一是"集体记忆"说，将城市记忆等同于集体记忆，认为城市是社会集体记忆的"结晶"。瑞士心理学家卡尔·荣格（Carl Gustav Jung）认为，人类的所有思想不过是人类的集体记忆而已。意大利建筑师阿尔多·罗西（Aldo Rossi）将城市看成人类集体记忆的场所，指出当城市与记忆通过时间性扭结、空间性扭结与物质性扭结牢固结合在一起时，城市就成为人类集体记忆的一种综合载体。② 作为集体记忆的重要类型，城市记忆更加强调在城市空间中产生的对历史的记忆，是反映城市中的社会群体对城市各个时间断面内所有有形物质环境和无形精神文化的共同记忆。③ 它强调群体的凝聚力，城市群体的共享。可以说，城市记忆属于集体记忆。

二是"记忆场所与证据"说，认为城市记忆就是城市的纪念性、标志性公共建筑。这种观点主要体现在建筑领域，其对城市记忆的理解主要集中在城市的城市形态，认为经典的永恒的建筑，不仅体现城市的历史，也是城市记忆的重要表现。如以诺文（Lowenthal D）为代表，认为城市是不同形式记忆的场所，历史建筑和城区的保护，纪念碑和博物馆用以纪念往日的事件或人群，甚至诸如供娱乐的街道设施、公共艺术品和历史地名等象征性符号都是城市记忆的证据。这一说法主要从城市

---

① 杨白鹤：《现代技术背景下的城市记忆》，上海大学 2012 年硕士学位论文，第 22 页。

② 单霁翔：《从"功能城市"走向"文化城市"》，天津大学出版社 2007 年版，第 206 页。

③ Rossi A. The architecture of the city. Cambridge：MIT Press，1984，P32.

客体的视角界定了城市记忆，但是忽视了作为主体的人等相关要素。

三是"城市主体"说，认为城市记忆是人们的心理状态，是社会公众对城市的感受。城市记忆就是城市客观环境中一些显现的物质实体通过个人潜在的文化及心理因素的加工，留存在脑海中的印象，是各种对城市过往感知的集合。因而在研究城市记忆时，关注个人经历或感悟，主要以人的切身感受或成长经历为出发点，将城市记忆看作是在城市生活过的个人或者群体对城市过往生活的感悟。[①]

四是"共同记忆"说，认为城市记忆是一个复杂的动态系统，其中不仅涉及客观环境、社会文化环境等外界环境客观存在物，以及作为主体的人的内在主观意识及情感，同时还体现了在城市地理范畴中的时空、社会群体关系。[②]

综上所述，城市记忆是一个复杂的动态系统，包含作为客体的自然环境和社会文化环境，作为主体的人及其意识活动，以及作为载体的媒介。城市记忆主体是城市集体，共享思想和情感体验，受限于共同的语言、神话、法律和行为准则，并认同于共同的风俗、信仰、观念，表现出城市共同体的特征。实际上真正进行记忆的是在城市中进行行动参与和社会实践的个体，包括市民和游客。城市记忆客体是城市记忆发生的场所空间以及场所中蕴含的历史事件、生活事件，它们共同构成了城市所有记忆载体所蕴藏的思想与文化传统，是城市记忆的对象。城市记忆载体是传递记忆的载体和媒介，记忆需要附着在各种物质性或非物质性载体上，将它们作为媒介显形、保存和传递。记忆载体包括语言、文字、物质文化（地理景观、历史纪念物、遗址等）、活动（仪式、日常

---

① 杨白鹤：《现代技术背景下的城市记忆》，上海大学 2012 年硕士学位论文，第 23 页。

② 朱蓉，吴尧：《城市·记忆·形态：心理学与社会学视维中的历史文化保护与发展》，东南大学出版社 2013 年版，第 27 页。

活动等）、虚拟化人工媒介（报刊、广播电视电影、互联网等）。①

城市记忆的内涵可从以下几点做进一步分析。

第一，城市记忆是对城市意象的一种呈现方式。城市记忆属于城市意象的范畴，城市意象也是城市记忆的所指对象，城市中蕴含着有形和无形的要素，这些要素能唤起人们强烈的意象。凯文·林奇认为城市意象的五大主导元素是道路、边界、区域、节点和标志物。这些物质形态就是城市感知体验的物质基础，也是城市意象形成的源头。城市意象通过城市记忆呈现出来，城市记忆是城市中绝大多数人达成共识的群体意象。

第二，城市记忆是作为主体的存在者即城市的集体成员共同的感知与体验。"城市记忆是作为主体的人（即存在者），在知觉体验的基础上，对城市的客观环境、社会文化环境及其构成的形态要素形成认同，产生城市意象，再基于感知的想象，在各种因素的相互渗透、不断内化与再造后所形成的主观意识。"② 也就是说，城市无法脱离主体的感知体验与评价认同而独立存在，城市记忆是作为主体的存在者即城市的集体成员共同的感知与体验。城市记忆的主体是城市中的存在者，即长期生活在城市中的人，因为他们通过对城市场景的感知与认知构成了城市记忆的基础。应当充分重视存在者，他们会影响到整个城市记忆。具体而言，存在者即城市公众，他们的基本信息、经历、情感、参与的活动等会成为影响城市记忆的主要因素。城市是人与环境互动的有机整体，城市记忆是生活在城市中的人对城市过往的感知，经过时间的积淀与自身内化而形成的，因此城市记忆是无法脱离存在者的感知体验而独立存在的。城市记忆必须有主体，如果缺少了作为主体的存在者，那么城市

---

① 朱蓉，吴尧：《城市·记忆·形态：心理学与社会学视维中的历史文化保护与发展》，东南大学出版社 2013 年版，第 31－37 页。
② 杨白鹤：《现代技术背景下的城市记忆》，上海大学 2012 年硕士学位论文，第 23 页。

记忆也不复存在。

第三，城市记忆是纳入纵向的时间要素，并通过城市集体的创造与认同，在横向社会体系里逐步建立的过程。这也是城市记忆与城市认知的根本区别。城市记忆伴随着城市的发展和历史的积累沉淀而产生，在其形成与发展过程中，通过集体不断地进行创造、重构或者修正，并以它特有的方式将一些重要的历史事件，以及优秀的文化传统、历史习俗等传承延续下来，赋予城市深厚的文化内涵，这对城市现在和未来的发展有着重要的影响。

随着时间的推移，城市的各个部分都不可避免地浸染上了当地居民的情感。其效果便是，原来只不过是几何图形的平面划分形式现在转化成了邻里，即是说，转化成了有自身情感、传统，有自身历史的小地区。在这种邻里范围内，历史过程的连续性被保持下来了，往昔的事物迭加到当今来，每一个地区的生活又在发展中形成自身有纪念意义的事物，并且同周围环境的生活与利益多少保持自身的独立性。[1]

这在一定程度上体现了城市记忆的产生过程，它是纵向的历史文化积累的过程，也是横向的各个社会群体对城市环境的不同认识与价值评判的过程。在城市发展过程中，人类对城市的创造以及历史的积淀，形成了独特的城市文化，并保存下来，形成城市文化记忆。

第四，城市记忆是一座城市精神与形象的重要载体。"通过城市记忆，能够反映出这座城市中市民的生产和生活方式、思想情感、价值意识等集体生存状态和社会心理特征。"[2] 城市记忆是在城市从兴起到发展走向成熟这个过程中，以自身独特的方式，并通过一定的载体得以保留下来。城市中的人、事、物都是记忆的载体，他们真实地记载着时代

---

[1] 帕克等：《城市社会学》，宋俊岭等译，华夏出版社1987年版，第5页。

[2] 张海燕：《城市记忆与文化认同》，载田根胜等主编：《城市文化评论》，花城出版社2009年版，第20页。

所留下的足迹。可见，城市记忆遍布城市的各个方面，它存在于具有地域特色的历史建筑和历史古迹中，如城市里的老街道、老建筑，民族习俗、传统文化、档案记载中有着丰富的城市记忆，更存在于城市居民的日常生活之中。不管是传统习俗、历史建筑还是文化遗产，都记录着城市的发展历史，是城市记忆的重要组成部分，展现出每座城市独特的个性和身份，体现出一座城市的文化价值。而作为城市主体的人们，也见证着城市的发展与变迁。他们感受着这座城市特有的魅力，即使漂泊异乡，也有着一份对自己城市的深深眷恋。在他们心里，始终有着某一个场所，那是他们记忆中充满着快乐的地方。

（三）城市记忆的特征

1. 城市记忆的独特性

城市记忆具有独特性。通过历史的积淀，每座城市都有属于自己的独一无二的城市记忆，因为每座城市都拥有不同的自然环境和发展经历，它所形成的城市文化也相应地会有很大的差异。湖南三湘四水，从古至今，湖湘山水养育了一代代的湖湘人，形成了独特的湖湘文化。其闭塞的自然地理环境以及环境的艰苦，形成了湖南人独立、吃得苦、霸得蛮的性格；而受儒家思想的熏陶和影响，湖南人又有着敢为人先的精神。不管是地理景观，还是人文历史，都有着湖湘文化的烙印，这些都是独一无二的湖湘城市记忆中的一部分。媒介的传播，能够使这些独特的城市记忆呈现在人们面前，使这份独特性得以延续。

此外，人们的饮食习惯、劳作方式、生活方式和传统习惯等，也都受到自然因素的影响，具有不同的地方特色内涵，因而形成差异化的城市记忆。例如重庆，"山城"是其主要景观特征，又由于地处四川盆地，湿气较重，形成了"吃辣子去湿气"的饮食习惯和"火爆直爽"的个性特征。

2. 城市记忆的空间性

城市记忆具有空间性。记忆是抽象的，它的存在和表达需要借助载体，因此，城市记忆跟城市空间有着紧密的联系。人们生活在城市这一公共空间里，城市成为城市居民聚集的场所，公共空间里的一切，包括城市的建筑和自然景观等，都对人们产生了重要的影响，同时，人们的日常生活、思想也影响着城市。湖湘城市中的老街道、老建筑都留下了人们的生活印记和时代痕迹。长期的生活使得人们对城市产生了亲近感，人们在这个空间里有着满满的回忆，这些回忆成为他们的精神寄托，并有利于构建人们的城市认同。而城市在发展过程中形成的人文历史、传统文化等城市记忆也都发生在特定的空间里，不同的空间所形成的城市记忆也不同，而空间的消失则会导致城市记忆的漂泊无依。总之，城市记忆产生于城市空间，也生存在城市空间之中，它强调的是在城市空间中产生的对历史的记忆。

3. 城市记忆的情感性

城市记忆具有情感性。从记忆来说，它是作为主体的人的一种意识活动，因此，在人们的记忆中不可避免地包含着个人的情感。城市记忆是通过人以及人的活动体验得以体现，不管是城市建筑、老街道还是是城市档案，通过历史的积淀，它们都记载着城市的历史和文化，但这些历史和文化都需要通过人才能得以充分的体现，这是一个个体情感体验的过程。而作为城市的主体——人，他们在城市生活中的感受、体验，使得城市不可避免地带上了当地居民的情感，促进了个人与城市之间的融合。所以，不管是从自然还是人文的角度，城市记忆都带有情感性。而借助媒介这一载体，人们得以自由充分地抒发自己对城市的情感，发出自己的声音，述说自己与城市之间的故事。

4. 城市记忆的传承性

在城市的发展过程中，不同的发展阶段有不同的历史记忆。从城市空间的发展情况来看，它是一个不断发展的过程，从过去到现在再到将来，城市记忆就没有停止过。因此，城市在每个时期的发展不可能与以前的发展历史脱节，不同时期的城市记忆必将继承前一时期的城市记忆，不断地积淀而成，另一方面，又通过不断的发展与创新构建着新的城市记忆。例如美国纽约世贸大厦，其耸立的双塔形象所统领的曼哈顿景观曾经代表着世界金融中心的景观意象，而在"9·11"事件以后，它便成了一个不同于以往的城市记忆，因为当人们再次看到这一场景或亲临这一场景时，将很难再将它仅与世界金融中心这样一种意义相关联，而是更多地与此外的许多事物发生了关联，如恐怖主义、本·拉登、安全、痛苦等。由此可知，城市记忆具有一定的传承性，也因为其传承性，使得一座城市拥有了历史的厚重感，增加了城市的文化底蕴，凸显出城市的魅力。

5. 城市记忆的重构性

城市记忆是人们对城市环境的感知与重构。意象是作为主体的"意"与作为客体的"象"相契合的产物。所谓城市意象（Urban Image），是指由于周围环境对居民的影响而使居民产生的对周围环境的直接或间接的经验认识空间，是人的大脑通过想象可以回忆出来的城市印象，也是居民头脑中的"主观环境"空间。[①] 由于我们曾经知觉过城市历史中的各种因素，我们拥有对城市过去的感知，所以才会形成对城市记忆。我们以这种对城市的感知为基础，形成自己对城市的意象，再对其进行认知与重构，从而形成城市记忆。

（四）城市记忆的构成元素

城市记忆系统的构成元素是城市记忆的具体组成部分，是城市记忆的具体表现形式。城市记忆影响因素的复杂性决定了城市记忆系统构成

---

① 顾朝林等：《城市意象研究及其在城市规划中的应用》，《城市规划》2001 年第 7 期。

元素的复杂性，城市记忆系统的构成元素涉及内容广泛，从自然到社会，从物质实体到精神世界。

城市记忆可分为实体要素的记忆和非实体要素的记忆。实体要素的记忆如民间工艺、老街道、建筑、景观等属于实体要素，呈现为一种可视、可观的显性存在形式。非实体要素的记忆如方言、传说、风俗、历史故事等属于不可视范畴的隐性记忆客体材料，它更体现为以表达概念、意义的符号与行为的方式来参与建立城市记忆的传承体系。实体要素的记忆多存在于客体——城市与城市空间之中；非实体要素的记忆则多存在于主体——人的集体记忆之中。①

一是自然环境，包括山体、水体、动物、植物、气候等要素。"古老而具有显著视觉特征的自然景观，如山脉、河流、湖泊和珍贵稀少的岩石、树木，甚至泥土等，它们与城市的起源、祖先、宗教和人们的成长经历与日常生活交往保持紧密联系，被人们赋予某种永恒性的象征意义，最容易得到城市集体的广泛认同。"② 如南京的紫金山、秦淮河、玄武湖等著名的自然景观就经常被市民提及，并引以为豪。在中国传统城市中，"无论是'官式'的'理制城市'，还是民间的乡野市镇，其城市空间总是与城市所处的山水环境相对应而存在，并且两者生动和谐地组成一个相对完形、缺一不可的完整空间体系"③，这对中国城市的记忆特征影响巨大。

二是城市形态特征与特色人造景观。城市形态特征包括城市道路骨架、节点、公共空间、核心、地标、边缘等方面；特色景观包括城市标

---

① 刘乃芳：《多样性城市事件视角的城市记忆保护》，《城市发展研究》2016 年第 11 期。
② 朱蓉，吴尧：《城市·记忆·形态：心理学与社会学视维中的历史文化保护与发展》，东南大学出版社 2013 年版，第 138 页。
③ 洪亮平：《创造明日的山水城市：山水城市空间意象探索》，载《城市设计论文集》(1)，东南大学出版社 1998 年版，第 75 页。

志建筑物、构筑物或建筑群、建筑城市色彩等。① 人造景观包含了社群与文化的历史，它们不仅将关于历史事件、人物、场所的记忆以某种永恒形式确定下来，而且通过被使用，使现实中的人们对于历史进行不同程度的回应。纪念碑、纪念物、公墓、遗址、寺庙等人造景观关注城市中的重大事件、重要人物、宗教活动等与城市历史、政治相关的内容，天然具有纪念性特征。而那些普通的城市建筑，如街巷中的牌坊、门廊、戏台、茶馆、民居、水井等，主要反映城市日常事务，兼具休息、交通、交往与娱乐等多种功能，具有场所性。这些场所建立在共享的基础上，与人们日常生活记忆相连，对于个人的认同与归属具有重要影响。

三是传统的生活与行为方式。包括城市传统的节日庆典、祭祀活动、地方戏曲、土特产、工艺品、餐饮、服饰、语言、交往习俗等方面。这些具有民俗风情和乡土文化特色的民间生活习俗，具有绵长的生命力，使特定环境的城市记忆具有不同的情趣和地域特色。

四是老地名。城市中的老地名也是城市空间中一种讲故事的形式，它不但代表着一个特定性空间，而且很多老地名都意味着是空间中所发生的特定的事件而产生的，地名成为记录事件和活动发生地微缩的历史。② 因此，老地名仿佛是时光穿梭机，可以引领人们在记忆中建构一个个历史场景，成为城市记忆链条中的环节。2004 年，南京市民评出的具有典型代表意义的南京十佳老地名分别是："乌衣巷、朝天宫、桃叶渡、成贤街、龙蟠里、夫子庙、长干里、孝陵卫、莫愁路、虎踞关。"这些地点联系着丰富的旧人故事，尽管物质面貌已面目全非，但记忆仍可以通过"名"的叙事及其故事的存在来得以保存。

---

① 于波：《城市记忆研究》，华中科技大学 2004 年硕士学位论文，第 49 页。
② 刘乃芳：《多样性城市事件视角的城市记忆保护》，《城市发展研究》2016 年第 11 期。

五是传统的特色产业。城市历史发展中形成的特色产业及其建筑物、构筑物，如佛山陶瓷业、重庆竹器加工业等，"其工艺流程、产品系列等随时代发展不断发生变化，是反映城市生活、时代特征变迁的有力证据"。对于这些工业遗产，由于它们对城市的生活、城市的空间的形成有过重要的作用，因而在现实中，"我们不应将其遗留的建筑物、构筑物一概进行拆除，而应从城市发展的历史、城市生态恢复的角度，通过综合利用加以改造和保护"。①

六是城市事件及人物。城市事件指在一定的城市空间中、历史上所发生的有影响的、重要的公共性的重大事件。② 空间中的事件与记忆是紧密相连的关系，可以说空间记忆很大程度上要依赖空间中的事件，事件充当着一种空间解码的功能。"建筑和城市要紧的不只是其外表形状、物理几何形状，而是发生在那里的事件。"③ 因此，事件与空间、记忆是紧密相连的，一个场所空间的独特性，主要取决于其事件和记忆。有些城市因人而名，如曲阜是孔子故里，因名人的故事、名人的足迹而形成了相关事件空间，这就使得该空间环境的文化意义更加强烈，成为城市空间中最具吸引力的场所。再如很多城市存在着名人纪念街巷、名人纪念学校等，就是通过重要人物或事件的传播使空间获得纪念性质的类型。

（五）长沙城市记忆的构成

长沙是国务院首批"二十四座历史文化名城"之一，历史悠久，文脉绵延，蕴含各个时期的丰富的城市记忆资源。

---

① 于波：《城市记忆研究》，华中科技大学 2004 年硕士学位论文，第 46 页。
② 刘乃芳：《多样性城市事件视角的城市记忆保护》，《城市发展研究》2016 年第 11 期。
③ ［美］C. 亚历山大：《建筑的永恒之道》，赵冰译，知识产权出版社 2002 年版，第 50 页。

1. 自然与人文景观

长沙是一座山水洲城，以岳麓山为屏，以湘江为带，橘子洲浮碧江心，浏阳河曲绕郊外，湖泊星布，冈峦交替，城廓错落其间，唐代就形成的山水城市风格特征显著。

名山包括岳麓山、鹅羊山、谷山、景珠山、临湘山、天华山、昭山、沩山等。岳麓山沉淀了长沙的历史文化，培育了特立独行的长沙人。岳麓书院因岳麓山而得名，岳麓山也因岳麓书院而名扬天下，"惟楚有材，于斯为盛"成为长沙乃至湖南的标识符号。千年学府以其虚怀若谷和海纳百川的包容，成就了源远流长的湖湘文化。岳麓山上还有古麓山寺、云麓道宫、爱晚亭、白鹤泉、黄兴墓、蔡锷墓等名胜古迹，不愧为文化名山。

秀水包括湘江、浏阳河、捞刀河、沩水、靳江等大小河流。湘江作为长沙的母亲河，激荡着文人骚客的创作灵感，成为历代文人吟唱歌颂的对象。一代诗圣杜甫留下"夜醉长沙酒，晓行湘水春，岸花飞送客，樯燕语留人"的名句，伟人毛泽东更是谱写了《沁园春·长沙》的壮丽诗篇，描绘出一幅"漫江碧透，百舸争流；鹰击长空，鱼翔浅底，万类霜天竞自由"的秀丽图景。

名洲包括橘子洲、兴马洲、龙洲、月亮岛等。橘子洲是镶嵌在长沙城的瑰宝，南北五公里，纵卧湘江中，像玉带，似青龙，如明珠，堪称中国江心洲的佼佼者。站在橘子洲头，远眺岳麓山，俯视湘江水，可以品味悠久深厚的长沙历史，感受到心忧天下，敢为人先的长沙精神。

名湖如年嘉湖、咸嘉湖、楚家湖、青竹湖、石燕湖等；名泉包括白沙井、白鹤泉、金井、白泉等。长沙古井很多，仅以五一广场为中心的8万余平方米范围内，从1998年至2004年底，清理发掘的古井就达500余口。

长沙也是一座文化名城，历史人文景观丰富。长沙老城区的历史街区和各类历史建筑、历史遗迹，近半个世纪以来遭受了几次大的毁坏。许多反映老街居民生活、社会习俗与文化艺术的其他建筑，如亭台楼榭、水井牌坊、佛寺道观及麻石街等多数未能保存下来，影响了老街区千百年来形成的古老空间特色。但长沙有历经三千年未曾迁移的城市遗址和老城骨架，还保存有太平街、潮宗街、连升街、白果园等一批传统街巷，基本的街巷格局仍在，留有不少古建筑群等，它们是长沙城市记忆的重要组成部分。这些古建筑有传统民居、祠庙会馆、佛寺道观、书院文庙、楼阁亭台、桥塔墙坊，以及教会建筑、近代公共建筑八类。①

长沙山水环抱，民风淳朴，气候温和湿润，长沙民居在这种条件下历经数千年的劳动洗礼和生活磨炼，其建筑特色反映出鲜明的地方性和民族性。传统民居包括名人公馆、传统民居、传统店铺等。著名建筑有浏阳谭嗣同故居、白果园程潜公馆、橘子洲唐生智公馆、中山路何键公馆、同仁里公馆群、橘子洲美孚洋行私人住宅等名人公馆；马家巷民居、孚嘉巷民居、南村名人公寓等传统民居；太平街乾益知粮栈旧址、太平街利生盐号旧址、西牌楼洞庭春茶馆、坡子街鸿记钱庄旧址、堤下街"陈庚记"钱庄旧址、靖港镇店铺群等传统店铺。

祠庙会馆是长沙传统的祭祀性、聚会性建筑。一类用以纪念历史人物或历史事件，一般建在与其活动有关的纪念地，另一类是分布在城镇和聚族而居的村落的宗族祠堂或家庙，形成地域性的建筑特色，包括三间大夫祠、贾太傅祠、曾国藩祠、忠烈祠等纪念性祠堂，徐家祠堂、李家祠堂等宗族祠堂，鲁班庙旧址、大清宫遗迹、苏州会馆等神庙会馆。

古代长沙是中国佛教八宗之一禅宗的重镇，也是中国道教洞天福地的荟集之地，佛道杂神同处的庙宇比比皆是。佛教寺院和道教宫观大都建在风景优美之处，把自然美和神灵美融为一体，使人产生天人合一和

①　谢建辉：《长沙老建筑》，五洲传播出版社2006年版，第1页。

返璞归真的心理感受。长沙有名的佛寺包括麓山寺、开福寺、铁炉寺、洪山寺、黑麋古刹等，有名的道观包括云麓宫、河图观、陶公庙、天竺山道院等。

书院是中国古代的教育机构，始于唐，盛于宋，发展至清代，数量之多，分布之广，大大超过学堂。岳麓书院为宋代四大书院之首，书院建筑讲求风景环境选址，追求天人合一的境界，寓教化于游息之中是书院建筑的突出特色。除岳麓书院外，长沙现存知名的书院还有文华书院、云山书院、围山书院、乔江书院等。文庙为祭祀孔子的庙堂，同时是各地官学学宫所在，长沙现存知名的文庙有浏阳文庙、岳麓书院文庙等。

楼阁亭台以其丰富的造型和深厚的文化艺术特色，具有较高的观赏价值和实用价值，在长沙古建筑群中占有重要地位。楼阁为多层建筑，多选择高处而建，成为风景名胜区重要的天际轮廓线的构成点，如御书楼、天心阁、奎文阁等。亭是传统建筑中不可或缺的部分，在建筑群或园林中起着画龙点睛的作用。如与安徽滁州醉翁亭、杭州西湖湖心亭、北京陶然亭并称中国四大名亭的长沙爱晚亭，另外如自卑亭、半山亭（蒋公亭）、中山纪念亭、岳王亭等。台包括赫曦台等纪念性的台；陶公庙戏楼、靖港临水戏台、洪山庵戏台等娱乐性的台。

桥、塔、墙、坊不以居住、休憩、观景为主要目的，在建筑学上被称为"构筑物"。古代长沙河渠纵横，旧有"九井十三桥"之说，人们出行离不开桥。据史料记载，清代长沙县有各类桥梁229座，善化167座，浏阳434座，宁乡582座。① 现存古桥有鸦灵桥、常新桥、云塘桥、高桥等。长沙古代的塔有佛塔、风水塔、纪念堂等类型，现存有舍利塔、植基塔、五轮塔、观音宝塔等，如岳麓山的五轮塔即为纪念北伐军

---

① 谢建辉：《长沙老建筑》，五洲传播出版社2006年版，第166页。

阵亡将士而建。墙是日常生活最常见的建筑形式，今存有大夫堂庄园古墙、天心阁古城墙、湖南贡院围墙、善化县学宫照墙、陈运溶公馆围墙、南元宫土墙、湘江老河堤等各类古墙。坊即牌坊，是一种纪念性或标志性的门式建筑物，用以表彰纪念地方上忠孝节义、科第寿考之类的著名人士。到明代长沙城内遍布牌坊，今存岳麓书院文庙牌坊、长沙府学宫牌坊，火宫殿门楼，至今留存的贞节牌坊有岳麓区岳华村刘氏节孝坊，浏阳市跳马塘张孝烈祠牌坊等。

教会建筑是近代从西方传入的一种新式建筑，它随着天主教、基督教等西方宗教在长沙传入而得以兴建。哥特式教堂是西方教堂艺术的代表，进入长沙后又融入长沙本土建筑的风格，如永恒堂的外形建筑风格以中国古典建筑风格为主，堪称近代长沙中西合璧优秀建筑的典范。留存至今的教堂包括天主堂、永恒堂、圣公会礼拜堂、内地会教堂、清真寺等。

以宫殿式、木结构、中轴对称为主要特点的中国古典建筑在经历数千年的辉煌后，从20世纪初开始基本结束历史进程，让位于近代建筑时代。近代公共建筑是近代建筑的典型代表，根据其用途区分为办公楼、校舍、公共活动建筑、工厂等。如长沙新关旧址、谘议局大楼旧址、小吴门邮局、交通银行长沙分行旧址等办公楼；湖南省立第一师范、湖南大学近代建筑群、湘雅医学院近代建筑群、明德中学乐诚堂等校舍；国货陈列馆旧址、中山亭、水上文化宫旧址、海员俱乐部旧址等公共活动建筑；湖南第一纱厂早期建筑群、华昌烟厂旧址、湖南省炼锌厂老厂房等工厂。

2. 城市事件、人物

古代长沙有"屈贾之乡、潇湘洙泗"的美誉，扬"惟楚有才，于斯为盛"之况境。秦设长沙郡，汉封长沙国，始建岳麓书院，辛弃疾创飞虎军，李芾抗元等历史文化璀璨夺目，作为"楚汉名城"，长沙汇聚了屈原、贾谊、杜甫、朱熹、辛弃疾、文天祥、王夫之等人在长沙的足迹和千古佳作，激荡着维新派谭嗣同、辛亥革命元勋黄兴，无产阶级革命家毛泽东、刘少奇、彭德怀等仁人志士救国救民的爱国情怀。长沙成为近现代革命运动风起云涌之地，在南学会成立，创办时务学堂，华兴会成立，长沙抢米风潮，武昌起义湖南首应，驱张运动，新民学会成立，发动秋收起义，组建中国工农红军第一方面军，长沙保卫战等历史事件中，充分诠释了"半部中国近代史由湘人写就"的辉煌，表现了长沙人民面对空前的民族危机，以天下为己任，艰难求索，前赴后继，力挽狂澜，为民族的独立和人民的解放做出了卓越贡献。这些丰富多彩的城市记忆与城市历史，转化为"心忧天下，敢为人先"的长沙精神，延续文脉，激励未来。

3. 城市非物质文化遗产

除了大量的古建筑和文物史迹等物质文化遗产外，长沙作为历史文化名城，还有大量的诗歌、音乐、舞蹈、书法、绘画、雕塑、编织、印染、冶炼、商业、工艺以及烹调、风味饮食、衣冠服饰、民俗风情等非物质文化遗产，分布在传统美术、传统音乐、传统舞蹈、传统戏剧、传统技艺、传统体育游艺与竞技、民俗、民间文学等各方面，如长沙弹词、火宫庙会、浏阳花炮、菊花石雕等，是长沙人民千百年来智慧的结晶。

据统计，长沙目前有湘剧、长沙弹词、浏阳文庙祭孔音乐、湘绣、菊花石雕、火宫殿庙会、浏阳花炮制作技艺、长沙窑铜官陶瓷烧制技艺8项国家级非物质文化遗产代表性项目；麻山锣鼓、火宫殿八大传统小吃制作技艺、民间剪纸、洞井龙舞、长沙棕叶编、长沙玉和醋传统酿醋技艺、长沙陶公庙会、长沙花鼓戏8项省级非物质文化遗产代表性项目；岳麓山民间故事、长沙谜语、长沙杨裕兴鸡蛋面制作技艺、长沙玉楼东六大传统湘菜制作技艺、长沙捞刀河刀剪制作技艺、巫家拳、炭精画、靖港纸扎、春华皮影、长沙篆刻、浏阳祭孔大典等市级非物质文化遗产代表性项目数十项。

4. 城市老地名

地名，是留在身边的史书，承载了一个城市的记忆。身边的地名，藏着王侯的荣耀和市民的烟火。长沙的地名有丰富的历史文化信息，如河西的靳江河、靳江路、靳江小区，源于春秋楚国大夫靳尚；太平街旁的太傅里，源于西汉贾谊；定王台，源于思念母亲的西汉长沙定王刘发；而跳马涧、惊马桥、马栏山、捞刀河这些古地名与关公战长沙紧密相连。

古代中国，官家衙门成为地标，也成就了地名。藩正街、藩后街，一前一后，簇拥着藩司，是布政使大人办公的地方；臬后街、都正街源于臬司、都司，臬司、都司分管司法与军政；府后街在长沙府署后侧；粮道街是因此街驻有粮道衙门；盐道署所设之地即为盐道坪。

官家的地名文绉绉，市井小民的地名则直抒胸臆，仅就家族聚居地来说，长沙就有下黎家坡、冯家湾、左家井、伍家井、涂家冲、袁家岭、晏家塘、廖家湾、潘家坪、肇家坪等大大小小几十个"百家姓"地名。

交通要道也是地名。长沙的大小城门最终固定并连向城内大街，那些为防卫需要而建造的护城河以及河桥，也与渐渐发展的城郊集市、港口融合一起，许多地名因此诞生，衍生出世俗长沙的生活。北门内北正街、通泰街交汇处的"头卡子"，就是这样一处"出城"与"进城"的地方，这里是入城第一道关口，设有木栅门，所以叫作"头卡子"。而南门口、大西门、小吴门、兴汉门、潮宗街、通泰街、湘春街、浏城桥、西湖桥、培元桥，它们是商贾云集之地、三教九流聚合之所，也是南北船帮歇息的港湾，茶馆酒肆、妓院书场云聚之处。

有人总结了长沙地名的"从一到十"：一步两搭桥、二里半、三王街、四方坪、伍家岭、六堆子巷、七里庙、八角亭、韭菜园、十间头。它们充满了生活气息、地理特色，比官方地名少了威严与晦涩，多了俗气。有的地名已不存在，只能让人空回忆了。①

记忆在随着地名一起消失。"1986 年出版的《长沙市地名录》共记录长沙街巷 1026 条，1998 年出版的《长沙老街》中只记录了长沙街巷 716 条，"长沙文史专家陈先枢说，"从 20 世纪 90 年代末至今长沙又至少消失老街巷 500 多条，合计有 800 多条老街消失了。"

二、城市记忆的空间性传播

（一）空间与记忆

空间的时间感是与记忆相伴而生的，因为空间的历史往往需要通过对于特定场所的体验、回忆、记录和讲述才能够传递和书写，因而当记忆缺席时，空间的社会性将遭到人为的断裂。与之相似，"正如人类社会无法容纳无时间的空间，在无空间介入的情况下，时间及其社会再现也将无处安放，致使记忆无力以空间对抗时间，最终濒于遗忘"。② 因此，记忆与空间的互构关系在学术场域中的重要性日渐凸显。

空间本身就是记忆的重要内容。古罗马著名政治家、哲学家马库斯·图留斯·西塞罗说，最早发明记忆术的西摩尼德斯通过记忆地点，继而记忆与之对应的个体，又通过地点和个体之间的关联记起事件发生时的场景和故事，因此时间、空间以及人等三要素构成了记忆的素材。③

---

① 牧野：《纪念消失的 800 多条长沙老街》，搜狐网，2019 年 7 月 6 日。
② 刘于思：《签到即记忆：移动媒介的空间实践与意义生产》，《浙江传媒学院学报》2016 年第 10 期。
③ 袁同凯：《论记忆的空间性叙事》，《新疆师范大学学报》（哲学社会科学版）2017 年第 1 期。

记忆又具有空间性，记忆与空间不可分离。社会学、地理学、历史学等不同学科都论及集体记忆具有空间性。法国社会学家哈布瓦赫认为："每一个集体记忆，都需要得到具有一定时空边界的群体的支持。"① 法国历史学家皮埃尔·诺拉（Pierre Nora）创造了"记忆之场"这一概念，记忆积淀在空间、行为、形象和器物等具象中，记忆之场成为记忆残留物的场域，因此他把记忆视作当下的、具象的、活着的、情感的现象，而历史是对过去的理性的、批判性的重构。② 地理学家亚历山大（Toni Alexander）指出，"集体记忆既是时间的，又是空间的，它根植于地方，包含了地方的往日，文化景观则记录下审视往日的种种方式，即一种记忆和纪念场所相互交织的网络"。③ 地理学家莱格（Stephen Legg）也认为，"怀旧"的概念具有空间的向心性，即城市的集体记忆具有空间性，它在空间的框架下展开，并分布于城市和地方的每一地段。④ 人文地理学者由此认为，从地理学的空间观念出发，地理学试图阐明集体记忆是如何通过物质的和象征性的记忆空间（或记忆景观）而被空间化的。

城市记忆也同样具有空间性，城市在发展过程中形成的人文历史、传统文化等城市记忆发生在特定的空间里，不同的空间所形成的城市记忆也不同，而空间的消失则会导致城市记忆的漂泊无依。因此，城市记忆产生于城市空间，也存留在城市空间之中，它强调的是在城市空间中

---

① ［法］莫里斯·哈布瓦赫：《论集体记忆》，毕然等译，上海世纪出版集团、上海人民出版社2002年版，第37页。

② ［法］皮埃尔·诺拉：《记忆之场：法国国民意识的文化社会史》，黄艳红等译，南京大学出版社2015年版，第10页。

③ Alexander T. Welcome to Old Times: Inserting the Okie Past into California's San Joaquin Valley Present [J]. Journal of Cultural Geography, 2009, 26（1）: 71 – 100.

④ 林蕙玟：《短暂如昙花一现的概念可成为过往与历史延续性的记忆衔接方式：以台湾第一聚落安平为例》，2008年6月15日，见http://www2. ksu. edu. tw/ksut SD/forum – talk. htm.

产生的对历史的记忆。

从人类发展历程来看，城市空间演变与城市记忆还存在一种互构关系。城市记忆是一种文化记忆，文化记忆作为城市的无意识而现身，它从心理学范畴中脱离出来，蕴藉着一种更为复杂多元的文化生产方式。"城市作为人类居住空间的聚汇之所，其内涵早已超越物理结构范畴，它是人类发展至今所创造的最好的记忆媒介，关联着人类自我理想、核心智慧、审美倾向，必然充盈的是人类生存体验及文化记忆。"① 因此，学者研究认为，人类记忆与城市社会空间之间存在一种渗透互融的关系。

第一，从城市空间的起源来看，它是与"对死者的纪念，记忆艺术乃至原始宗教的产生和发展紧密联系在一起的"，"世代沿袭的神圣精神和世俗权威的记忆早已内化为集体无意识，成为推动城市空间形成的积蓄性力量。"②

城市的产生有其自身历史谱系，具有主观精神因素和客观生产力因素共同关联的价值体系和发展动力。在远古时代，生者最高宗教任务之一便是在家族成员过世之后选择固定地点厚葬死者，并定期返回安葬地告慰死者灵魂，所以围绕墓穴或者坟冢周围集结而成的原始聚落成为首批人类固定的居住地。对死亡现象的疑惑和对逝者的敬畏构成原始初民死者纪念时间性或阶段性的标志前缀。③

众多考古发现证实，共同的祭祀礼俗与宗教信仰，将原始先民定期或永久性地聚集在一起，居住聚落的形成蕴藉着丰富的宗教内涵。近年在我国东北兴安岭嘎仙所发现的石屋，以及在蒙古国境内发现的阿尔泰山北曾赫尔洞窟，都是远古人类的祭祀圣地和固定居住地，围绕着这些

①　谢欣然：《城市空间演变与城市记忆的互构》，《人文杂志》2018 年第 6 期。
②　谢欣然：《城市空间演变与城市记忆的互构》，《人文杂志》2018 年第 6 期。
③　谢欣然：《城市空间演变与城市记忆的互构》，《人文杂志》2018 年第 6 期。

地点所举行的祭祀活动具有强大的宗教感召力和震慑力，是远古社会基于"仪式性关联"建构起来的空间场域。① 通过反复举行祭奠仪式使个体意识到纪念死者是必要行为，从而使无数个体汇聚成一个基于认同而在行动上趋于一致的共同体。因此可以说，坟墓作为一个家族内部的纪念性空间，以固定的空间、时间和号召性的力量，引起了"原始初民连续性聚落的崛起"。② 由此可见，原始聚落是城市产生的原点，城市空间更是滥觞于原始初民对死者记忆的推崇和关注，发源于人类早期的根深蒂固的集体记忆是城市发展的基本条件之一。

第二，从欧洲中世纪城市空间的发展来看，它与安身立命的集体诉求、宗教功能的升级也是密不可分的。而宗教成为当时的民众修复人性裂痕，基于安全信任而建立联系、分享记忆和共担职责的命运共同体的信仰归根。因此，中世纪城市空间的发展同样与记忆及认同的需求密不可分。

罗马帝国覆灭之后，经过五个世纪的战乱破坏，欧洲社会催生出渴求社会安定的强烈意识，这种大众群体全新的心理诉求在很大程度上成为城市形式改造的动机来源。基于城市安全防御的功能性形态成为城市规划的主导性诉求，用于抵御外敌入侵的堡垒或城墙等空间景观成为战乱危机的支撑性力量。与此同时，宗教力量迅速崛起，并贯穿中世纪城市发展的始终。对于当时的民众而言，宗教成为修复人性危机，重建共同体意识的精神信仰来源。当时的城市中心区域用于建造教堂，居民区普遍沿着宗教场所分布，这样的地理布局使得城市公共空间承载更多人文关怀意味。"随着宗教典仪、信仰及组织规范化空间的建立，一套普遍而抽象的行事规范渗透于该空间结构之中，并由此构成了共享价值观

①　张志尧：《阿尔泰史前时期的萨满岩画》，马明达、纪宗安主编：《暨南文学》第8辑，广西师范大学出版社2013年版，第4页。
②　谢欣然：《城市空间演变与城市记忆的互构》，《人文杂志》2018年第6期。

念和以群体信仰为重要参照的社会结构。"①

第三，城市空间的扩张又是与现代性体验、记忆危机的萌发紧密联系在一起的，表现出一种传统与现代的冲突。

随着工业化的蓬勃发展，交通网络的快速成型和现代户籍制度的松动，乡村或郊区的民众开始涌向城市。在这些"移民者"精神世界中保留的乡村记忆仍会长期地、潜移默化地影响到他们的城市生活。"思乡"构成了其对某种乡村精神的记忆，表现出同金钱利益、冷漠封闭等城市特性截然不同的田园式旨趣，这是一种简单质朴、悠然恬淡的乡村情结。一种淡然无形却无处不在的乡村记忆是应对城市压力的缓冲机制，它直接体现为对城市空间中旧式建筑的尊重和挽留。这些古建筑凝聚着过去时代的精神特质，成为不可被符号化的空间，同"恋根"的乡村记忆交织在一起。②

城市各阶段发展历程借由记忆的完整得以延续，对于历史空间怀旧的渴望意味着现代人对竞争激烈、冷漠麻木、平淡乏味的城市生活的抵抗，也是对现实的怅然和对生存的恐惧的合情合理的心理需求本能。

（二）城市记忆的空间性传播

空间作为承载过去的媒介，作为可以引起个人记忆、社会记忆和集体记忆的场所，与记忆本身有着密不可分的联系，它拥有传播记忆、传承历史的强大功能。空间往往成为触发记忆的契机与媒介。德国社会学家格奥尔格·齐美尔（Georg Simmel）认为，在记忆里，空间具有更强的联系与结合的力量，因为从本质上看，人们更容易接触的是空间。③德国哲学家马丁·海德格尔（Martin Heidegger）认为：记忆之所以有意

---

① 谢欣然：《城市空间演变与城市记忆的互构》，《人文杂志》2018 年第 6 期。
② 谢欣然：《城市空间演变与城市记忆的互构》，《人文杂志》2018 年第 6 期。
③ 埃米里奥·马丁内斯·古铁雷斯：《无场所的记忆》，冯黛梅译，《国际社会科学杂志》2012 年第 9 期。

义，正是因为它是被锁定在空间之中的，空间本身具有唤醒记忆的某种力量。① 德国学者泽利泽（Zelizer, B.）认为，集体记忆具有空间性，它总是会被锚定在特定空间，或者如法国历史学家皮埃尔·诺拉所说的"记忆场所"。这些记忆场所包括墓地、教堂、宫殿、古战场、纪念碑、纪念馆等。这些空间实体，可以将决定性的历史瞬间"冻结"，比如太平洋战争中美国士兵将国旗插上硫磺岛的新闻图片，就被"冻结"在华盛顿威灵顿国家公墓的雕像中，也"冻结"在邮票等各种介质里，历史事件由此进入实体和虚拟的"纪念空间"。②

新技术、全球化的影响重构了传播环境，城市与传播的关系也有了新的变化。大众传播学提供的二元结构化、功能化的城市传播范式已经不适用于新的媒介环境。取而代之的，应该是一种城市的空间媒介特质凸显，城市与媒介相互嵌入的新范式，即空间传播的新范式。③ 这个范式是"基于当前全球化、城市化、新技术浪潮的世界大势，突破现代性框架的城市与媒介的关系，将城市理解为与大众媒介相互嵌入的中介化平台，以审视'媒体城市'中介的人类社会各种关系。"④ 由于空间既具有物质性，也具有社会性和文化性，记忆的空间性传播就是要同时关注空间中蕴含的物质性、文化性和社会性，把物质空间和社会空间作为与大众媒介相互嵌入的传播介质和平台，去考察空间在传播活动中的信息传递、关系生产、意义建构的作用，考察空间中人的交往。

---

① 孙逊、杨剑龙：《奈保尔空间记忆的并置：都市空间与文化想象》，上海三联书店2008年版，第40页。

② 李红涛：《昨天的历史 今天的新闻：媒介记忆、集体认同与文化权威》，《当代传播》2013年第5期

③ 刘娜，张露曦：《空间转向视角下的城市传播研究》，《现代传播》2017年第8期。

④ 黄旦：《城市传播：基于中国城市的历史与现实》，上海交通大学出版社，2015年版，第3页。

城市记忆的空间性传播是一种虚拟空间的传播。城市记忆的留存与发展需要借助一定的记忆载体，书籍、报刊等印刷媒体，电视、广播、电影等音像媒体，以及手机、电脑等网络媒体，VR、AR 等虚拟现实媒介是建构和传播记忆的平台。媒介传播使城市记忆以文字、声音、画面、虚拟现实等形式得以再现，传统历史文化得以传播，城市记忆得以保护与传承，增加了城市的文化底蕴，展现出城市的个性与美好形象。在媒介的地方性或纪念性报道中，也通常会涉及对城市历史、人文、日常生活等城市记忆的报道，这是对城市本土文化的一种延续与传承，有利于加强对城市地域特色的保护与传承，对塑造城市地方感，维系并强化人们的城市认同具有重要作用。

城市记忆的空间性传播也是一种实体空间的传播。传播在实体空间与虚拟空间维度上的区分，是伴随大众媒介异军突起的晚近事情。在古希腊雅典城邦里的传播是浑然一体的，广场、街道、神庙、体育场等场所中的交往活动，支撑了城邦的社会生活。在人类的城市生活中，由实体空间作为场域构筑起传播活动，实体空间本身作为媒介也在进行传播，因此由广场、街道、公园、建筑物等构成的实体空间无疑成为人们周围的重要媒介，具有非常重要的意义。①

城市记忆作为实体空间的存在，对于构筑集体记忆，建构市民认同感的作用巨大。一座城市需要有对应的集体记忆以凝聚人群，作为历史性城市的集体记忆能够保证一个共同建构和维持的城市文化特性，使市民产生一种归属感。城市往日被理解为城市发展至今的轨迹，城市的历史遗存、传统仪式和历史遗址等历史景观成为整理城市往日的重要手段。因此，城市空间在城市生活中承担起重要而不可替代的作用，诸如

---

① 黄旦主编：《城市传播：基于中国城市的历史与现实》，上海交通大学出版社 2015年版，第 6 页。

构筑公共交往促进现代性民主、承载城市历史的集体记忆、建构城市共同体的文化认同等。历史学者王笛研究认为，20 世纪上半叶中国成都的茶馆，就是一个嵌入到日常生活的实体空间，也是一个社会性和文化性的空间，它集交流信息、表达意见、休闲娱乐、公共表演于一体，直接参与了各种社会关系的建构，具有社会空间的意义。① 上海外滩的纪念碑、塑像、海关大钟等地标性建筑，承载和传播着上海城市精神的文化内涵，构筑起市民的城市共同体认同。"外滩作为媒介，代表了一种新型的传播方式，这个方式构筑了现代性都市文明的社会基础，展现了一种与农业文明截然不同的社会关系。"②

城市记忆的空间性传播是融合性和体验式传播。首先，街道、广场、公园、纪念碑等支撑的城市实体空间与大众媒介建构的虚拟空间并非截然相对。城市"地点"提供的场所感承载了个人或集体的记忆，倾注着公共或私人的情感，具有丰富的文化意蕴；而虚拟空间的影响也时常以具体场景中的现实活动加以体现，媒介传播常常引发实体空间的实践。尤其是以互联网带动的融合媒介重构多重空间关系的实践，使得新媒体和以地方为基础的关系会彼此互动，相互补充，新媒体通过整合各种媒介，将实体空间与虚拟空间的传播融汇在一起，促进了城市的发展，城市传播因而从单一的实体空间或虚拟空间，转化为实体空间与虚拟空间并存、转化、融合的状态。③

城市记忆的空间性传播是一种以体验为基础的传播活动。由于人们在现代城市空间的体验是融合性的，包括物质空间、传播媒介和社会实

---

① 王笛：《茶馆：成都的公共社会和微观世界：1900—1950》，社会科学文献出版社 2010 年版，第 421－440 页
② 孙玮：《"上海再造"：传播视野中的中国城市研究》，《杭州师范大学学报》（社会科学版）2013 年第 2 期。
③ 孙玮：《城市传播：重建传播与人的关系》，《新闻与传播研究》2015 年第 7 期。

践三者，共同构筑了现代社会生活的传播、交往、沟通的过程，因此城市记忆是在实体空间、虚拟空间与人们的空间实践中建构与传播的，城市生活正是联结实体、虚拟两种空间的纽带。

因此，城市记忆传播的媒介不仅是大众媒介，还有物质空间，乃至一切连接主客体的中介；传播的目的不仅在于社会整合，还包括地方感的营造、仪式感的实现、人与人关系的建构；传播的意义不仅在于传递信息，还有社会交往、意义共享。在空间与传播错综交织的关系中，营造了传播"信息传递、公共交往以及意义共享"的丰富性。

第二章　空间嬗变与城市表征

城市是在人类交往、沟通与行动中塑造和组织起来的具有媒介属性的实体空间。城市实体空间体现为地理意义上的物理性空间，城市正是利用物理的存在和物理性空间来营造意识及意识空间，使意识能够获得最有力的表达和显现形式。新文化地理学认为，城市实体空间可以被纳入媒介范畴，履行传播信息的功能，构成一个言论空间、内容空间、情感空间和价值空间，可以通过符号学分析其能指和所指。① 建筑符号学认为，建筑形式作为一种象征符号，意味着它要成为"能指—所指"的统一体，形式作为能指，它总指向某个意义，"使有形的能指（物质、材料和围护体）清晰地表达出它的所指（生活方式、价值、功能）"。② 每个城市都有属于自己特色的城市景观和城市建筑，包括纪念碑、历史文化街巷、民居、博物馆、工业遗产、特色商店等怀旧和纪念空间，它们是城市文化传播的载体，也是城市特色的表征，具备独特而丰富的传播特性。

---

① 李蕾蕾：《媒介—空间辩证法：创意城市理论新解》，《人文地理》2012 年第 4 期。
② 周正楠：《媒介·建筑：传播学对建筑设计的启示》，东南大学出版社 2003 年版，第 45 页。

第一节　城市实体空间的媒介角色

一、建筑即媒介

媒介即中介或中介物，存在于事物运动过程中。传播意义上的媒介是指传播信息符号的物质实体。传播学家麦克卢汉谈及建筑的媒介特征时说："其所以是传播媒介，首先是表现在以下的意义上，它们塑造并重新安排人的组合模式和社区模式。"① 由此可见，建筑本身就是信息载体，既是可以直接作用于人的实体，又是可以把人与人联系起来的媒介。

建筑除了给人们提供生存与活动的空间和视觉愉悦外，还是社会中人与人之间关系的重要联系纽带。建筑学者认为："通过建筑，社会中的一些人可以向另一些人传播生活方式、审美方式以及各种文化特征，可以传播包括具体事件的信息，因此一定程度上可以起到统一社会思想，建立社会关系的作用。"②

正是从表意的角度上来说，建筑不仅成了蕴含着一定功能性的空间，还成为一种传播空间化的重要形式，具有一定表意的传播价值。"对典型建筑物的研究与理解，是理解一个社会所拥有的意义世界的最为可靠和有效的途径之一"，在今天的城市场域中，建筑以不同的视、听、知觉形式参与着人们的意识互动，建构人们的日常观念，影响着城

---

① ［加］马歇尔·麦克卢汉：《人的延伸：媒介通论》，何道宽译，四川人民出版社1992年版，第142页。
② 周正楠：《媒介·建筑：传播学对建筑设计的启示》，东南大学出版社2003年版，第26页。

市传播的转变。

扩而广之,由广场、街道、公园、建筑物等构成的实体空间无疑成为人们周围的重要媒介,在人类的城市生活中具有非常重要的意义,一方面由实体空间作为场域构筑起传播活动,另一方面实体空间本身作为媒介也在进行传播。① 古雅典城邦造就了城邦的日常生活,成都茶馆参与了私人和公共关系的构建,上海外滩成长为建构与传播上海现代性的媒介。恩伯托·艾柯(Umberot Eco)认为,虽新媒介等虚拟传播备受关注,但实体空间的解码作用也非同小可,它作为一种直接面向公众传播的手段,固定了对生活方式和文化的广泛认可。自大众传媒实现了对人类传播状态的一次革命,主流传播学越发关注电子媒介和新媒体的虚拟传播,而一度忽略实体空间的解码潜力,这种状况正逐渐改变。②

城市实体空间的媒介角色,体现在充当典型符号,定义着不同的文化意义与身份定位。建筑作为一种物质文化和精神文化的综合体,不论哪个国家、哪个民族,也不论哪个历史时期,总是以具体的形象来反映一种特定的文化艺术形态。所以人们称建筑为"凝固的音乐""石头的史书"。

城市实体空间的媒介角色,体现在为群体的沟通提供真实的场所。实体空间提供面对面交流的空间与场域,能有效地减少城市传播过程中的信息失真和话语歧义,与虚拟空间有着本质的区别。实体空间还提供了群体仪式和记忆的依托,而"群体间的交往多数情况下是在某种或正式、或随意的仪式感的衬托下完成的,随后产生抽象的记忆",因而"实体空间的存在,为群体的交往和传播活动保留了仪式感,为集体记

---

① 黄旦主编:《城市传播:基于中国城市的历史与现实》,上海交通大学出版社2015年版,第6页。

② 郑依菁,韩晓蓉:《建筑即媒介 城市因传播而有意义》,《东方早报》2013年3月16日。

忆的存储与呈现提供了载体"。①

实体空间的媒介角度，还体现在其特定场景不仅提供了人们进行公共交往的平台，而且构筑了城市居民的集体记忆和地方感。集体记忆为个体在群体交往中找到了身份认同，增强了人的集体归属感和地域归属感。人类的生存和发展离不开集体记忆，集体记忆的形成、留存与再现又得益于城市空间的存在。

西方人文地理学者阿兰·R. H. 贝克（Alan R. H. Baker）认为："往日景观的形成与意义，反映了人们工作与生活于其中并加以创造、经历与表现的社会。但就其留存至今而言，往日景观作为文化记忆与特性的组成部分之一，具有延续的意义。"② 城市历史文化景观具有历史传承的社会文化特性，但是，在全球化、城市化趋势下，城市文化生态环境变迁带来了对历史文化景观的破坏，而种种破坏行为发生的重要原因之一，在于人们主观上对城市往日景观（即历史文化景观）记忆的漠视。

二、景观与记忆

景观被人们称为具有记忆仓储的作用。英国地理学者 D·洛温塔尔（Lowenthal D）在探讨景观与记忆的关系时认为："往日必然存在于现在的景观之中，而往日景观提供了文化连续性。"他分析了为什么许多人表现出对往日的偏好要甚于对现在的偏好，因为"通过对往日的了解，才使我们学会重塑自己。通过对我们自身经验的了解，我们也能重

---

① 张恩尧：《实体空间在城市传播中的媒介角色》，《青年记者》2018 年第 11 期。
② ［英］阿兰·R. H. 贝克：《地理学与历史学：跨越楚河汉界》，阙维民译，商务印书馆 2008 年版，第 150 页。

新设计往日，并取代始终处于被改变或丧失的往日"。① 西方人文地理学者亚历山大（Toni Alexander）指出："集体记忆既是时间的，又是空间的，它根植于地方，包含了地方的往日，文化景观则记录下审视往日的种种方式，即一种记忆和纪念场所相互交织的网络。"② 莱格（Stephen Legg）也认为，"怀旧"的概念具有空间的向心性，即城市的集体记忆具有空间性，它在空间的框架下展开，并分布于城市和地方的每一地段。因此，往日被理解为城市发展至今的轨迹，城市的历史遗存、传统仪式和历史遗址等历史景观成为整理城市往日的重要手段。

包括地理学家在内的很多学者，都将记忆视为社会行为，并营造了空间的社会特性。而社会记忆和社会空间与地方、国家的群体认同是密切联系的。他们又进一步指出记忆和地方的结构性联系最显著地表现在物质文化景观领域。所以从地理学的空间观念出发，地理学者试图阐明集体记忆是如何通过物质的和象征性的记忆空间（或记忆景观）而被空间化的。景观、记忆与认同等问题受到了西方学者的大量关注。如查尔斯·威瑟斯（Charles W J. Withers，2005）探讨了记忆、景观和历史之间的相互关系，认为记忆是表现空间和地方意涵的一个积极要素，在明晰社会意义和认同方面起到重要作用。③

（一）城市的"集体失忆"

诺贝尔经济学奖获得者约瑟夫·斯蒂格利茨（Joseph Eugene Stiglitz）认为，中国的城市化与美国的高科技发展是影响 21 世纪人类

---

① 朱凡等：《从地理学视角看城市历史文化景观集体记忆的研究》，《人文地理》2010年第 4 期。

② Alexander T. Welcome to Old Times：Inserting the Okie Past into California's San Joaquin Valley present［J］. Journal of Cultural Geography，2009，26（1）：71 – 100.

③ 朱凡等：《从地理学视角看城市历史文化景观集体记忆的研究》，《人文地理》2010年第 4 期。

发展的两大课题。然而中国城市在展现高度的现代物质成果的同时，在社会、人文等方面也陷入严重的滑坡和危机中，导致城市文化认同危机的产生。

一方面，大拆大建的城市开发方式导致富有地域特色和文化传统的老街区、老建筑的破坏乃至消失，取而代之的是拔地而起的摩天大楼，生活在其中的人们却不得不面临困惑：这还是我生活的城市吗？轰轰烈烈的新城化运动以旧城的"死亡"为代价，割裂了城市内部的有机联系和生命尺度，遏制了城市生活的多样性和文化活力，城市面临着"集体失忆"的问题。而剧烈的旧城改造和城市变迁牺牲的大都是底层民众的利益，也加剧了市民对城市的排斥和隔离。

另一方面，在现代化和西方化思潮的影响下，一些地方的城市建设不顾地域特色和历史文化传统，城市规划方案几乎完全采用西方设计，都市标志性建筑大都出自国外设计师之手，就连小区命名也跟着开起"洋荤"，从"东方巴黎"到"加州花园""西班牙海岸"，这些城市被戏称是"万国城镇"。这使得城市建设风格雷同，"造城"运动沦为拙劣的"克隆"行为，城市景观呈现"千城一面"的现象。

这些城市问题的出现与城市记忆和文化认同联系在一起。"城市建设中人为地割裂历史文脉和文化空间的做法导致了城市记忆的丧失，而城市记忆的丧失又导致了城市文化认同危机的产生。"[1]

从深层次来看，"集体失忆"和"千城一面"反映出我们的"文化自卑症"，也是城市化进程中过于追求经济增速所造成的"恶果"。正是因为对东方文化和中国文化的不自信，才会"言必称希腊"，处处向西方看齐；也正是因为只注重经济指标和政绩，忽视城市居民的生活质

---

[1]　张海燕：《城市记忆与文化认同》，载田根胜等主编：《城市文化评论》，花城出版社 2009 年版，第 20 页。

量和幸福感，才导致城市建设上的急功近利，好大喜功。

空间世代的居住，演变成了家族意识、家乡意识和根深蒂固的记忆。这是在现代都市出现之前的普遍的空间记忆，主体和空间的亲和力是它的普遍内容。这种带有记忆的空间被海德格尔称为"诗意的栖居"；而现代都市，其空间形式不是让人确立家园感的记忆，而是不断地毁掉这种记忆，不是让主体和空间发生体验关系，而是使得主体与空间发生了错置，从而产生了空间隔膜。①

人们感叹中国多数城市都可以称得上"历史悠久"，但能够让人看出城市历史底蕴的建筑却不多。一定程度上说，一座城市完整的历史建筑梯度，就是呈现其历史、文化最精准的符号。城市是一种文化传播的媒介，是一个"文化储存器"，"任何一座城市储存着深厚的人类文化，盲目地改造城市就等于在删除储存器，也就是在销毁储存的文化"。②因此，处理好城市与文化的关系，构建适宜的城市表达是建设者们的首要任务，应当"从转变城市文化传播理念、解决超大型城市变迁中面临的文化冲突、城市建设景观带的传播美学特征等方面，统筹制定中国城市文化发展与传播战略"。③

（二）展现不同形态和时代的文化记忆

1. 不同形态的文化记忆

城市记忆存在两种不同形式，一种是由社会权力和体制保证的官方记忆，另一种是通过日常生活和人际关系产生的民间记忆。城市记忆的价值取向不能只考虑少数人的利益，应从大多数人的角度出发，或在大

---

① 袁同凯：《论记忆的空间性叙事》，《新疆师范大学学报》（哲学社会科学版）2017年第1期。
② 周剑：《传播学视野下城市与文化的关系》，《新闻爱好者》2012年第9期。
③ 刘卫东：《近现代中西文明交会下的城市文化传播："京津沪"城市文化变迁的视角》，《新闻爱好者》2013年第6期。

的官方记忆框架内包容来自民间的丰富多彩的"小叙事"，使各种形式的城市记忆达成互补多元的发展，使城市成为可供不同个体解读的多元文本。城市形态是城市实体所表现出来的具体的空间物质形态，同时体现了独特的城市文化传承方式，反映了城市集体意识和价值观等丰富意蕴。① 与官方记忆与民间记忆两种不同记忆形式相对应，在城市形态的生成与发展中也表现出两种不同的方式，体现出不同的象征意蕴，表达出不同的价值取向。

一种是自上而下的，预先经过规划设计的城市形态，如纪念碑、纪念馆等大型建筑，仪式大道等标志性建筑，通常采用规整、有序、统一的结构，成为向公众传输国家或地方的政治权力、社会等级观念和政治意识形态的记忆文本。它将仪式场所的形态、秩序和象征性场面等预先规划和确定下来，在形式上成为城市巩固制度、加强社会认同的象征符号。

另一种是自下而上、自发随意、无规则的城市形态，诸如北京的四合院和胡同、上海的石库门和里弄等众多蕴含民间记忆的普通民居和街巷，它们与表现城市历史大事件的少数标志性建筑相呼应，构成城市的基础单元。这种自然生长的城市空间，在不规则和随意中汇集了神话、传说、土制、惯例等各种本土传统文化，隐藏了在使用方式、土地特征、社会习惯等方面的特定秩序与意义，展现了民众的生存感知、生活体验相关的错综复杂的生活世界。② 尤其是历史久远的传统街区具有储蓄、组织和再现城市记忆的功能，将场所意义向城市空间传播与扩展，能够使其成为所在区域的文化核心，具有永恒的历史文化价值。近年

① 朱蓉，吴尧：《城市·记忆·形态：心理学与社会学视维中的历史文化保护与发展》，东南大学出版社 2013 年版，第 78 页。
② 朱蓉，吴尧：《城市·记忆·形态：心理学与社会学视维中的历史文化保护与发展》，东南大学出版社 2013 年版，第 70 页。

来，传统街区大规模拆旧建新，使得纪录历史发展轨迹和城市空间演变的城市记忆载体消失，导致了严重的文化危机和城市"失忆"。

奥地利艺术史家阿洛伊斯·里格尔（Alois Riegl）将纪念物划分为"有意而为"和"无意而为"两种。前者是指建筑物在建造之初就有着特殊的目的，从一开始就是作为纪念物而出现的；后者则是指那些为了满足当时人们的一般需求而建造的数量庞大的普通建筑。① 作家冯骥才说："对于城市的历史遗存，文物与文化是两个不同的概念。文物是历史过程中具有经典性的人文创造，以皇家和宗教建筑为主；而文化多为民居，正是这些民居保留着大量历史文化的财富，鲜活的历史血肉，以及这一方水土独有的精神气质。"② 一座城市固然需要代表官方记忆的宏伟建筑，更需要富于民间和生活气息，浸染地方传统和文化记忆的民间建筑，构筑一个有不同个体想象与认同的城市。

2. 不同时代景观的文化记忆

艺术家赫尔曼·吕博（Hermann Lvbo）说，那些在这个世间同时存在的非同时之物，从来没有像今天这样如此众多。建筑师波格丹诺维奇（Bogdanovich）把城市定义为"收藏记忆的仓库"，空间化的历史具有一种结构，而这种结构正是在文化残迹的叠加与沉积中"有机生成"的。德国文化记忆学者阿莱达·阿斯曼（Aleida Assmanns）将柏林称为"羊皮纸城市"，羊皮纸上新旧相叠、层层堆积的文字喻示着几经兴废变迁的城市，它循环往复地改变、覆盖与沉积，造成了历史本身的层层相叠。③ 作为记忆承载者和历史物化纪录的城市，其意义就在于保留参

---

① 竺剡瑶.《建筑遗产与城市空间整合量化方法研究：以西安市为例》，东南大学出版社 2015 年版，第 15 页。

② 王军：《城记》，生活·读书·新知三联书店 2003 年版，第 16 页。

③ 阿莱达·阿斯曼：《记忆中的历史：从个人经历到公共演示》，袁斯乔译，南京大学出版社 2017 年版，第 91 页。

差异质的城市面貌，体现出思想和历史参与者的多样性，互相矛盾的历史图景才能够始终得以被识读，成为一座"非共时的城市"。

例如，在上海城市景观中，就可以区分出封建王朝时代、租界时代、社会主义时代、改革开放时代等不同历史时期的文化景观。外滩建筑群，作为上海开发最早、最集中的近代建筑群，表征了上海近百年来城市特质的变迁，始终与上海现代性发展的命运联系在一起。20世纪90年代对外滩的"上海再造"突出了历史与现实的对话与融合，无论是浦西旧有景观的修复，还是浦东陆家嘴的建设，均营造传统与现实连接的空间氛围，使外滩成为一个既传承地方历史文化，又建构日常公共交往的城市空间，其核心是现代性的交流交往本质；而上海的人民广场则与之相反，在大规模重建改造中切断了历史传统的再造，成为消除历史记忆的场所。① 可见，每一代人对于过去、现在和未来的需求都必须在空间中进行重新考量与安排，每个时代都需要将反映当代社会生活与时代精神的信息有机结合进历史的物质遗存中，使创造与保护之间的冲突得到新的协调与解决。

城市空间塑造着城市记忆，从横向保留不同城市形态的文化记忆，从纵向保留不同时代景观的文化记忆，才能使城市空间传播丰富和多元的城市记忆。因此，从简单的大拆大建或对城市传统历史形式的单纯复制模仿，转向对于城市深层的文化与精神内涵的关注与发掘，才能为保留过去与发展未来寻找最佳平衡点，使城市空间成为蕴含丰富的情感、记忆和个性特色的场所。

---

① 孙玮：《"上海再造"：传播视野中的中国城市研究》，《杭州师范大学学报》（社会科学版）2013年第2期。

第二节　怀旧空间的文化传播

一、怀旧空间的文化意蕴

城市记忆是一种集体记忆，集体记忆在多学科视野中呈现复杂性和多元性，我们需要探讨的是集体记忆在城市空间中如何通过一系列载体和符号被建构，即探索集体记忆的空间表述和实物呈现。集体记忆虽然是一种社会思维的表现形式，但"不是抽象的，而是有质地的、三维的、可触摸的并与现实相关的存在"，包括各种物件、视觉形象、博物馆、纪念碑、建筑以及各种纪念仪式（周年纪念）等各种物质文化，以及不同种类的记忆场所，都是集体记忆的表现形式。[①]

纪念碑、历史文化街巷、民居、博物馆、工业遗产、特色商店等怀旧和纪念空间，作为城市集体记忆的表现形式，承载关于过去的信息，从中可以解读过去的事件与人物信息、文化价值、共同的身份认同等，因此它们作为媒介也在创建集体记忆。"集体记忆作为媒介具有三种主要功能：存储、传播与暗示。"成功的记忆媒介往往同时具备以上三种功能，比如纪念碑，不仅存储它们编码的过去，还对外传播信息，同时具有暗示功能，通过纪念日、周年纪念以及各种纪念仪式与事件，"让公众记忆视觉化、空间化、实体化"，通过某种固定、永久的形式讲述某一社群的集体身份认同，激活集体回忆，衍生记忆共同体，这就是纪念碑或纪念空间的力量。[②]

---

① 李娜：《集体记忆与城市公众历史》，《学术研究》2016 年第 4 期。
② 李娜：《集体记忆与城市公众历史》，《学术研究》2016 年第 4 期。

老建筑作为怀旧空间的代表，不仅有着时代的、民族的差异，而且有着鲜明的地方特色。湖湘文化在中国传统文化中具有举足轻重的地位，长沙老建筑在中国建筑文化中也具有不可替代的历史地位和独特风格。作为一种不可再生资源，老建筑是历史文化名城长沙的文化遗产中最具价值部分，是见证与传播"楚汉名城、潇湘洙泗、宗教圣地、名人故里"的标志和象征，体现了长沙历代劳动人民的才能和智慧，展现了长沙在不同历史时期政治、经济、文化、科技等方面的不同形态。① 以长沙太平街历史文化街区为例，作为屈贾文化纪念地，一砖一瓦都被"屈贾文化"渗透，古韵十足而又活力无穷，同时这里又是传统商业民俗传承地和辛亥革命湖南策源地。解读太平街，几乎可以完整解读长沙这座楚汉名城在不同历史时期的城市文化。

（一）楼阁亭台展现长沙民俗文化

长沙是湖湘民俗文化特征集中体现的所在，住宅、商铺、街巷、龙舟庙会、戏曲服饰，以及城市生活的话语、声响、饮食起居等，无一不散发着浓厚的生活气息和地域文化特色。太平街历史文化街区有着自己独特的生产、生活方式，以及宗教信仰、祭祀仪式等民俗文化。太平街历史街区在一定程度上展示着古城长沙的典型风貌特色，反映着长沙历史发展的脉络。

一直以来，长沙民间传承着祈福、祭祀、夜市、庙会等特有的民俗活动，成为湖湘文化的"活化石"。太平街居民至今保持着在火神会、财神会、老郎会等重要节庆举行隆重热闹的祭祀祈福、庙会夜市等活动，保留着看戏、听戏、喝茶、观艺、逛庙会的繁荣生活场景，"活"态传承老长沙特有的风俗文化，带动街区商业文化的发展。庙会、集聚的形式又加强了居民聚合下的区域场所精神，体现了居民对一座城市栖

---

① 谢建辉主编：《长沙老建筑》，五洲传播出版社 2006 年版，第 1 页。

居与亲近的情感诉求与文化认同。火神庙、财神庙、老戏台等重要的聚集场所，亦成为街区最重要的活力空间。

太平街历史街区中，最初茶馆、酒肆等特殊建筑单体通常位于道路的交汇处，主要为人流聚集、交往、稍做停留的场所。而居住性街巷中，水井、大树等公共空间场所则成为街巷中的交流平台。随着社会的发展和人们需求的增加，居民不再满足于喝酒、聊天等传统生活方式，转而追求更高的生活品质。于是，一些经过精心规划的公共空间和公共休闲娱乐建筑应运而生，如亭、廊、戏台等。比如宜春园戏台坐落在太平街与西牌楼交界处，由茶馆和戏园组成，与清末著名的宜春园、同春园一脉相传。它是在清光绪三十四年（1904 年）间，由一沈姓商人仿照北京"广德楼戏园"的风格在太平街上修建而成。戏园的舞台有三个面，台下摆桌放凳。舞台的木结构、柱子、梁冠雕刻装饰、高翘角、龙首雕刻、猫弓背山墙、檐下的蜂笼，明显吸收了湖湘古庙舞台的传统工艺和独特风格。宜春园在宣统第二年（1910 年）停业，现在太平街内的宜春园戏台是结合了湖湘特色后重建，青黑色筒瓦与朱红色木构相搭配，局部雕花贴金箔，沉稳大气不失华美。现在的宜春园在重要的节日仍会有戏剧表演，吸引了大量游客，似乎重现了往日长沙人民在繁华街道上看戏的民俗街景和喧闹画面，成为长沙特有的风俗文化。

（二）古迹遗址展现长沙革命文化

孚嘉巷42 号"四正社"旧址是一幢老式公馆建筑，门楼和主体建筑均保存完好。1911 年 7 月焦达峰和焦达人、彭友胜等在这里设立"四正社"，作为洪江会的领导核心。长沙起义时，附近各县会聚到长沙的武装人员达 1.8 万人，都是响应焦达峰号召而来的四正社社员。辛亥革命初期，湖南革命组织秘密机关共进会在长沙太平街马家巷 17 号即现在的辛亥革命共进会旧址成立，是湖南当时第一个革命组织。在建筑设计上它与同时期周边民居风格类似，可正因为其中所蕴含的历史事件使得该建筑承载着不同寻常的革命文化。1909 年湖南革命领导人焦达峰与其他同志在此多次密会，策划反清革命，后来一举成功，展现了长沙人对自由、民主、平等的追求和勇言、勇干、自强不息的革命精神。作为辛亥革命的策源地，两处旧址传播与呈现了湖南近现代的革命历程、革命精神及文化底蕴。

（三）文人故居展现长沙名人文化

贾谊故居是长沙王太傅贾谊居住的地方，建于西汉文帝年间，是中国最早的文人故居。有"湖湘文化源头"的盛誉，是长沙"屈贾之乡"的象征。贾谊故居在建筑模式上展现了儒家的"仁"与"礼"，如屋前为室后为寝、左右对称、遵循长幼尊卑礼仪等。这座故居的建筑形式为三合式、日字形，前后两个庭院，中间一排高大的房屋，其他次要房屋都较矮，形成高低分明的外观，蕴含着中国古代的等级制度和传统思想文化准则。

此外，贾谊故居还传递了历史名人贾谊的个人经历与人格品质，比如故居碑廊十几块石碑上所镌刻的诗句，体现了贾谊诗性与理性共存的丰满人格；走进这座建筑，更能深刻体会到毛泽东称赞的"胸罗文章兵百万，胆照华国树千台"的那个贾谊。

（四）传统店铺展现长沙商业文化

历史时期的太平街两旁有很多商人开门做生意，主要经营粮食、油盐、钱庄等，尚存的清代至民国众多长沙老字号遗址，知名的如 67 号乾益升粮栈旧址、长沙四大茶馆之一洞庭春茶馆、利生盐号、杨泰隆钉子铺、老通义油漆铺等。咸丰年间，晚清商人朱昌琳在太平街上开设一家粮栈，名为乾益升粮栈。他本是一介书生，科举落第后转行做粮食生意，经营了这家粮栈，也让 50 年后的他成为当地的盐商首富。维新运动时，因为经营乾益升粮栈，他成为湖南地区实施新政的主要资助人，"看似普通的粮栈里历经了重大历史变革，见证了士人落榜后转而从商的时刻，也见证了湖南商人为支持革新运动不惜奉献钱财的爱国之情。"① 乾益升粮栈旧址就像一个历史样本，安静地站立在太平街上，是对历史时期湖南商人乃至中国商人的诠释，记录着长沙特有的商业文化。

（五）传统民居展现长沙建筑文化

从太平老街上方的天空往下看，清末和民国初期时长沙城房屋布局纵横交错，老街旧巷七横八岔的样貌依稀可见。小青瓦、坡屋顶、防火墙、木门窗是这一带建筑的共同特征。② 老式公馆保留了更为传统的格局，如石库门、青砖墙、天井四合院、回楼护栏等。民居的建筑风格基于明清时期的建筑样式，汇入了湖湘特色，利用翘角、栏杆和台基等显示出韵律美、对称美和细节美，建筑的颜色控制为黑色、白色、灰色和原木色，体现了长沙人质朴、蕴藉的性格特点，鲜明地反映晚清和民国时期的建筑风格和湖湘特色。

二、怀旧空间的媒介化

城市记忆与这座城市中最引人注目的历史建筑或街区有关，历史文化街区所蕴含的信息和内涵是城市记忆的重要组成部分，传统建筑的改造以及历史街区的保护与再利用成了城市记忆保留的核心内容。长沙历史文化街区积极利用空间，以实体空间为媒介实现地方文化遗产的传播，通过复生地方记忆、构建地方场景、再造地方体验、延展地方空间

---

① 凌明英：《浅析长沙太平街所蕴含的城市文化》，《内蒙古农业大学学报》（社会科学版），2011 年第 3 期。

② 魏志强，唐国安：《传承·复兴·延续：长沙太平街区保护与更新的思考》，《中外建筑》2009 年第 4 期。

的方式，实现物的媒介化和媒介的物化，营造出充满城市记忆氛围的空间场景，实现空间本身的媒介化。

截至目前，长沙仍有 5.6 平方公里的城区保留着大量的历史遗存，包括历史建筑、历史风貌区、历史街区、历史地段和历史古迹。它们是长沙人共同的"乡愁"，是共享的集体记忆，也是城市创新与发展的文化源泉。2016 年，长沙启动《历史步道规划设计》，64 公里几乎覆盖整个历史城区范围。长沙老街和历史步道的有机更新，通过空间串联、文化寻根、场景重现、因地制宜、业态植入的构筑方法，重温城市记忆，挖掘城市根脉，提升长沙文化自信与城市品质。

（一）复生街区记忆

历史街区扮演着城市记忆的现实平台角色，承载着人们对城市的强烈感情、集体意识及历史记忆，是人们识别与认同城市的重要载体。[①]历史街区并非老死的文化遗迹，而是有居民生活于其中，所以地方集体记忆的回溯、社区集体意识的凝聚，是空间再造的重点。历史街区的文化价值与空间形态具有相依关系，即集体记忆的保存往往需要凭借空间场所之追溯，保存与传播历史街区的文化价值，其目的就是维系街区的共同集体记忆。

如太平街历史文化街区通过对贾谊故居的保护与贾谊祠园林的恢复建设，以及相关文化设施如太傅书院等的建设，展现了长沙城市的人文魅力。在太平街，有展现老长沙深厚人文历史底蕴的贾谊故居、长怀井、明吉藩王府西牌楼旧址、辛亥革命共进会旧址、四正社旧址等历史遗迹；有展现老长沙繁荣商业文化魅力的乾益升粮栈、太平粮仓、利生盐号、洞庭春茶馆、宜春园等老商号；还有展现长沙地域民俗风情的老戏台、财神庙等遗迹。这些老地方能勾起参观者的回忆，从而实现城市

---

① 刘艺轩：《历史街区的情景再生与景观重塑的方法探索》，《参花》2013 年第 11 期。

记忆的空间复生。

历史文化街区建设让老街有了"形"，留住老街的老故事、老记忆、老物件，才能有"神"。开福区连升街社区专设了"老街记忆陈列馆"，希望让历史文化街区建设形神兼备。该馆分为老街故事、老街故人、老街名宅和老街新貌四大板块，从历史事件到传说轶闻、名人掌故都一一收录，同时设立社区旧物陈列墙，将老街坊们捐赠的旧物件晒出陈列，一堵文化墙上从老钱币票证、老店招门牌到黑胶唱片、老手表等一应俱全，无声地回放着老街上的民俗旧事。社区还在馆内定期邀请柳肃、梁小进、陈家书等建筑和文史名家讲座，解码老街记忆。

（二）构建地方场景

太平街的空间布局、建筑特色、实物展示、场景设置集中体现了长沙地方文化。太平街街衢纵横的街巷格局保存完好，保留下"五街三片一点"的特色街道与传统居住街坊模式。自战国时期长沙设立城池开始，街区就是古城的核心地带，历经 2000 多年没有改变。街区建筑以小青瓦、坡屋顶、白瓦脊、封火墙、木门窗为主，老式公馆则保留了较为原始的石库门、青砖墙、天井四合院、回楼护栏等传统格局。通过保留麻石路、封火墙、古戏台、石牌坊，较完整真实地呈现了民国时期长沙城区的建筑风貌和传统特色。建筑的造型以明清风格为主调，融汇了湖湘地方特色，利用骑楼飞檐、翘角、栏杆和台基等创造出古典韵律美、对称美以及细部美，建筑的色彩控制为黑、白、灰及黄褐色、原木色，反映长沙人朴实、含蓄的性格特征。[①] 太平街还重修了宜春园戏台、戏台木结构、圆柱、梁枋刻纹雕饰、戗角高翘、龙头雕饰、猫弓背山墙、檐下蝼蜂窠，明显吸取了湖湘古庙戏台的传统工艺精华和独有特

---

① 凌明英：《浅析长沙太平街所蕴含的城市文化》，《内蒙古农业大学学报》（社会科学版）2011 年第 3 期。

色，通过组织各种民俗、戏曲演出吸引观众围观，重现清末闹市街头看戏的民俗街景风貌、热闹场景。

在微观空间设置上，充分运用实物展示、场景设置实现空间复原。如通过新建部分城门和城墙残迹将太平街历史街区和湘江的历史空间意象联系起来；通过城门内部的广场铺地形式变化，营造出不同的怀旧感觉，如用碎残青砖铺地在城墙根儿营造出历史沧桑感，用白色沙石铺地在四正社旧址附近营造出革命肃穆感，城门内部的一段通道铺地则采用阴刻手法；通过不同年代的老地图描绘出太平街头历史街区从楚汉以来在长沙城中的位置变迁；在四正社旧址入口设铭刻革命事迹与名言的石屏小品群。①

（三）再造地方体验

怀旧空间还可以充分利用体验式、参与式的活动，营造怀旧氛围，提供沉浸式体验，增强观众体验感。长沙市对太平街的改造，不但使街区传统风貌得到恢复，而且"有机更新"了与之对应的传统文化生活方式，利用历史遗迹的建筑场地，开设了具有湖湘特色的民间工艺作品展演、讲座以及其他艺术文化活动，营造出一种传统和地方文化的场所感。

在乾益升粮栈中设立"湖南省文艺家会馆"，利用怀旧空间进行传统文化传播，让观众欣赏到艺术家的地方文化作品。在美孚洋行旧址，建立天心非物质文化遗产保护展示中心，以"湖湘记忆、璀璨天心"为主题，以"记忆"为主线，利用"记忆中的色彩""记忆中的味道""记忆中的欢愉"三个核心话语叙述场，共展出了湘绣、剪纸、陶瓷、雕刻、棕编、湘菜、粉面、湘剧、花鼓戏等17个非遗代表性项目。通过"非遗"之旅，重温城市故事和民族记忆。在都正街，政府将长沙

---

① 李丹：《长沙市太平街改造简介》，《山西建筑》2008年第3期。

市第三机械厂老厂房修缮一新后改为都正剧场，公益剧场每逢节假日安排戏剧表演，还经常举办庙会、社区活动等，成为都正街居民的公共文化场所。

（四）延展怀旧空间

城市记忆具有高度的符号性，如果对有地方特色和历史文化印记的符号进行物化、空间化和衍生化再造，便可以实现怀旧空间的延展化。这需要通过跨界融合的方式，将城市记忆元素系统地融入城市公共空间，既推动城市记忆走入寻常百姓身边，也丰富城市的文化内涵。

以非物质文化遗产为例，目前长沙有国家级非遗项目8个，省级非遗项目26个，市级非遗项目89项，这些项目都承载着深厚的地域文化和传统文化特征。但是大部分非遗项目的传承都存在困难。推动非遗项目走出博物馆、收藏室，融入城市公共空间，以艺术化的形式进入人们生活，可以让百姓更加了解和喜欢非物质文化遗产。同时，利用非遗这样独具特色的地域文化，与公共空间、公共设施、公共艺术的规划设计进行结合，将打造出独特的城市文化旅游形象，有效避免"千城一面"。

一是怀旧的物化衍生。在历史文化街区，我们可以看到不少商家将凝聚地方记忆的美食、传统手工艺等特产，经由深加工、文创化包装使之成为商品。太平街等通过充分发掘地域文化价值，开发具有湖湘特色的湘绣、浏阳花炮、望城剪纸、棕编、菊花石雕、篆刻、制笔等非遗形式、特色工艺，融合当代民众审美需求和生活需求创作特色旅游产品，进行售卖。将充满活力的非物质文化遗产融入现代商业模式，以复兴街区活力，这是历史文化街区文创产业发展的一种有效途径。目前长沙市的浏阳花炮、菊花石、湘绣、铜官窑、长沙绿茶、玉和醋、腊八豆等非物质文化遗产，在商品化和市场化方面拥有良好的前景。

二是怀旧的空间化。在太平街，规划传统商业街，恢复招商九芝堂药店、老杨明远眼镜店、和记多绸布庄、乾升泰干货店、怡丰商场、宜春园茶馆、宜春园戏园类老字号和湘绣、剪纸、传统字画、旧书文物、手工艺品等店铺。西牌楼街规划传统餐饮文化休闲街，恢复招商马明德、半雅亭、李合盛、德园、玉楼东等老字号餐馆，洞庭春、玉壶春、涌湘亭、听月楼等老字号茶馆，特色餐饮和特色小吃以及老字号戏园。① 除了这些具有历史内涵的店铺，太平街内的太平街老秤店、长沙老伞铺、老北京布鞋、212·藏、凤凰蜡染坊、岳阳名茶茶庄、手工印象、两溪草堂、常德会馆都体现出传统的民俗特色。还有一些外来元素的加入，如萨瓦蒂就是专门经营东南亚一些特色工艺品的店铺，新兴时尚的酒吧比如罗马假日、FREEDOM、阿米高、LOMO，一些精品店比如潮流特区、湘印象购物城等，也都以自己独特的文化特色吸引着大批人群的参观和购买。

历史文化街区不仅通过老字号商铺保存了本地商业的特色记忆，还引入众多现代商业进驻街区，与街区本身的文化氛围契合，实现了文化空间与商业空间的完美融合，在展示地方特色记忆的同时，也使得历史文化街区在服务内容和功能上更具有吸引力，实现了文化空间与商业空间的融合。

长沙市雨花非遗馆就是一个跨界融合，集非遗传承传播、文化旅游于一体的空间。截至当前，雨花非遗馆聚集非遗项目 359 个（人类级名录 10 个、国家级名录 20 个、省级名录 35 个），非遗传承人 200 余名，非遗传承人工作室 120 多个，非遗传习所 20 多家，开发非遗手工体验项目 30 余个，打造精品非遗节目 20 多个，开发非遗文创产品万余种，

---

① 魏志强，唐国安：《传承·复兴·延续：长沙太平街区保护与更新的思考》，《中外建筑》2009 年第 4 期。

成为全国聚集非遗项目数量最多、传承人最集中的场馆。雨花非遗馆开发非遗＋旅游、非遗＋教育、非遗＋展览演艺、非遗＋文创产品、非遗＋科技、非遗＋市场等"非遗＋"活态传承发展模式，组织端午、中秋等传统节日主题非遗活动，举办非遗夜市，成立非遗书院，编排非遗舞台剧，推动非遗融入现代生活，形成了"赏非遗、学非遗、玩非遗、购非遗、吃非遗"产业链，将非遗及其衍生品与现代生活及市场接轨，推动非遗项目与产品的产业化发展，促进非遗项目活态发展。目前，游客可以在雨花非遗馆体验"遇见非遗传人"之旅，参加30多个非遗体验项目，观看非遗节目表演，并在馆内外的非遗夜市购买各式各样的非遗创意生活用品和美食。每年传统节日或者非遗日、科普周活动期间，游客还可到馆观看节目，参加互动体验。近年来，雨花非遗馆共接待各类消费群体超百万人次，逐渐成为长沙传统文化特色旅游新地标。

斯科特提出"物的媒介化"与"媒介的物化"是文化创意产业发展的途径，构成全球文化工业的核心机制。"物的媒介化"强调的是物品等不再仅具有使用功能的，而经历了从"物"或"对象"转化成符号、象征和媒介的品牌化过程。"媒介的物化"过程则颠倒过来，强调的是诸如《玩具总动员》这类动画电影，作为典型的文化创意产品，即动漫形象或符号，已被转换成了玩具、冰箱贴、T恤衫等等衍生实物品，实现的是"媒介的物化"过程或符号形象的物化过程。①"物的媒介化"将物品带入到符号领域，通过生产销售各种带有"老长沙"记忆的传统特色产品，使"老长沙"符号得以广泛传播；"媒介的物化"过程，则将"老长沙"的媒介形象、符号或含义，从媒介领域流通到衍生物品领域，再进一步流通到更广泛的城市空间，如将老建筑改造成长沙非物质文化遗产展示场所，形成"空间的表征"，有利于塑造城市

---

① 李蕾蕾：《媒介—空间辩证法：创意城市理论新解》，《人文地理》，2012年第4期。

的怀旧空间。

为了解长沙历史文化街巷，我们在长沙历史文化街巷进行了问卷调查和个体访谈，主要围绕游客和本地居民，征集到有效问卷 230 份。调查结果如图 2 – 1 和图 2 – 2 所示。

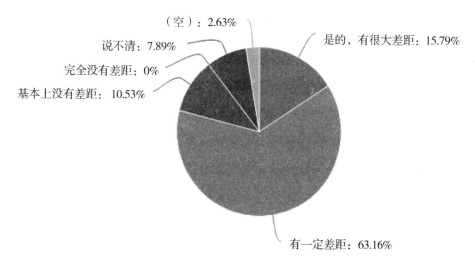

（空）：2.63%

说不清：7.89%

完全没有差距：0%

基本上没有差距：10.53%

是的，有很大差距：15.79%

有一定差距：63.16%

图 2 – 1　访客对太平老街实际情况了解与期待差距

从被访者对太平街的印象调查中发现：虽然有约 65% 的人认为太平街是体现长沙特色、蕴含长沙记忆的怀旧老街，但是有约 78% 的人认为与印象中的老街有一定差距，这集中表现在人们对商业氛围、娱乐环境给传统和地方特色文化带来的影响持否定态度。笔者实地探访发现，太平街的店铺装修风格有些杂乱无章，色彩规划、空间规划意识欠缺，传统与现代装饰风格混杂，由此导致了人们对历史街区产生凌乱化的印象。

当前各地都在打文旅牌，但文旅资源呈现千城一面的观感，原因是真正具有地域文化特色和历史底蕴的建筑越来越少，而同一风格的"人造景观"越来越多。虽然"推倒重建"是最简单的开发方式，但也

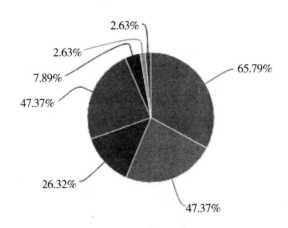

2.63%

2.63%

7.89%

47.37%

65.79%

26.32%

47.37%

■ 体现长沙特色、蕴含长沙记忆的怀旧老街　　■ 有许多商铺的商业区
■ 有许多酒吧的娱乐地　　■ 适合消遣和散心的地方
■ 说不清　　■ 其他　　■（空）

图 2 - 2　访客对太平老街的定义

可能是代价最高，最没"内涵"的开发思路。今天，无论是基于历史
文化保护的内在要求，还是着眼于文旅开发的市场竞争需要，古城、老
街的仿造式开发之路，都不应该再继续下去，更多的城市应该学会
"螺蛳壳里做道场"，提升精细化改造意识和开发能力。

三、纪念性空间的认同建构

法国学者诺拉指出，公共性的纪念场所作为"记忆的介质"对社
会记忆有重要影响。作为一种媒介或"记忆的介质"，纪念性空间一般
通过物质性的营造、空间的安排、展品的选择等来传递信息，表达意
义，以创造历史的永恒价值，从而发挥塑造社会记忆的功能，而社会记
忆又是民族认同或国家认同的重要资源。① 美国学者本尼迪克特·安德
森认为，近代国家是"想象的共同体"，它建立在人们拥有的共享记忆

---

① 陈蕴茜：《纪念空间与社会记忆》，《学术月刊》2012 年第 7 期。

的基础之上，提供这些记忆资源的载体之一就是纪念空间，如国家设立的纪念馆、博物馆、纪念碑等场所，它们以不同的形式叙述着民族或国家的历史，成为全民共享、保存、展示记忆的装置，为民族和国家提供认同的资源。①

空间传播与符号密不可分。"符号是传播的基础"，空间表现或呈现需要借助于各种记号或符号，"符号代表了某物，并且分享该物的力量和意义"。② 从建筑物的材质、造型、空间布局，到对展品的挑选、剔除、排列、诠释，仪式的设计、操演等，各种空间中的、仪式类的传播活动之所以能够创造物理空间之外的延伸和意义，以至于能够构建和维系有意义的文化世界，在于符号之能够作为传播基础的事实。③

（一）建筑空间的传播

衡阳市的抗战文化资源得天独厚，保留了大量有关抗战的史话、遗存和胜迹，兴建了一批大型抗战纪念性建筑，如南岳忠烈祠、衡阳抗战纪念城等被列入国务院公布的第一批 80 处国家级抗战纪念设施、遗址名录的著名抗战纪念地。这些抗战纪念空间，包括纪念性建筑、纪念碑、纪念亭等，从空间布局、材质等方面均传递出丰富的信息。

南岳忠烈祠 1940 年动工，是中国建筑最早、规模最大的抗日战争纪念地之一。忠烈祠的总工程设计师是尚其煦，参加过南京中山陵的设计建筑。他延续了中山陵中西结合的设计思想，将忠烈祠设计成了一座仿南京中山陵形式的大型祠宇，寓雄浑于庄重之中，具有浓郁的民族风

① ［美］本尼迪克特·安德森：《想象的共同体：民族主义的起源与散布》，吴睿人译，上海人民出版社 2003 年版，第 12 页。

② ［美］斯蒂文·小约翰：《传播理论》，陈德民等译，中国社会科学出版社 1999 年版，第 112 页。

③ 殷晓蓉：《媒介建构城市空间的传播学探讨》，《杭州师范大学学报》（社会科学版）2014 年第 2 期。

格。衡阳抗战纪念城于 1946 年开始修建，是中国唯一命名的抗战纪念城，由柏德扬、罗鹏展主持设计，他们结合抗战主题及三江汇流之形胜，详为规划而成。两处纪念空间在建筑风格整体设计上都结合了中西方建筑文化，具有丰富的象征意义。

纪念性空间的纪念性体现在建筑设计的空间策略上，一般会"通过建筑、雕塑、碑、柱、门、墙等元素来进行空间的限定和形象的塑造"，在具体的设计过程中，"运用隐喻、暗示、联想等环境手段来引导人们的思考，启发人们的想象力，从而表达出空间的纪念性"。① 如南岳忠烈祠规模宏大，结构严整，纵深 320 米，宽 70 余米，继承了中国传统"法天象地"的建筑模式，即以南北为轴线，坐北朝南，按前低后高地形布局，运用长长的轴线做对称式布局，彰显抗战英雄的中心定位，表达对抗战英烈的尊崇。

纪念空间在建筑材料与物质营造上也能体现出纪念性，南岳忠烈祠、衡阳抗战纪念城都建有纪念碑，其中承载着意义、情感与记忆。南岳忠烈祠的"七七纪念碑"造型非常奇特，由五颗倒立的炮弹组成，象征着汉族、满族、蒙古族、回族、藏族等民族团结一心，共同抗日。衡阳抗战纪念城的纪念塔高达 18 米，由蒋中正题颁的"衡阳抗战纪念城"碑文，碑座为八方须弥座式，意为祈八方和平、永无战事之义。两处纪念碑大量使用花岗岩、青石等石料或青铜等坚固永久性材料，象征纪念对象的精神永存。抗战纪念城中纪念塔的碑体用花岗岩和汉白玉砌成，高高耸立，给人一种肃穆庄严、悲怆深沉的感觉。通过石碑这种可抗拒自然风化而具有"永久性"的物质，把一种特定的人生观、价值观固化并加以彰显，这种行为自古就被称为"树碑立传"。而安德森在《想象的共同体》中也强调纪念碑在近代社会中对国民意识的形成

---

① 田云庆：《室外环境设计基础》，上海人民美术出版社 2007 年版，第 96 页。

产生了重大作用。抗战纪念碑无疑在传承抗战文化记忆、建构国民意识方面发挥了重要作用。

新中国成立后，纪念碑等纪念设施经历了损毁复建的历程。1952年"衡阳抗战纪念城"被改为"衡阳解放纪念塔"，1982年恢复"衡阳抗战纪念城"原名，2007年对现存民国纪念建筑进行修缮，复原蒋介石题署的碑文，2009年开始兴建环山纪念碑林①。2016年开始改扩建抗战陈列室、展览室及演示厅等，被列入国家红色旅游经典景区基础设施建设项目。衡阳抗战纪念城经由历史的变迁而导致的各种变化，纪念碑等纪念设施的建造变迁过程是对相关事件和人物的评价固定化与可视化的过程，而从对纪念碑的分析中可以洞悉某一个特定的历史事件在人们意识中的变化以及记忆形成的过程。因此，纪念碑是公共记忆空间构筑的主要手段之一，是连接事件与记忆的"媒介"，成为一种时间与空间交织的"记忆之场"。②

此外，植被布置也是纪念空间重点规划的内容，纪念空间多栽种苍松翠柏等常青植物。如南岳忠烈祠背倚香炉峰，四周遍植长青松柏，象征将士们英勇抗战的精神如树木般常青，生生不息。空间内的树木都是颇有年龄的古木，树上的挂牌介绍了树的类别和树龄，其中百年以上的居多，让人联想到衡阳抗战历史的悠久，萌生一种敬畏感。抗战纪念城的树木以黑松、雪松为骨干，配植龙柏、罗汉松、杜鹃等，形成庄严肃穆的环境效果。群雕下方修筑草花花坛，用色彩绚烂的四季草花烘托纪

---

① 杨安：《父亲杨晓麓的故事："衡阳抗战纪念城"建设始末》，《文史参考》2010年第5期。

② 王晓葵：《革命记忆与近代公共空间：从"黄花岗公园"到"广州起义烈士陵园"》，载黄东兰主编：《身体·心性·权力》，浙江人民出版社2005年版，第108页。

念性主题。① 王国维说"一切景语皆情语",纪念空间内景区规划、物质选择都是意在表情,设计者把所要表达的情感投放在每一处细节中,尝试着唤起参观者的共鸣。

(二) 展陈的传播

衡阳抗战纪念空间能够实现传播抗战文化记忆,构建民族认同感的意图,展陈传播是其中重要一环。"展览就是一个空间性文本传播,不仅通过文物资料的陈列,而且透过空间编排、路径设计、场景布置来建构叙事性结构,从而让展览的内容生动地呈现出来。纪念物、史料、空间布局构成文本的主要元素,它们互为上下文,参观者进入纪念空间,就开始了展览文本的阅读。"②

南岳忠烈祠的纪念堂左右两侧有两个展厅,展厅的主题是"南岳与抗战",以详尽的文字图片资料介绍了南岳在抗日战争中的重要作用,包括抗战全面爆发后国共两党合作御敌的经过、蒋介石在南岳召开的四次高级军事会议和国共两党合作举办的三期游击干部训练班的情况,记录了当时国共两党同仇敌忾、共同抗战的经历。衡阳保卫战陈列展览的主题是"忠烈壮国魂——抗日战争衡阳保卫战",利用文字资料、照片、图表进行展览,展现了中国抗战史上最成功战役之一的战争全貌。两处纪念地都采取了通廊式陈列手法,通廊式的设计减少了游览的路线选择,使参观者能够按时间顺序从一而终地阅读展览内容,更好地引导人们认识抗战历史,进入抗战情境。

南岳磨镜台何氏别墅是南岳军事会议期间蒋介石的临时寓所,别墅内摆设按照当年蒋介石居住的原样恢复。内部军事会议厅、会客厅和军

① 鲁立新:《"衡阳抗战纪念城"景区重建规划设计》,《湘潭师范学院学报》(自然科学版) 2008 年第 6 期。
② 陈蕴茜:《地方展览与辛亥革命记忆塑造 (1927—1949)》,《江海学刊》2011 年第 4 期。

事会议展览厅，按照当年蒋介石召开军事首脑会议场景复原，正中是召开首脑会议使用的圆桌，墙上挂着第九战区的作战图，烘托出当时紧张的作战形势。实物与情境复制式展陈比之文献资料展陈而言，传播的信息更生动直观，增强了历史展示的真实性。

莫里斯·哈布瓦赫（Maurice Halbwachs）认为，集体记忆是一种记忆的社会框架，一个社会的支配性意识形态和文化规范、社会禁忌，常常决定性地塑造了记忆的社会框架。① 有研究者认为，20 世纪 80 年代以来抗战叙述经历了几次大的转型，从过去把国民党战场评述为"一触即溃""不值一提"，解放区战场作为抗日战争的主要战场，到从民族主义视角展开叙事，全景式再现抗日战争的全过程，不再回避国民党的正面战场。② 这种抗战叙述的国家化，体现在以革命者及其领导的革命群众为叙述主体的敌后抗战故事转变为国共联合抗日的故事，或者突显国军将领在正面战场上的意义③，其目的是建构中华儿女共同的民族国家认同意识，具有强烈的意识形态色彩。

（三）仪式传播

纪念仪式是以重要节日、事件、人物为纪念对象，借助规范的仪式操演、具有象征意义的政治符号来凝聚人心的一种活动。近年来，衡阳市不定期举行多次抗战纪念活动，如 2010 年 8 月 8 日是中国抗日战争胜利 65 周年暨衡阳保卫战 66 周年，民革湖南省委、中共衡阳市委在衡阳抗战纪念城的纪念碑前，举行"衡阳抗战纪念城·公祭抗日英烈大

---

① 陶东风：《记忆是一种文化建构：哈布瓦赫〈论集体记忆〉》，《中国图书评论》2010 年第 9 期。

② 梁桂军：《国家的、民族的、个体的：有关抗战纪录片的历史叙述》，《新闻与传播研究》2015 年第 2 期。

③ 张慧瑜：《以胜利者的名义：新的抗战记忆与抗战影视剧的书写策略》，《天府新论》2015 年第 6 期。

典"活动。抗战胜利 72 周年，10 位抗战老兵在南岳忠烈祠举行祭拜活动。2018 年 4 月 4 日，民革湖南省各地市级组织齐聚南岳忠烈祠举行大型祭奠仪式，祭扫抗日烈士墓。

2018 年 3 月 31 日，来自南华大学、衡阳师范学院、湖南环境生物职业技术学院的 200 余名青年志愿者手持清菊，前往南岳忠烈祠举行"请抗战忠魂检阅青春"的祭扫仪式。整个活动带有较强的仪式感，青年志愿者在享堂献祭宣誓，并高声呼喊"请抗战忠魂检阅我们的青春"，然后在 37 军墓地进行上香、祭酒、献花等祭拜仪式。这次纪念仪式体现出纪念主体的年轻化、校园化，组织者希望借此激励当代大学生传承英烈的抗战精神。

保罗·康纳顿（Paul Connerton）认为："有关过去的形象和有关过去的回忆性知识，是在（或多或少是仪式的）操演中传送和保持的。"① 一方面，纪念空间为仪式提供场所精神的支撑，营造纪念仪式的神圣氛围与历史现场感，使人更容易形成深刻记忆；另一方面，纪念空间因为仪式而被赋予了神圣性，具有仪式感的身体实践进一步强化了纪念空间的纪念性。这些在抗战纪念空间举办的纪念仪式与活动，吸引了众多民众的自发参与。市民置身于历史场景，可以切身感受和触摸历史，产生更强的带入感和连接感，从而使纪念空间成为传播与建构抗战集体记忆的重要途径。

（四）空间传播的不足

衡阳抗战纪念空间发挥了传播抗战文化，进而塑造社会记忆、构筑民族认同的功能。但是，目前纪念空间在遗址遗迹传播、展陈传播、新媒体传播等方面存在不足与问题，未来需要改善空间传播的方式和

① 保罗·康纳顿：《社会如何记忆》，纳日碧力戈译，上海人民出版社 2000 年版，第 4 页。

手段。

一是遗址遗迹的保护不力。作为抗战名城，衡阳的抗战遗迹至今保存原貌的并不多，尤其是有着重要纪念意义的遗址遗迹随着城市开发建设已不复存在。如当年衡阳保卫战的主战场停兵山、高岭已成为房地产开发小区，民众收殓三千英烈遗骸集体埋葬的张家山成为某单位驻地，天马山阵地、虎形巢阵地如今只存活在人们的记忆里。这些重要的战争遗址遗迹在城市建设与开发中被舍弃且无法复原，使得衡阳失去了一笔宝贵的战争遗产。遗址遗迹的传播价值远非人为修建的意图性纪念空间可比，在城市现代化建设中，对于目前仍保存完好的遗址遗迹，应秉持科学保护，合理开发的态度。

二是展陈传播手段的陈旧。在多处知名的衡阳抗战纪念地，抗战精神的传播方式比较传统陈旧，只有简单的文字和图片传播，缺乏声、光、电和各种现代化手段的融入。国内不少纪念馆在这方面提供了较好的展陈服务。如南京大屠杀纪念馆运用高新数码技术，大大增加了展厅信息容量，并采用观众网络互动参与系统如留言、献花、回答问题、上万名遇难者资料查询等，创造更好的展览与纪念效果。目前多媒体交互技术发展迅速，部分纪念馆还采用了触摸查询系统、彩色灯管地图、悬挂式电视机、动态沙盘模拟、幻影成像系统、蓝幕抠像系统等多媒体手段，提供更丰富的参观体验，使观众以更有趣味的方式了解历史。衡阳抗战纪念空间可以学习借鉴国内其他纪念馆，积极引进新技术，提供更丰富的展陈服务，打造有特色的衡阳抗战文化品牌。

三是虚拟空间的传播缺失。随着移动互联网时代的来临，微信、微博等社交媒体成为纪念性空间强化参与性的重要手段。国内不少博物馆、纪念馆都开设了自己的官方微信公众号、官方微博、头条号等，一方面强化自身的形象传播，另一方面吸引观众参与，利用社会公众的力量参与场馆的建设。衡阳抗战纪念地在这方面也可以积极开发新的网络传播渠道，建设自己的网络传播空间，以提升文化传播力。

第三节 空间的争夺

空间中的集体记忆是如何被翻译、解构和重建的？这是集体记忆的空间表述与实物呈现最核心的问题。权力的纷争决定社会选择记住什么、遗忘什么，本质上就是所有权的问题，即谁拥有集体记忆？谁拥有公共空间？① 空间的生活和控制是权力的统治技巧，空间中的非物质文化遗产保护、建筑拆除、旧城改造、城市化建设等，本身没有政治意义，被政治化和权力化的是它们被保护、被建造、被喜爱和被摧毁的原因和方式，这种方式即是以改造、消除或毁灭记忆而在空间上重构或抹去记忆的痕迹。因此，在空间中，记忆映现了权力，权力刻画了记忆。② 如果我们从实践的角度来看当代中国城市化建设，其发展过程实际上就是各阶层不断围绕空间安排和特殊场域来进行讨价还价并进行权力博弈的过程。空间的占有与创造、利用与支配、控制和监管实际上成为阶层之间协商、对立、抗争的重要议题。③

连接湖南大学、湖南师范大学和中南大学三所高校的麓山路是一条"承载湖湘文脉的道路"，这条路两旁的参天大树承载着文化、历史与记忆。围绕着大树展开的一场争夺战，反映出空间中权力的博弈。

---

① 李娜：《集体记忆与城市公众历史》，《学术研究》2016 年第 4 期。
② 袁同凯：《论记忆的空间性叙事》，《新疆师范大学学报》（哲学社会科学版）2017 年第 1 期。
③ 文军：《"空间"的思想谱系与理想图景：一种开放性实践空间的建构》，《社会学研究》2012 年第 2 期。

一、景观变迁与民意

2015 年 8 月 20 日，由于长沙地铁四号线的建设，长沙市园林部门对部分香樟树进行前期剪枝工作，长沙麓山脚下的 192 棵香樟树将进行保护性移栽。此举引发当地市民和环保志愿者强烈关注，公众通过在线讨论，建构起保护大树的议题，并在传统媒体的跟进报道中持续发酵。从 8 月 24 日开始，市民开始采取一系列理性抗争行动，建立"保卫长沙大树"微信群，在微博上发起"和麓山路的香樟合影"活动，在线下组织"为香樟树守夜"活动。此后，长沙市政府采取了组织召开专家论证会，优化移栽方案等措施来回应民意诉求。9 月 5 日，树木移植工作全部完成，持续两周的突发舆情事件得到较好的化解和处置。

网络事件是网络公民运动的重要组成部分，是一种新型的集体事件。华裔学者林芬、赵鼎新的研究表明，"媒体报道是社会运动传播其思想主张的重要渠道，是取得社会同情和从舆论上击败对手的法宝，是动员大众和寻求同盟的有力武器"，会对"运动的公共认知、大众支持度和运动的发展产生重要影响"①。随着网络的普及，社会运动对媒体的依赖性由传统媒体向新媒体开始发生转移。近年来，以网络为阵地展开的中国公民行动，包括网络维权、网上反腐、网络民间救助等层出不穷，在海内外产生很大社会影响。在网络事件中，公众依托互联网技术，通过微博、微信、网络论坛等网络平台，自由发表意见和评论，聚集成某种诉求，从而形成了一种新型的网络民意，具有强大的舆论影响力。

据人民网舆情监测室观察，2015 年 8 月 20 日以来，围绕"长沙修

---

① 林芬、赵鼎新：《霸权文化缺失下的中国新闻和社会运动》，《传播与社会学刊》2008 年第 8 期。

地铁移栽樟树引争议"话题，网络上出现了一轮舆论关注热潮。在微博、微信、百度贴吧等网络媒体的快速传播的推动下，此事件也由一件湖南长沙本地发生的地域性舆情热点迅速扩展为一个具有全国性色彩的热点舆情事件。①

（一）民意中的情感动员

传播学者杨国斌认为，网络事件的核心是话语，只有揭示话语在网络事件中的力量，才能充分阐释网络事件的动因与影响。网络事件属于典型的"抗争议谈话"，其本质是一种互动，因为网络事件发生在网上社区，主要形式是发帖和回帖，能让人感动和震撼的"谈话"容易发展成有影响的网络事件，相反不能调动感情的"谈话"难以发展成网络事件，这个过程就是情感动员的过程。② 因此网络事件的话语力量来自情感的表达，悲情和戏谑作为两种主要的情感动员，可以在短期内唤醒公众情绪，使之发展成网络事件。情感表达的手段则来自各种载体和象征手段，如话语、音乐、漫画、诗歌、顺口溜、口号等，在新媒体时代还出现了视频、闪客、播客等新的表达方式。

网络中形成的民意多建立在情感基础之上，"悲情叙事"是凸显和建构弱者疾苦的叙事方式，它借助语言文字和影音图片等方式将"苦难"展示给受众，营造悲悯的氛围，唤起受众情绪。8 月 22 日晚上，湖南师范大学毕业生黄赛潮在自己的微信公众号上发文《师大的树》，引发强烈关注，该文阅读量超过 10 万并被众多微信号转发。文章将树与人联系起来，将对树的关注转化为对人的关注："它们见证了来来去去的学子，初来懵懂无知，南北无数次穿梭，春夏秋冬晴雨风雪，一个

---

① 何新田：《"长沙修地铁移栽樟树引争议"事件舆情解读：倾听民意不是政府可有可无的事》，人民网，2015 年 09 月 18 日。

② 邱林川等：《新媒体事件研究》，中国人民大学出版社 2011 年版，第 59 页。

人两个人爱情，一个人一群人友情，直至过客般离开"。尤其是文中最末一句"十年树木，百年树人。我们尚未成才，你们却先成泥"引发众多学子的悲恸，很多师生在转发时配以这一句来抒发自己对校园美景逝去的怀念和疼惜之情。同日，一篇湖南大学校友的文章"当你再回到岳麓山南，或许迎接你的就不是参天的香樟了"发布在网络上，一时间也引发很多网民对校园行道树的疼惜之情。

与语言文字相比，图片诉诸感观刺激，更易调动公众的情绪。《师大的树》一文中将昔日的"绿色"师大和今日的"光秃"师大配图加以对比，并将作者的感想穿插在那些具有强烈对比的图片中，更激发起网民的情绪。此后不断有新的照片出现，如被砍树枝散落的特写、大树被砍后光秃秃的特写、树移植前后街道的对比等，网友对这些极具视觉冲击力的照片纷纷加以述评，抒发对香樟树的怀念，反对砍树。

"嘲弄讽刺"是网络情感动员的另一种方式。在该事件中有网友借砍树事件批评国内城市建设时感叹："外国的市长都是千方百计保护历史及自然景观，中国的市长是千方百计拆旧换新。"还有网民将矛头指向湖南大学和湖南师大两高校不同意建一个地铁站的定案而一致要求分开建站才导致移栽树木，如"700米勘验出两校的智伤，建议地铁上树"，"建N个吧！两个学校的男同学一个，女同学一个，男老师一个，女老师一个……"；等等。嘲弄和讽刺既满足了公众宣泄情感的需求，又有助于降低话题的政治敏感性，巧妙地规避和消解了政治压力，同时拓展了话题的内涵与意义，有助于吸引民众广泛参与。

在当前中国的网络事件中，最能够激发网民参与抗争的情感是愤怒、同情和戏谑，因为这些情感表达背后反映的是公众对公平与正义的追求，对弱者的同情，对社会弊病的愤恨，对沟通的渴望，是整个中国社会情感结构的脉络。

（二）民意中的归因与表意

孙玮认为媒介环境报道具有"归因"和"表意"的功能，归因旨在"找到问题的罪魁祸首"，表意则是为了"将一系列看似不相关的事件联系起来，赋予新的意义"，归因和表意使得人们可以建立一个认知框架来定义环境问题，并促使人们采取集体行动。①

网络民意同样具有归因和表意的功能。在该事件中网民将树木与地方记忆捆绑起来，将对树木的关注转译为对地方历史与文化的关注。在这一话语层面，网民所呈现的是香樟树下遮阳避雨、青春成长的美好回忆。如湖南师范大学网友"三生石"发帖说："师大的树见证了我大一的忙碌与青涩，大二的规划与成长，大三的奋斗与知足，大四尽管已经很少来学校，偶尔去图书馆查资料写论文时还是会站在天台上远眺。那已经不是单纯的一种景观了，更多的是一种寄托。"

在反对砍树的很多人看来，连接湖南大学、湖南师范大学和中南大学三所高校的麓山路是一条"承载湖湘文脉的道路"，这条路两旁的参天大树承载着文化与历史。湖南大学建筑学院院长魏春雨在网上发文说："我曾经无数次畅想，将来把这条路打造成国内独一无二的文化景观。"看到一夜之间，数十颗香樟树枝丫全无，魏直言"痛心不已"。至此，香樟树进一步指向市民的日常集体记忆与历史文化，砍伐香樟树也就成为斩断市民记忆、破坏地方文化的做法。

在砍树事件中，网络民意还指向民众对公共事务的参与权、政府行政的公开透明等话题。8月25日，湖大校友、前媒体记者刘长发出长微博——《就麓山路砍树事件，致长沙市长公开信》，提出决策是否经过调查研究、专家论证、公众参与、合法性审查和集体研究等必经程

① 孙玮：《转型中国环境报道的社会功能分析："新社会运动"中的社会动员》，《国际新闻界》2009年第1期。

序，移栽树木的存活率是否能得到保证，相关工程是否经过城市规划的报建、调整或审批，砍树行为是否违反《岳麓山风景名胜区保护条例》，树木迁移量是否经过科学论证五大质疑。该微博在微信朋友圈和多个媒体公众号转发，令麓山路砍树事件由师大、湖大师生校友的怀念和愤懑，变成公民对政府决策的质疑，"护树"行动迅速发酵。

此后，传统媒体对事件进行阐释，跟进报道反思事件中暴露的问题，事件的意义不断深化，唤起更多民众对于事件的参与热情。如《南方周末》对事件拓展延伸指出，从 2011 年开始，南京、苏州、石家庄、洛阳等地为了给道路、地铁等让路纷纷进行树木移栽，均引发了市民的护树行动，该报将"砍树—护树"的原因归结为"依然是程序是否合规、信息是否公示等老话题"。《三湘都市报》将民众反对砍树归因为"有关方面在事关民众情感与切身利益的公共事项时缺乏应有的信息公开、意见征求与权利尊重"。《湘声报》指出，移栽樟树风波中暴露出"公众对关乎自身利益的政府举措，渴盼有更大的参与和表达的空间"。中国新闻网"中新网"指出，树木移栽事件折射出城市建设过程中越来越凸显的拆与建的矛盾，更考验着执政者管理智慧与水平。在整个事件中，民意不仅关注香樟树的"留"与"走"，更通过各种方式表达了以保护香樟树为象征的传承城市历史文脉、享受文化生活参与权利的民生诉求。

通过这种"借题发挥"的表意方式，民意将砍树事件构建为与城市发展、民主政治、历史文化相关的议题，赋予该事件更为普遍的意义，即"保护城市文化和公民权利"，而这一意义每个公民息息相关。

二、空间冲突与舆情应对

美国学者路易斯·科塞（Lewis Coser）提出"社会安全阀"理论，他认为，社会冲突具有"社会安全阀"功能：一是减压，减轻和缓解冲突双方的敌对情绪，二是预警，使社会管理者看清问题的要害所在，并做出应对。网络民意表达实际就是社会系统的"安全阀"，当网络民意表达达到沸点时，看似消极的社会冲突不可避免，但会促使政府打开网民宣泄不满情绪的合法通道，将社会化解器的职能发挥到极致，对于社会系统减压、社会冲突化解是有正向功效的。①

8月25日，长沙市副市长黎春秋连夜考察麓山南路香樟移栽现场，随后召开紧急会议并回应了市民热切关心的问题，表示将优化移栽方案，以"能不移就一棵不移"有效地回应了舆论质疑。8月27日，长沙市政府组织召开专家论证会，论证项目所涉树木移栽方案。8月28日，长沙市岳麓区政府区长周志凯，区委副书记、常务副区长刘汇以及相关专家来到湖南师范大学与师大师生代表座谈。不少媒体肯定了事件中长沙市政府高效的舆情应对表现，如人民网舆情频道评价认为，通过面对面的官民沟通全面回应舆论质疑，长沙市政府有效地压缩负面舆情的滋生空间。

使网络民意表达充分发挥社会冲突"安全阀"的正向功效，还必须建立健全网络民意表达的预警机制。据媒体报道，经事中时任长沙市副市长黎春秋表示，政府在方案公示、程序完善、信息沟通等细节方面应该更加优化。时任岳麓区区长周志凯在与湖南师大师生的座谈会中也承认，此次事件中信息公开不足导致的舆情值得反思。政府部门如能在决策过程中尽早征询民意，就会扫除许多隐藏的舆情"暗礁"；缺失了这一步骤的政府决策则有可能面临一些突发的舆情危机。

在"长沙麓山路砍树"事件中，众多高校学生与湖南本土环保公益人士理性地征用了各种话语资源来动员情感、创造意义，引发了传统

---

① 胡长青：《社会冲突论视角下网络民意表达维护机制的构建》，《东南学术》2013年第5期。

媒体的参与报道，从而吸引和动员更大范围的网民加入其中。善于利用新媒体发声，理性表达诉求成为本轮舆情的重要特点。随着城市化快速发展，由城市拆迁与更新改造引发的空间冲突事件频发，民众在事件中的情感动员与归因表意，既表达了民众对社会问题的愤怒和对不合理现实的嘲讽，也表现了民众对民主和正义的渴望与追求。正确认识与理解空间冲突事件中民意话语表达的特色，有利于促进普通民众民主意识的提高，也有助于管理部门积极回应而非消极应对民意，从而恰当有效地回应公众质疑，实现社会管理创新。

第三章　媒介叙事与地方记忆

虚拟空间是运用各种策略和手段编码组构赋予空间以社会历史意义的文化和精神性空间。影视、新闻、文学、广告等媒介文本建构了城市记忆的文化空间和精神性空间，它成为城市记忆的重要组成部分。媒介中介的记忆文本是经过媒介重现的过去，记忆要在媒介空间中传承延续，要让受众对媒介空间重建的过去形成一种认同感，必须对记忆展开媒介化的重新建构，形成符合媒介与受众需要的文本。① 媒介需要采取各种劝服性的策略和技巧进行加工，让受众在媒介记忆中找到与个人记忆的关联，并与当下现实社会形成对应，建构起与真实的关系，并最终产生认同。

第一节　媒介书写与地方记忆

一、城市记忆书写的媒介功用

21 世纪以来，城市记忆的媒介书写在多个层面展开，从对西方现

---

① 邵鹏：《媒介记忆理论：人类一切记忆研究的核心与纽带》，浙江大学出版社 2016年版，196 页。

代性和中国现代化诸多问题的反思批判，到对地方文化和乡土记忆的追溯发扬，特定历史事件的平反式叙述，怀旧消费书写的盛行，乃至普通民众生活史、特定群体口述史的勃兴，城市记忆的书写呈现了多样化的叙事与想象方式，建构了不同的城市记忆与记忆中的城市。但任何书写都是呈片段式的和局部的，选择性记忆或遗漏仍是媒介塑造集体记忆的核心机制，我们因此需要追问选择什么，为何如此选择，以及如何呈现。从叙事主题与策略来看，城市记忆书写呈现出怀旧化、问题化、平民化、商品化、视觉化、典律化等特点，发挥了塑造城市意象与地域意义，召唤市民认同，示范都市消费风尚，实施都市文化治理的功用。

（一）塑造城市意象与地域特色

城市记忆的书写营造出一种怀旧感，是对本土和传统失落的忆念。现代化及其全球化带来本真性和家园感的丧失，引起了地方的焦虑和反抗，怀旧成为抵触和反抗全球化的一种反应。

从物质世界到精神生活，怀旧书写勾勒出城市的"传统形象"，如"自然性、乡村价值观、诗意和空间性"[①]，构成一个和谐完整的"传统世界"。在书写者描述中，这是一个缓慢、悠闲、舒适的世界，缺乏现代都市生活的快捷性、流动性和变化，代表着一种非功性和精神性，与自然和谐一致，而且往往还联系着诗意，具有一种特别的美学形式。传统的世界并非死去的"过去"，在怀旧书写中它被表现为与当代都市人的自我认同和乡愁记忆相关的"精神家园"，成为反思现代性，疗治现代都市病的良药，每个城市都在建构属于自己城市的"传统"。怀旧叙事经常选择富有地域特色的老建筑、民间艺术等作为对象展开，提供地方性知识，彰显地域独特性，借此建构对地方的认同与归属。

---

① 张英进：《空间、时间与性别构形：中国现代文学与电影中的城市》，江苏人民出版社 2007 年版，第 96 页。

（二）展现个体记忆和多元争辩

城市记忆的书写中体现出记忆是要加以质疑、追问、诠释和阐述的场域，需要联系各种社会现实，尤其是提出不同的记忆来质疑和补充原先不假思索的主流记忆书写。① 城市记忆书写的问题化特征，体现在诸如城市灾难叙事中的创伤记忆、旧城改造中的民间记忆、寓含乡土情感的本土文化记忆、相对于国族史观的少数族裔记忆，乃至弥漫于文化消费中的怀旧记忆，都包含了独立性、反抗性的记忆元素，表现出对官方记忆和主流记忆的抵制与补充。

城市记忆的书写还展现出对平民日常生活的关注，以及个体私密独特经验的表陈，如表现小人物的悲欢离合，日常生活的喜怒哀乐，老街巷的前世今生，民间手工艺的起落兴衰等。历史学者认为，历史书写有三种范式：认知性的历史、认同性的历史与承认性的历史。② 记忆的平民化体现为一种新的历史书写范式——承认性的历史，强调的是被忽略、被抑制的他者在历史书写中的在场，重现个体的经历，描述曾经的生存状况，而不是寻找真理与规律，与重视个人权利的历史发展趋势相适应。

（三）示范都市消费风尚

城市记忆的书写还体现出商品化的特色，将记忆凝聚在商品上，连接上物的逻辑，在消费领域营造生活风格，成为按图索骥的消费游憩指南。

记忆书写和商品、消费的联结有多种方式。一是媒体所聚焦的商品

① 王志弘：《记忆再现体制的构作：台北市官方城市书写之分析》，《中外文学》，2005年，第9期。

② 张文涛：《区分历史书写的三种范式：认知性的历史、认同性的历史与承认性的历史》，《甘肃社会科学》2014年第4期。

引发购买、收藏和怀旧消费的欲望，如报道中出现的书籍、纪念品，以及任何可以买卖收藏的商品。二是媒体采取重返历史现场的方式来寻找恢复记忆的可能，其中提及的很多地点场景是店家或商圈，直接指向消费的体验，如各种手工艺商品与特色美食。三是媒体制造了关于地点的审美神话来激活现代城市生活的平庸和乏味，引发人们的审美冲动。对于城市地点的想象和记忆演化成现实生活的亲身体验，人们循着媒体记忆踪迹和游憩休闲指引，寻访史迹和自然生态景观，而这也经常是商品和消费之旅。因此，记忆书写通过塑造城市独特意象将历史文化元素转化为商品，鼓励对商品化的城市"本真性"地消费，进而充实文化产业的根基。

二、城市记忆书写的媒介机制

城市记忆书写与城市媒体地方化传播机制的形成密不可分。在全球化趋势下媒介与地方仍然保持紧密关联，并呈现地方化传播的趋势。一方面，媒介的非本土化演变推动了现代性的全球化扩张，但现代性和全球化并不意味着地域的终结，新型的全球—地方关系导致了地方与地方文化勃兴，媒介在其中同样扮演了关键角色，并形成了地域媒体崛起和新闻生产地方化的趋势。

"全球性与本土性不是区位而是过程"，全球化和本土性使所有空间都混合在一起，形成既有分化又有融合的"全球本土性"。① 也就是说，本土化或地方化是相对于全球化而言，正是全球化带来不同文化的碰撞和冲突才导致了本土和非本土意识的产生。对全球化语境下传媒地方化传播的探讨，应该放在更广阔的背景下探讨文化变迁的历史根由。

---

① 邵培仁等：《媒介地理学：媒介作为文化图景的研究》，中国传媒大学出版社2010年版，第136页。

一方面，在当今全球化的背景下，地方性面临着全球性的侵蚀与挤压，反映在媒介形态的演变历史上，它是一个不断使空间从地点中脱出的过程，媒介在其呈现的全球景观中削弱了地方的影响力；另一方面，文化地方主义开始盛行，对认同需求的满足使得媒介通过对地方景观、地方文化、地方生活方式的再现和阐释而突显地方感。可以说，媒介在平衡地方性和全球性方面发挥着重要作用。

（一）现代性的全球化扩张与媒介的非本土化演变

全球化意味着"时空分延"，使"在场"和"缺场"纠缠在一起，让远距离的社会事件与社会关系和地方性场景交织在一起。这就是"世界范围内的社会关系的强化，这种关系以这样一种方式将彼此相距遥远的地域连接起来，即此地所发生的事件可能是由许多英里以外的异地事件而引起，反之亦然"①。全球化是现代性的必然结果，现代性内在地经历着全球化的过程，伴随着时空分延和脱域机制的发展，现代性和全球化对于地方性带来极大压力。而在现代性向全球蔓延的过程中，媒介扮演着重要角色。

英国社会学家安东尼·吉登斯将"现代性"定义为"在后封建的欧洲所建立而在20世纪日益成为具有世界历史性影响的行为制度与模式"，包括"工业化世界""资本主义"和"监控制度"三个纬度。②吉登斯认为，应该"依据时空分延和地方性环境以及地方性活动的漫长的变迁之间不断发展的关系，来把握现代性的全球性蔓延"③。而大

---

① ［英］安东尼·吉登斯：《现代性的后果》，田禾译，译林出版社2000年版，第56－57页。

② ［英］安东尼·吉登斯：《现代性与自我认同》，赵旭东等译，生活·读书·新知三联书店1998年版，第16页。

③ ［英］安东尼·吉登斯：《现代性与自我认同》，赵旭东等译，生活·读书·新知三联书店1998年版，第6页。

众传媒既是"现代性的抽离及全球化趋势的表达，也是这种趋势的工具"。①

19 世纪后期起，人们已经认识到了"时间—空间""时间—地点"概念的重要性，以及它们对于影响社会生活秩序和理解文化认同的重要性。在吉登斯看来，现代性正是围绕着时间、空间的演变而展开的，这样的演变正是摧毁传统的体制性推动力的核心。加拿大传播学家英尼斯及麦克卢汉也强调指出主导的媒体类型和时空转型之间的联结，"媒体有助于改变时空关系的程度并不依从于它所携带的内容或信息，而是依从于形式和可再生性"。可以说，在现代性的全球化扩散的过程中，大众传媒经历了一个蜕变的过程，它"不断增强自身使空间从地点中脱出的能力"②，具体实施并完成了时间和空间的分离，这也是一个新的信息传播网的"非本土化进程"。

吉登斯将时空分离视为现代性的最重要的动力。在前现代文化中，社会生活的空间纬度都是受"在场"支配的，即对于一个事件，空间和时间是同时在场的，社会互动和社会联系集中在面对面的时空或更小的地域范围，口语是信息存储、交流与传播的唯一方式。早期报纸在把空间从地点中分离出来发挥了重要的作用，语言通过印刷书写媒介而进一步得以传播，从而开始超越面对面的时空结构。电子媒介真正开始"废弃了空间向度"，把空间从"地点"中分离出来，消息的传递不再受"地理束缚"，因此"地点"对于行动的束缚就被取消了，而此前，时间和空间是通过"地点"来联结的。③ 比如电报的发明就使得早期的

---

① 邵培仁等：《媒介地理学：媒介作为文化图景的研究》，中国传媒大学出版社 2010 年版，第 18 页。
② 孙玮：《现代中国的大众书写：都市报的生成、发展与转折》，复旦大学出版社 2006 年版，第 17 页。
③ 郑中玉：《沟通媒介与社会发展：时空分离的双向纬度——以互联网的再地方化效应为例》，《黑龙江社会科学》2008 年第 1 期。

报纸将空间从地域观念中脱离出来，此前报纸的内容决定于新闻是否唾手可得。电报通过其特有性能把信息从社会地域概念中抽离出来，这意味着，媒介内容不再主要由时间和空间的接近性来决定，从而允许报纸变得更加以事件为导向了。随着电报以及之后的电话和其他电子媒介的引入，事件而非其发生的地点，正日益成为主宰新闻内容的决定因素。这种由来已久的变化促使了当代社会大量娱乐与新闻的日益全球化，更关键的是，这一过程中形成了文化的离散区域，在离散区域中，以品位、习俗与信仰维系的社群逐渐脱离了民族的背景。①

　　网络技术的发展，加速了全球化进程。在全球化及其媒介的作用之下，地方性正在受到损害。此时的"全球化"，指的是时空被骤然压缩，全球空间就是一个"电子空间"，一个"可以渗透疆界和边界的空间"。② 而新的移动媒介对个人生活进一步地侵入，使得空间不再是固定的区域，信息发送和接收随时随地，不再局限于特定的地理节点，"媒介对空间的再生产甚至宣告了空间最初得以产生的基础—地点和距离—的死亡"。③

　　在吉登斯看来，时空分离、脱域机制、知识的反思性运用构成了现代性的内在推动力。特别是时间和空间的分离、脱域机制的发展使地域化对人的影响相对削弱，相反，处于遥远地方的事件却使得人们产生一种亲近感和即时性效应。④ 在这一过程中，大众传媒具体实施了远距离事件对于大众日常意识的侵入，经由传媒报道的处于遥远地方的事件比

---

① ［英］尼克·史蒂文森：《媒介的转型：全球化、道德和伦理》，顾宜凡译，北京大学出版社2006年版，第83页。

② ［美］戴维·莫利，凯文·罗宾斯：《认同的空间》，司艳译，南京大学出版社2001年版，第155页。

③ 王斌：《从技术逻辑到实践逻辑：媒介演化的空间历程与媒介研究的空间转向》，《新闻与传播研究》2011年第3期。

④ 王成兵：《当代认同危机的人学解读》，上海三联书店2004年版，第79页。

真实地发生在身边的事情显得更真切、具体。而大众传媒也以它特有的方式，即通过远距离地潜入日常生活，杂乱拼贴地报道各个空间的新闻事件，重塑了现代人的时空观念，即时间和空间不再需要通过场域连接在一起，它们首先在大众传媒中，进而是在传媒的接受者意识中，实现了分离。① 在吉登斯对现代性的论述中，大众传媒被作为一个关键的因素而多次提及，他用总结性的表述解释为，"现代性和其'自身的'媒体密不可分"，"追溯高度现代性的起源，恰恰是大众印刷媒介和电子通讯媒介日益融合和发展才是最重要的"。②

（二）地域的复兴与地方文化的兴起

作为网络社会理论的奠基人，曼纽尔·卡斯特尔（Manuel Castells）提出，建立在信息、电子和生物技术上的新技术范式的兴起，改变了原有的社会模式，促生了一个全新的网络社会的出现，流动的空间将取代地域的空间，地域要由流动的信息、文化、资本等来设定。在网络结构中，传统的地域概念失去了意义，我们不再需要拥挤于狭小的城市空间，一切社会活动都可以在地理上获得延伸。

地方（place）是文化地理学的核心概念之一，是一种融主观与客观、特定空间与时间于一体的社会存在。地方感，是指一个地方的特殊性质，也指人们对于这个地方的依恋与感受，体现的是人在情感上与地方之间的一种深切的联结，是一种经过文化与社会特征改造的特殊的人地关系。可以说，"地方被用来确定人们在空间中的位置，借助媒介手

---

① 孙玮：《现代中国的大众书写：都市报的生成、发展与转折》，复旦大学出版社2006年版，第18页。
② ［英］安东尼·吉登斯：《现代性与自我认同》，赵旭东等译，生活·读书·新知三联书店1998年版，第26页。

段培养出人们的地方感与空间秩序"。① 地方对于人们的意义并不仅限于经验和生存的范围，而是超出地点的物质含义，进而提供一种归属和认同的意识，并展现出广义的社会关系。

现代性和全球化并不简单地意味着地方的终结，地方的差异性和独特性仍在。第一，全球化用时空压缩的方法使地方之间更紧密联系在一起，但地理距离仍旧存在；第二，全球化并非在一个无差别的空间中呈现出来，相反它之所以把各个地方联系在一起，就是因为它们是不同的；第三，即使很多地方都受到相同的全球化力量的影响，它们的反应和变化也是不同的；第四，即使在今天，日常生活的很多方面或大多数的社会关系并没有全球化；第五，并不是世界上所有地方都同等程度地卷入全球化中。

实际上全球化的另一面就是本土化，并常常表现为"全球本土化"或"全球地方化"，是一个"使全球压力与需求逐步适应本土条件的过程"，即我们从全球化中挑选自己喜欢的东西并改变它，使之嵌入和适应本土条件与需要。② 卡斯特尔提出的网络社会也是围绕着全球与地方的对立组织起来的，经济、技术、媒体、制度化权威当局的支配过程是组织在全球网络之中，但是人们的日常工作、私人生活、文化认同和政治参与在本质上是地方的。莫利和罗宾斯（Molly and Robbins）同样认为，与新的信息传播技术有关的"非本土化进程"不应该被看作绝对的趋势，"地域和文化的特性永远不能消除，永远不能绝对超越。全球事实上也跟重新本土化的新动态相联"。③

---

① 邵培仁等：《媒介地理学：媒介作为文化图景的研究》，中国传媒大学出版社 2010 年版，第 101 页。

② ［美］罗宾·科恩等：《全球社会学》，文军译，社会科学文献出版社 2001 年版，第 27 页。

③ ［美］戴维·莫利，凯文·罗宾斯：《认同的空间》，司艳译，南京大学出版社 2001 年版，第 157 页。

当本土意识产生后，文化认同随即产生，文化认同成为传媒文化本土化的直接动因。认同既是人的一种社会属性，又是人的一种基本需要。马斯洛将归属感列入人类最主要的五种需要之一，文化认同恰恰是人类这种归感中最重要的一环。文化本土化的最终归依落脚到三个不同尺度的基本层面，即文明形态意义上、民族心理意义上和地方区域意义上的文明模式。① 其中，地方区域尺度最小，如中国在悠久历史长河中积淀形成各具特色的地方文化，如齐鲁文化、中原文化、吴越文化、潇湘文化、八桂文化等十几个亚文化，各亚文化区又有着独特的历史文化、人文景观、自然景观、风土人情。这些亚文化均属于民族文化分支的地方区域文化。

在全球化背景下，包括地方经济、地方文化和地方认同的地方主义在复兴。在文化领域，利用地域意识让本土的和特有的事物重新生效、焕发活力的文化地方主义开始盛行，如中国当前各地的传统习俗、节庆仪式、民俗文化（如读经运动、祭孔大典、传统节日）的复兴，无不证明了从地方到国家掀起的传统和地方文化热潮。这种文化地方主义，表明"人们对于生命史深深铭刻于地域边界之内，认同和社会群体借地方记忆和遗产延续的兴趣与日俱增"。②

（三）地域传媒的崛起与新闻生产的地方化趋势

回顾报纸的发展脉络，报纸新闻报道经历了一个从地方到国际再到地方的轨迹。早期报纸上的新闻报道都是此期发生在身边的事件，远方的新闻以一种吉登斯称之为"地理束缚"的方式出现，距离越远时间越晚。随着电报、电话和其他电子媒介的引入，来自远方的、国外的新

---

① 蒋晓丽等.《奇观与全景：传媒文化新论》，中国社会科学出版社 2010 年版，第 110 页。

② ［美］戴维·莫利，凯文·罗宾斯：《认同的空间》，司艳译，南京大学出版社 2001 年版，第 158 页。

闻不断增加。二战结束以后，国际报道又不再是读者关注的焦点，报纸的报道越来越注重当地事件和人物。美国报纸协会 2004 年发起的一项"如何吸引更多的人读报"的大型调查显示，最有可能激发读者阅读兴趣的内容首先是：以人为中心的本地新闻，包括社区性的公告、普通人的故事以及新闻如何影响普通人生活的解释性报道，提供更多本地新闻是报纸必须努力的方向。①

报纸地方化是全球趋势。1978 年以来，美国的全国性报纸在不断递减，目前只有《华尔街日报》《今日美国报》等少数几家，其他各报均成为地方性报纸。法国发行量超过 10 万份的全国性报纸有 7 种，地方性报纸有 20 份。② 地域传媒的崛起同样是 20 世纪 90 年代以来中国传媒发展的一个重要现象，包括晚报的复兴、都市报的兴盛和城市电视台的繁荣，媒介产品内容也日益呈现出都市化特征。进入 21 世纪，为接近更多受众和照顾地区差异，中国报纸还开发了"地方版"和"社区报"两种产品形态，以挖掘地方新闻。2002 年以来，地方电视媒体纷纷创办民生新闻节目，掀起"中国电视的第三次浪潮"。民生新闻的兴盛，是地方电视充分利用所在地域的新闻资源，抓住新闻的贴近性和"软"性做文章，使原本"上不了台面"的日常生活进入电视，让原来说不上话的平头百姓频频上镜，这是对社会传播领域新的需求空间的一次满足。

作为全球化的媒介工具，网络媒体开发出"超本地化"的新闻生产理念和生产方式，以实现社会关系在地方的重新联结。虽然电子媒介是时空伸延和全球化的工具，距离在这里被瞬间消解，但空间障碍的消除不意味着"地方"意义丧失了。逻辑上，"地方"也因此可以在这些

---

① 王斌：《地方新闻、社区信息化和传播自主性：传播与中国社会转型的一个分析框架》，《国际新闻界》2010 年第 10 期。

② 郭可：《国际传播学导论》，复旦大学出版社 2005 年版，第 32 页。

导致世界"外爆"的技术和过程的作用下得以重新组织。比如互联网的时空重组效应，从技术逻辑和社会实践层面上都可以在地方的重新组织中发挥重大作用，这种效应被称之为"再地方化"效应，即本地社会成员借助于信息传播技术，在各个层面的社会行动上，无论是政治的、经济的还是文化和社会等方面，实现重新的社会组织和连接。① 这种再地方化效应早已付诸实践，如以城市和本地社区为主要对象的虚拟社区和论坛就发挥了这样的作用，本地成员可以借助网络实现对地方社会系统的方方面面进行讨论，并建立起线下联系。另外，超本地化新闻正成为美国传媒产业的一个热点，如《芝加哥论坛报》《波士顿环球报》以及甘乃特报团都建立超本地化网站，由公民高度参与信息的采集发布，聚焦于当地社区动态的详尽信息，重新接触碎片化受众。美国地方报纸《诺克斯维尔新闻前哨》的网站，就以当地个人博客为内容源，相关内容都是博主们撰写的本地新闻及衣食住行，这些微内容构成了一个远超过该报所报道信息的全面生动的"地方拼图"。在我国也涌现了一批如腾讯·大楚网、大众点评网这样的互联网与本地生活相结合的"再地方化"网站，媒介地方化发展呈现不断接近、细分和深入的趋势。

第二节　城市杂志的"怀旧书写"

城市杂志的"怀旧书写"依托本土和历史展开，是对本土和传统失落的忆念，也是对过去与现实的反思。怀旧书写有助于建构与自我认

---

① 郑中玉：《沟通媒介与社会发展：时空分离的双向纬度——以互联网的再地方化效应为例》，《黑龙江社会科学》2008 年第 1 期。

同和集体记忆相关的"精神家园",从市场角度看有利于提升杂志品位,赢得受众认可。

一、媒体"怀旧书写"的产生背景

记忆与怀旧有着密切关系。怀旧古已有之,怀旧（nostalgia）一词的西方起源是一种痛苦而强烈的思乡病,与忧郁症、强迫症等精神症状类似,之后经历了由生理病症转变为心理情绪再变为文化情怀的过程,与现代性及现代社会的问题紧紧缠绕在一起。

返乡是现代生活的重要主题之一,现代怀旧的中心概念是"家"或"乡"的变迁,怀旧就是一个在精神层面上"重返家园"的过程。怀旧所重返的"家园",常常依托为自然、自由、童年、过去、故乡,返回人原本的诗意栖居地。

西方现代化的思想动力产生于对过去思想的对抗、抵制和否定,它强调绝对的理性,激发了人类空前的创造力,为社会带来了巨大的物质进步,同时又造成了人类的工具化、日常生活的刻板化、人与自然的冲突等不良后果。20世纪90年代以后,中国现代化的众多负面问题开始暴露出来,如伦理道德沦丧,拜金主义盛行,贪腐问题严重,生态环境恶化等。由对现实的不满引发对西化模式的质疑,由传统的失落带来价值危机与精神失落的问题,促使人们重新思考和挖掘传统资源,通过复活历史记忆来寻求应对现实困境的方案。20世纪90年代以来的现代怀旧就是在这样一种情境下产生的,当这种怀旧情绪与消费主义文化尤其是大众传媒形成合流后,怀旧式消费便成为重要的文化现象。文学界的怀旧书写,影视界的怀旧创作,老照片、老房子、老城市等系列图书的出版热销,乃至传统风俗、饮食、戏曲、民居等本土文化重建热潮,都证明了怀旧已经成为普遍的社会文化景观。

怀旧倾向的内容在杂志中时有出现,尤其在城市杂志中体现得较为充分。除少量全国性城市杂志外，大多数城市杂志是"以反映、传播并塑造地域性社会文化与物质消费为主题"① 的本土性杂志，如《大武汉》《上海画报》《苏州杂志》《最重庆》等，其编辑理念和受众定位决定了怀旧倾向的报道成为重要选题来源。比如《苏州杂志》创刊时便提出"当代意识，地方特色，文化风貌"的办刊宗旨，以报道地方和弘扬传统文化为主，勾画出一个"传统苏州"的形象，这一点与怀旧的文化内涵高度契合。其次，由于媒介市场的激烈竞争导致各类报道题材被充分挖掘，即时性信息同质化现象严重，要想在同一领域争夺新闻资源成本高、难度大，杂志在时效性上又居于劣势，而"往事"——过去的事实有着很大挖掘潜力，因此怀旧题材往往成为城市杂志的报道突破口。

二、城市杂志"怀旧书写"的策略

（一）依托本土和历史展开，地域感和历史感交织共生

从怀旧的内涵来看，怀旧是对本土和传统失落的忆念，本土和历史是城市杂志怀旧书写的主要资源。城市杂志经常选取城市历史性建筑、历史人物、传统手工艺、地方民俗、地方美食、民间艺术、传统节日等作为报道主题，再现了城市的传统、记忆、文化和风俗。地域感与历史感在这类报道中交织共生，包含着一种浓浓的怀旧情愫。

本土性是城市杂志怀旧书写的中心，城市杂志常常围绕着富有地域特色的物件、制度和观念文化来策划怀旧选题，通过对地方景观、地方文化和地方生活方式的再现与阐释来实现来实现怀旧书写与营造。

城市是一个历史的、社会的过程，富有地域特色的景观承载着集体

---

① 彭柳：《消费社会城市杂志编辑理念：以〈城市画报〉引导消费文化之道为例》，《出版发行研究》2012 年第 3 期。

记忆和城市历史，也成为凝聚市民情感的地方，很多城市杂志都对此做了报道。以《大武汉》杂志为例，其"城市发现"和"城变"栏目是典型的地方志专栏，编者希望"用书写地方志的责任感，去发掘并记录城市的变迁，记录那些值得记录的事"。专栏选择报道的大都是承载着武汉市民记忆的老地方，如该杂志曾刊出的《"作坊一条街"，留住老汉口万种风情》《百年老巷里的人间烟火》《得胜桥，一砖一瓦间品味老武昌》《鼓架坡，大隐于市的艺术古巷》《洞庭街 81 号，飘出音乐的老房子》等报道。专题《百年老巷里的人间烟火》记录了同兴里、三德里、大陆坊这三条老街的由来历史、建筑风格、日常生活等，作者追忆了它们所经历的盛世繁华与落寞衰落，并感叹"每一条老街都有着自己的生活习性，有着不同的气味，值得细细寻味"。

除了城市景观这些可视的地理要素外，城市杂志还广泛报道了民间曲艺、手工艺、民俗活动等非物质文化，而这些都市民俗往往扎根于老建筑、老街巷中，与城市景观密不可分。2012 年《苏州杂志》对苏州老行当做了一组系列报道，公平秤、肖像画、修伞、钟表这些老行当勾起了苏州人对地方传统的回忆。可以说，包括仪式风俗、曲艺、民间手工艺等地方文化凝聚着苏州人的集体记忆，是维系人与城之间的重要生活纽带和情感桥梁。

市民日常生活也成为城市杂志怀旧叙事的内容。杂志对于饮食起居的欣赏玩味不仅仅是一种市民趣味的体现，也体现出城市特色，营造了一种归属感，并表现出对外来者的一种归化力。《苏州杂志》有一档《美食家》栏目，报道了苏州的美食、饮食名店和名厨，该栏目发表的《青鱼的记忆》《南荡鸡头米的前世今生》《守住本味》《苏州的故乡之食》等文章，将食物置于普通百姓的日常生活和习俗之中，揭示了饮食活动与礼俗、信仰、风尚等文化仪式之间的关系，食物在这里成为联系人与人、人与城的情感纽带。还有一篇《生活在古城》的文章，讲述了普通苏州人对评弹说书、昆曲、调龙灯等地方曲艺和民俗的喜好，这些传统生活方式仍然在现代化的苏州顽强地生长着，并与现代生活交融在一起，成为人们怀想传统苏州的标志物。

历史感是城市杂志怀旧书写的另一个中心，因为不仅怀旧与回忆有相同的功能，而且历史视角对于媒体报道也不可或缺。不认识事物的起源发展和前因后果，就不能说真正掌握了它。深度报道就是用昨日之历史核对今日之事态，从而说明明日之意义。同时，地域感总是与地方历史交织共生，人们对过去的追忆往往勾连起人们对地域的记忆，这有助于增进人们对地方的归属与认同。因此，对于城市杂志来说，借助这种怀旧叙事，还能使建立在地域平台上的历史感成为增进地域读者共鸣的重要途径。

个体怀旧所指向的历史往往是微观的、边缘的"小历史"，而不是宏观的、主流的、受制于一定意识形态标准而写成的对人类社会发展有重大影响的"大历史"。"小历史"是无足轻重却在历史中真实存在的东西，是被宏大叙事所遗忘和忽略的"历史声音"，而恰恰是日常生活化的"小历史"构成了大众生活主要的历史。① 除了少量纪念性和宣传性报道外，城市杂志中的怀旧书写大多数指向平民史，这也是一种"小叙事"，它揭示的是那些为正史所忽视的普通百姓的日常生活、民俗礼仪、世态风情等。如一个小人物的悲欢离合，一条老街巷的"前世今生"，一种民间手工艺的起落兴衰，一段艰苦岁月中老百姓的日常起居等等，这样的文章在城市杂志中比比皆是。用新史学的观点来看，历史理应"有着众多的各自独立而不相融合的声音和意识，由具有充

---

① 赵静蓉：《抵达生命的底色：老照片现象研究》，广西师范大学出版社 2005 年版，第 45 页。

分价值的不同声音组成真正的复调"。① 因此城市杂志中的"小历史"和"小叙事",对每种历史存在都保持着尊敬,无论凡人还是英雄,无论小事还是大事,它们都是独立和平等的"他者",共同构成完整的历史。

(二) 从回归到反思,内涵不断深入

怀旧包括回归型与反思型两种。回归型怀旧表现为寻根溯源,力图恢复乌托邦式的过往,希望以过去取代现实。回归也是怀旧最表面的特征,是人们最容易产生的怀旧冲动。在城市杂志所制作的大多数怀旧报道中,过去是美好的,"传统的世界"是值得留恋的,而现实世界被剥夺了诗意、价值、意义等美好的东西。这一定程度上迎合了现代城市人为逃避都市生活,返向过去和传统中寻找寄托,达成对现实焦虑的暂时缓和的一种心态。

"传统世界"代表了悠闲、熟悉、和谐等,固然令人向往,但有些传统毕竟与现代生活相距遥远,有些传统与现实世界格格不入,不得不消亡。这种回归式怀旧其实是对记忆的遴选,它往往只"涵盖过去领域中真正美好的和想象成美好的那一部分,而回避或忽视过去艰难、丑陋和琐屑等负面特性"。② 对怀旧行为本身的质疑和批判,促使媒体的怀旧意识从回归发展到反思。反思成为怀旧的另一种表现形态,其基本动力就是对"过去是否真好,现实是否真坏"这个问题的质疑。③ 少数怀旧题材报道也从回归过渡到反思。

如《苏州杂志》中有一篇《驻颜有术看古城》的文章,一方面称赞"老苏州"的美丽,另一方面又抱怨老城区的生活:"时隔一千多

---

① 巴赫金:《陀思妥耶夫斯基诗学问题》,白春仁,顾亚铃译,生活·读书·新知三联书店1988年版,第29页。

② 赵静蓉:《怀旧:永恒的文化乡愁》,商务印书馆2009年版,第39页,第353页。

③ 赵静蓉:《现代怀旧的三张面孔》,《文艺理论研究》2003年第1期。

年，如果白居易再次光临苏州，看着那拥堵的车龙人流，狭仄的百姓居室，恐怕不会有'平铺井邑宽'的赞叹了。在 14.2 平方公里的古城区中，拥挤、破旧、污染、堵塞已经成为令人头痛，拖社会发展后腿的严重问题。"

《大武汉》2013 年第 23 期的封面专题《何处是花楼》，追忆了花楼街旧时的繁荣——雕花的百年老屋、消失的美食、鳞次栉比的名店老铺、喧嚣兴旺的市井营生，这个曾经是武汉最繁华最热闹的地方承载了许多老武汉人的记忆。而过去的一切是否都美好呢？专题又记述了花楼街主要建筑——"鼓皮房"（全木构阁楼建筑）不隔音、不隔热、不隔冷三大特点，给居民带来的不便和痛苦："不隔音也不隔热，鼓皮被太阳烤过似乎随时可能爆燃。满巷同类，密不透风，到处热浪翻滚，外加三餐煤炉，蒸笼一般，很难找块清凉地"，"不隔热也不隔冷，热胀冷缩令鼓皮开缝，北风一起，外面仿佛有千百个风婆子争着挤着要进来。故而夏天泼水降温，冬天糊墙御寒，为鼓皮居民四季日常两大要务"。

报道者由肯定过去到怀疑过去，既重温过去美好的一面，又不回避过去丑陋和消极的一面，体现出反思型怀旧中怀旧主体的精神独立性和批判性，既能品味过去美好的余韵，也不会囿于对过去的盲目崇拜而封闭对丰富多彩的现实生活的感悟，怀旧因此变得"开放和有张力"。①

三、城市杂志"怀旧书写"的意义与反思

（一）建构集体记忆，实现文化认同

借助怀旧有助于建构集体记忆，解决认同危机，实现与主流意识形态的共振。现代化与全球化产生了吉登斯所说的"本体的安全和存在性焦虑"问题，人们找不到方向，无所适从，引发了认同的焦虑。现

---

① 赵静蓉：《怀旧：永恒的文化乡愁》，商务印书馆 2009 年版，第 365 页。

代人面对认同危机不约而同地转向传统、历史、民族等共同话语的追寻，因为人们"确认自己处在一个强大的历史空间和族群文化之中，拥有一些可以充分应对变化的传统资源，自己是这一传统中的一份子，凭着凸显和夸张这种文化传统与民族历史的方式，人获得所需要的自信心和凝聚力"。①

媒介建构的"传统的世界"并非死去的过去，它被城市杂志描述为与当代城市人的自我认同、历史记忆紧密联系在一起的世界。它向读者讲述了一个人、一个家庭、一个社区、一个城市的曾经的样子，从而让现代人和现代城市知道自我来源，找到了根，现代城市分裂、失散的人们又通过传统重新聚集在一个共同世界。城市杂志的怀旧书写，重建"失落的传统"，其实质是建构一种与新的时代精神接轨的文化意识，这种文化意识就是一个国家、民族和城市对它的"根"的集体认同，找到了"根"，也就增进了对"根"的认同与归属。如果采取宏大主题、官方姿态来宣扬这种主流意识形态，容易引发受众抵触情绪，而通过怀旧手段重构集体记忆，将意识形态隐藏在报道背后，无疑可以达到更好的传播效果。

（二）提升杂志品位，赢得受众认可

在当前的消费主义时代，部分媒体在报道中过分追逐时尚和潮流，大力宣扬消费主义观念和流行文化，导致品位和公信力下降。人们在反思过程中由此形成了一种观念，即偏向娱乐和时尚的报道是浅薄的，偏向历史和文化的报道则是高雅的。从这一角度看，部分优秀的媒体在策划报道时注入怀旧思路，或提供历史信息，或渲染怀旧情感，使怀旧题材报道逐渐成为有品位和有内涵的象征，城市杂志借此可以与流俗小报区分开来，从而彰显了杂志的文化品位。

---

① 葛兆光:《中国思想史》，复旦大学出版 2001 年版，第 89 页。

从受众角度来看，由于互联网和电视的冲击，大量地提供资讯已非报刊之长，读者阅读报刊的习惯也转向有深度、有品位、有文化内涵的内容，并乐于在阅读中寻求这一身份认同，如《南方周末》开设"往事"版就是为了满足受众这种需求，也借此获得知识分子的认同。

最后，怀旧报道可以强化城市杂志的本土性，增进读者与杂志间的亲近感，使其从阅读杂志的过程中顺利地找到身份归属和地位认同，进而形成地方归属感和杂志认同感的良性互动，这对于城市杂志的生存和发展是有益的。

四、对媒体"怀旧书写"的反思

怀旧话题是思想和文化的富矿，怀旧类报道的价值与意义深远，发挥了记录历史、传承文化、建构认同的作用。但从未来发展来看，需要克服已出现的不良倾向，防止怀旧报道出现变异。

怀旧题材报道应克服"伪怀旧"的倾向，减少商业和宣传的影响。有的媒体为追求卖点，将带有猎奇、煽情、揭秘等色彩的历史琐事纳入其中，这实际上是将历史文化作为消费品贩卖，使报道陷入媚俗的泥潭，与低俗的娱乐报道并无二致。还有的媒体报道宣传色彩浓厚，刊发了很多纪念性报道，追溯历史的目的就是为了展示今日之成就，这种赞歌式模式化的报道很容易引起受众反感乃至抵制。

怀旧题材报道还应摒弃对过去时代的简单回归倾向，强化人文内涵与思想深度。怀旧的落脚点是现实与未来，应推进对传统和历史的反思，寻找历史文化与当下社会处境、精神困境的内在联系，在记忆中寻找过往经验，思考对当今的人性关怀和情感慰藉能带来怎样的药方和疗效，从而为人们走出迷茫的精神困境提供借鉴。

第三节　地域文化专刊的"地域书写"

地域文化专刊的"地域书写"，围绕着地域文化的传统和乡土内涵展开，注重考察地域文化的历史变迁，强调抒发人的主观感受。专刊营造了具备丰富的地方文化内涵和集体记忆的媒介空间，发挥了记录历史、传承文化、建构认同的作用，但也需要避免唯历史化、地域歧视等不良倾向。

近年来，地方媒体日益重视对本土地理与历史文化资源的开掘，很多报纸纷纷开办具有浓郁地方特色的地域文化专刊，掀起了一股地域文化传播风潮。如南方都市报推出"广州地理"专版，考察广州城市人文风貌的演变。新京报开设"北京地理"专刊，记录城市景观与人文活动的互动关系。申江服务导报的"发现上海"、长江日报的"城周刊"、潇湘晨报的"湖湘地理"、大河报的"厚重河南"等，各地主流都市报均挖掘特有的地域文化景观，充分展示地域的独特魅力。在影视界，《江南》《徽州》《望长安》《远方的家》等一系列人文历史纪录片的创作，以影像重构全球化语境下的地方性知识。老照片、老房子、老城市等系列图书的出版热销，乃至传统风俗、饮食、戏曲、民居等本土文化重建热潮，均表明了文化地域主义成为中国当代流行的文化思潮和社会现象。

一、"地域书写"的兴起

地域文化专刊的兴起，有着深层的思想文化动因和社会心理诉求。它是随全球化运动而产生的文化传统的失落感和追忆情绪的体现，又是塑造有个性的地方形象以配合地域竞争的产物。

全球化的冲击导致地方共同体与社会公共生活的衰落，已成为现代社会的重要特征。全球化是现代生产力、资本和产品（包括文化、政治观念和生活方式）在世界范围内普遍化的过程，全球化超越地域的局限，带来同一性的思想和景观，引发了全球文化趋同现象的出现，威胁地方文化和传统的延续。"伴随着世界经济的全球化、大众媒介和消费文化的扩张对地方造成的明显破坏，重建地方感的行动在世界各地风起云涌，甚至逐渐演变成了一个遍及全球的运动。"[①] 利用地域意识，让本土和特有事物焕发活力的文化地域主义在全球盛行，这也是一种全球性的"文化乡愁"。

中国的地域竞争日趋激烈，各地在经济、文化、教育、外贸等各个领域展开竞争，当代地域竞争的主题渐变为以地域形象为代表的文化软实力的较量，地域文化成为重塑地方形象的主角。因为"文化即资本"，地方物质文化遗存、地方历史人物及其精神价值，以及各地创造的一系列文化象征与文化符号等，均具有鲜明的资本属性和资本意义。通过传媒塑造地方特性，创造有特色的地域文化，产生地域性的身份、价值和文化认同，增强地域吸引力和凝聚力，成为重要的地域竞争策略。上海、北京、广州等拥有发达传媒机构的大城市率先注意到地域文化作为某种有待开发的文化意象蕴藏着巨大利润，开始尝试一种新的文化生产方式，以地方历史文化和民俗传统为主题，努力塑造具有文化个性的地方形象来配合地域间的文化竞争。

二、"地域书写"的策略

（一）挖掘地域文化的传统与乡土内涵，彰显地域独特性，建构地方认同

---

① 孙玮：《多元共同体：理解媒介的新视野》，《新闻记者》2011 年第 4 期。

地域文化学者认为，地域文化具有浓厚的传统性和乡土性。"传统是社会累积的经验，文化本来就是传统"，传统决定着地域文化的文化模式①；同时地域文化的主要内涵是民间，主流实质上是乡土性，"中国地域文化迄今为止还是乡土文化"②。地域文化专刊开展地域文化传播，常常选择富有地域特色的历史建筑、历史人物、地方民俗、地方美食、传统手工艺、民间艺术、传统节日等选题展开，重点挖掘其中所蕴藏的传统性和乡土性内涵，以提供地方性知识，彰显地域独特性，并借此建构起对地方的认同与归属感。

美国社会学家爱德华·希尔斯（Edward Shils）将"传统"定义为代代相传的事物，"包括物质实体，也包括人们对各种事物的信仰，关于人和事件的形象，也包括惯例和制度"③，即传统既包含着具象的物质实体，也包含着抽象的信仰、惯例和制度。具有地域特征和文化内涵的老建筑、老街道等城市景观是重要的城市标志物，也是城市历史、文化与价值观念的积淀，具有丰富的传统性内涵，也是地域文化专刊的重要报道题材。

北京的"传统性"就集中保留在四合院、皇宫、城墙等景物和文化中。北京的一条胡同、一座宅院，那不起眼的红砖绿瓦，处处有可能隐藏着北京的传统。新京报《北京地理》栏目的一个报道重心就是走访王府、名人故居、老胡同、老城墙等历史感很厚重的古迹，关注那些被拆迁、被遗忘、被高楼大厦所隐没的历史建筑，挖掘其中蕴藏的历史文化与城市记忆，比如"大宅门之名门""北京城门""元代街巷""明代街巷""宗教建筑""牌楼存废"等系列报道，在读者中引起较

---

① 费孝通：《乡土中国》，人民出版社 2008 年版，第 53 页。
② 吴福辉：《地域文化视角》，《天津社会科学》1995 年第 3 期。
③ ［美］爱德华·希尔斯：《论传统》，傅铿等译，上海人民出版社 2009 年版，第 12页。

大反响，并结集成书。潇湘晨报《湖湘地理》栏目对长沙老建筑也做了很多报道，并将其定位为"不仅是地理的坐标，也是历史的印迹，是这座城市历史的地理枢纽"。在《长沙民国私人建筑小史》中，记者反复搜索统计了130处老公馆，并寻访老居民，讲述其个人生活史，以唤醒人们的城市记忆。二七纪念塔是郑州历史老建筑，大河报《厚重河南》栏目对它进行持续不断的报道，称之为"凝聚百姓集体记忆的图腾"，媒体报道促使这一独特的文化景观在某种程度上代表了郑州文化，以建构起市民对地方的认同与归属感。

各地民俗具有浓郁的地方、乡土色彩，集中体现了地域文化的乡土性。民俗学家认为，传统有"大传统"与"小传统"之分，作为"小传统"的民俗文化，诸如风俗习惯、民间技艺、口头文学、方言等属于非物质文化遗产，是社会底层的生活文化，起到维系人与城之间的重要生活纽带和情感桥梁的作用。除了城市景观这些可视的地理要素外，地域文化专刊还广泛报道了民间曲艺、民间手工艺、民俗活动等遗失或即将消失的非物质文化，表现各地域独特的民俗文化。如《北京地理》的"老北京手工艺""京城绝技"等系列报道考察景泰蓝、京绣、雕漆、手工织毯、风筝、兔儿爷、内画壶等北京传统手工艺在机械复制时代的命运。正如文中所言："当老艺人们将久违了的花灯、面人、彩蛋等曾经伴随无数老北京人度过美好童年的玩意儿以当初的面貌重现京城一隅时，老年人为之激动不已，青年人为之好奇雀跃"，"它们给身处变迁之中的北京人带来的心灵慰藉和关切就是它们作为艺术品最大的价值。"①

民俗学家认为，"民俗不仅统一着社会成员的行为方式，更重要的

---

① 新京报社编著：《北京地理：民间绝艺》，当代中国出版社2005年版，第39页。

是维系着群体或民族的文化心理"①，拥有深厚民俗传统的地方，意味着人们具有更多共享的活动、惯习和情趣，更易于形成各文化群体之间的情感认同，更易产生凝聚力。地域文化专刊对市民喜闻乐见的传统民俗、地方曲艺、方言等的报道，为市民提供了强有力的地方认同的依据和意义，因为只有从过去、从传统，从历史文化遗产中，现代都市人才能获得认识自身以及环境的必要知识，才能认清自己是谁，从哪里来。

（二）注重考察地域文化的历史变迁，在时间脉络中重建文化地图

地域文化是历经岁月积累而成，"文化积累的纵向维度，成为地域文化认识和评价的基本视点"，"特定地域文化的基本形态，出自该地域的历史生活现象；特定地域文化的基本意义，源于该地域的历史文化价值"，这就形成了"历史本体"的地域文化价值观②。同时，历史视角对于媒体报道也不可或缺，因为不认识事物的起源发展和前因后果，就不能说真正掌握了它。深度报道就是用昨日之历史核对今日之事态，从而说明明日之意义。

《北京地理》编者宣称："致力于记录各种类型的城市空间的变化，以及由此引发的人的居住经验的变化"，关注的是"那些祖传'家珍'在时间中的命运，关心它正在被什么所覆盖、扭曲，或者说，诡谲的现代生活在如何改写、重塑城市记忆"。③ 这正体现出地域文化专刊的一种采编理念，即运用历史视角来考察地方景观、地方风俗和文化观念等的变迁，解码其中蕴含的历史、社会因素，以帮助读者在时间脉络中重建城市的文化地图。

在地域文化专刊的"地域书写"中，地域感总是与地方历史交织

---

① 钟敬文：《民俗学概论》，上海文艺出版社 1988 年版，第 30 页。
② 刘坚：《媒介文化生产与地域文化意义的构建》，《吉林大学社会科学学报》，2012年第 5 期。
③ 新京报社编著：《北京地理·王谢门庭》，当代中国出版社 2005 年版，第 2 页。

共生，专刊常常将群落、景观、风俗、宗教等地域文化元素在现代化过程中裂变挣扎的过程，记录为新的地域文化风景。《北京地理》2012 年推出"城市年轮"大型系列报道，聚焦北京自 20 世纪 50 年代以来形成的"环线＋放射线"的城市空间组织形式，通过居民对生活经历、历史记忆的描述，历史学家对历史渊源的讲述，地理与规划专家对城市规划与保护提出的建议，来还原城市空间景观的形成史，透视和解码其中所隐藏的城市信息。从报道中可以感受到北京的城市空间被多种要素和力量重塑，成为资本、权力和阶层利益角逐的场所，这一过程不断修改着城市的地理景观，而对于被巨大的历史漩涡所裹挟的微小个人来说，他们的居住经验与记忆发生了断裂。在书写地域历史变迁的同时，报道还开发了空间叙述的维度，不同身份和来源的话语共同介入对历史的重塑，尤其是满足了边缘化的群体书写自己历史的渴望。

近年来方兴未艾的公共历史学开始被广泛应用到学术界之外的广阔社会领域，包括政府机构、企业、媒体和个人。公共历史学提出了解和理解原始的历史材料，不只是局限于文字材料，还包括建筑物、场景、遗址、文物、诗文、日记、口述记忆、影像资料和电子文献等多种资源的综合利用，地域文化专刊也运用这种方法来从事相关报道。如《湖湘地理》2010 年刊出的《追溯 1938 年前的长沙城》，以历史文献回顾、历史照片、亲历者口述、实地探访等多种方式，追溯文夕大火前长沙街市的盛况，让老长沙的建筑、风俗、文化和人物"复活"，让市民了解了长沙，知道了自己的来源。

（三）强调抒发人的主观感受，反映人与城的关系

与传统的自然地理学不同，现代人文地理学试图让人的感受重返地理的中心。比如北京的国家大剧院，外形像半个蛋壳，它被修建在天安门广场西侧这个特定地方的意义是什么？对人的内心会产生什么影响？

不同的人如老北京人、外地人、外国人等对此有什么不同看法？对这些问题的研究，体现了人文地理学不仅关注文化景观的有形物质外观，而且要寻找作用到人的文化心理的符号象征意义，表现人的文化思想。①这种人文地理学的研究视角也被广泛应用到《北京地理》等专刊的相关报道中。

首先，报道带有作者强烈的主观和个人色彩，具有新新闻主义的特点。新新闻主义报道摒弃了传统新闻报道所坚持的"客观性"，提倡在新闻采写中将记者的情感、经验、感受、观点直接夹杂在其中，从而使报道充满一种个人的意识、观点性的倾向以及某种情感的诉求。如《北京地理》专刊强调现场寻访，"记者通过自己所有的认知器官去体验、感受并挖掘"，报道中因此夹杂记者相当多的抒情与议论，有对文物古迹拆毁或保护不当的遗憾，有对民间手工艺传承的期盼，有对先贤达人的崇敬，也有对城市空间变迁的思考等。如《崭新的"郡王府"是张文化牌》一文，记者在走访北京市重点保护文物单位郡王府后，发现它异地复建后文化功能被改变，只发挥经营场所的作用，于是发出了伤感的叹息："从西城区到朝阳区，'旧时王谢堂前燕'，估计想飞也飞不回来了。"

大河报《厚重河南》也强调采访者的主观感受，将历史变迁与个人心灵感应相结合，把个人化的感觉和思考融入历史。在《永远的龙门》一文中，作者以现代人的心理揣摩古人白居易的想法开头——"面对中国雕塑巅峰时代的经典之作（龙门石窟）18年之久，白居易视而不见，这是为什么？"，然后追随白居易的脚步漫游龙门，并不时用记者的观点与古人的看法相互碰撞，在结尾处留下记者对历史风云变幻的感慨："只有卢舍那，1000多年来，始终坐在龙门的高山上微笑着。

---

① 唐晓峰：《文化地理学释义：大学讲课录》，学苑出版社2012年版，第227页。

卢舍那的笑，就是半个盛唐。"文章不仅仅是对史料的简单复制引用，而且融入作者在历史现场感受体验后的情绪和观点，甚至用作者的观点来组织材料、安排布局。同时文章的文学色彩浓厚，散文化、随笔化的趋势明显，这些特点在专刊的报道中时常出现。

其次，报道重视反映民间声音，平民色彩浓厚。《北京地理》编者认为，专刊的核心价值在于解读"城市与人的关系"，强调"让主体陈述自己"。① 一条胡同的主体是谁？主体是生活在那儿的居民，他们有讲述的权利。因为"欲突显地域特色，最重要的是要能将该地的'土地'与'人民'的历史记忆紧密结合，以呈现它之所以异于其他地区之处"。② 比如《北京地理》的边栏大都是民间回忆，让生活在这里的居民自己来讲述其居住和生活史。

这样的个人记忆在地域文化专刊的文本中大量出现，这些个体记忆所指向的历史往往是微观的、边缘的"小历史"，是被宏大叙事所遗忘和忽略的"历史声音"，而恰恰是日常生活化的"小历史"构成了大众生活主要的历史。③ 从"大历史"到"小历史"，从主流文化、精英文化转移到边缘、非主流、底层文化，地域文化专刊的"小历史"和"小叙事"，是对每种历史存在都保存尊敬，无论是凡人还是英雄，无论是小事还是大事，它们都是独立和平等的"他者"，共同构成完整的历史。

三、《湖湘地理》对长沙记忆的书写

《湖湘地理》是湖南发行量最大的都市报——《潇湘晨报》创办的

---

① 《千期座谈会热议北京：城市与人》，《新京报》2010年2月11日。
② 张羽：《台湾地景书写与文化认同研究》，《台湾研究集刊》2012年第3期。
③ 赵静蓉：《抵达生命的底色：老照片现象研究》，广西师范大学出版社2005年版，第45页。

人文地理周刊，曾多次获得新闻名牌栏目奖。该周刊的发刊词中提出
"以地理为依托，将对历史、人文的理解融入对自然风貌的介绍中，即
在地理主题之下，不仅有地理寻访、个人体验，更有知识表达、文化展
现和历史反思"，这恰恰表明了该周刊从城市人文地理的角度来解读城
市的编辑理念。

笔者以该周刊涉及长沙的文本为研究对象，分析认为城市空间的主
要元素如街道、建筑等景观，作为周刊再现长沙最重要的主题频繁出
现，文本呈现的长沙图景是蕴寓丰富历史片段和个体经历的城市记忆，
是对过去长沙的想象与建构，体现了城市文化和地方特色，而且通过营
造具备丰富地方文化内涵、集体记忆、多元争辩和共享价值的媒介空
间，为建构城市文化认同发挥了作用。

（一）抒写地域文化特色

作为城市最基本构成的意象元素是城市形象感知的构成要素，是城
市景观最基本的组成元素，它也是进入城市、解读城市的重要视角。美
国城市学家凯文·林奇（Kevin Lynch）提出构成城市意象的五大元素，
即路径（如街道、交通线、运河），边界（如湖岸，围墙），区域（如
有名称的住宅区或商业区），节点（如集市、广场、十字路口）和地标
（如特征明显的建筑、标识、纪念碑），区域与节点构建在一起，并由
边界来界定，被路径所渗透，而地标就闪耀在其中，各个元素互相重叠
和贯通，它们构成了识别城市的符号，是感知城市、评价城市的重要参
照物。[1] 城市的基础骨血，街道与建筑是《湖湘地理》文本中出现最频
繁的景观符号，成为书写者抒写城市文化与地方色彩的重要元素。

街道负担着城市的交通，是人们日常生活、经济行为的载体，物理
性质是其最基本的性质。除此之外，街道还包含了更为丰富的意蕴——

---

① ［美］凯文·林奇：《城市意象》，方益萍等译，华夏出版社2001年版，第11页。

街道是城市意象感知最重要的主体元素，街道的景观是都市文化重要的载体和窗口。

长沙是一座有着 3000 多年悠久历史的"楚汉名城"，老城街巷骨架沿袭至今，街巷走向、建筑布局在明清两代稳定成型，街名也沿用至今，体现了长沙崇尚历史本源的文化情结。同时街道是"商品的寓所"，商品的陈列、展示和消费是街道最重要的功能，街道及其店铺是重要的商业空间，某种程度上可以说，"一部街道的发生史也是一部商品的变迁史，商品的展示史"。① 长沙开埠大大提升了城市商业空间，街道以及构筑其上的商业建筑、娱乐设施等形成新的城市中心，带来新的城市气象。这些特点均在《湖湘地理》文本中得到体现。

在《湖湘地理》文本中，街道的呈现被赋予了历史的连贯性，街道周围的著名场所被集合在一起，并串联起与街道有关的历史、文化、人物和事件，体现了城市的历史文化底蕴。如《长沙四条"人名路"考》一文，回顾了中山路、解放（中正）路、黄兴路、蔡锷路 80 年来的历史变迁，街道周边是改变"长沙标准时间"的中山亭、"湖南三大建设之首"的国货陈列馆，历经 70 余年风雨的南京美发厅等，对这些场所历史变迁的陈述中，还夹杂了鲜活的民间私人记忆，显示出"一座城市在光阴和时局中的背影"。街道的改造包含着商品的形象对它的改造，并与当前社会生活关联起来，体现出城市的商业文化，从中看出民国时期民众日常生活的热闹景象和商业生活的繁荣。

在《南阳街上，长沙最后的毛笔世家》中，展现了街道从民国时期作为集中 17 家笔庄的"笔窝子"，至 2010 年初只剩最后一家祖传手工毛笔工坊的历程，长沙南阳街的历史就是被商品包裹和粉饰的历史，

---

① 孙逊：《都市文化研究》（第一辑），生活·读书·新知三联书店 2005 年版，第 89 页。

"对商品面目的改写也是街道面目的改写"① 和消费的演进改变了街道的外表与用途。相对于宏大的、官方的历史来说，这种"小"的历史、民众的历史更鲜活、更生动，体现出历史书写平民化、微观化的趋势。

提到一个城市，最先映入脑海的往往是当地的标志物，它是城市历史进程的界标，具有文化符码的象征意味。具有地域特征和文化内涵的老建筑是重要的城市标志物，它们是城市历史、文化与价值观念的积淀。快速城市化带来了大规模的拆迁改造，导致大量老建筑、老街巷的消失，附着其上的历史文化与城市记忆也随之消逝，紧随其后的是，居住方式的改变，并最终改变了人们的生活方式，尤其是人际交往的方式，这一切造成了人们对城市现代化改造的恐惧。

《湖湘地理》对老建筑给予了充分关注，并将其定位为"不仅是地理的坐标，也是历史的印迹，是这座城市历史的地理枢纽"，是这个城市的"传统"。如《1950—1960：苏式建筑在长沙的黄金十年》，讲述长沙经典的苏式老建筑破败消逝的命运，并配以详细的老建筑分布图及新旧照片，引导居民去寻访。《长沙民国私人建筑小史》中，记者"统计到的有名、无名、挂牌、无牌的老公馆共有130处"，并寻访居住或曾经居住在这些老建筑中的市民，讲述其个人生活史。这些报道引发了关注，体现了城市的历史文化特色，激发了民众对地域文化的保护意识。

历史建筑与历史古迹富有浓厚的人文历史气息，《湖湘地理》通过寻访，讲述了湖南的建筑之美以及所蕴含的历史文化，还有它们的历史变迁。《只怕那不尽悲伤 长沙"箱包一条街"小古道巷小记》中"小古道巷又像个'火'字，左边一点是'南岳行宫'里瞪目龇牙的火神，

---

① 孙逊：《都市文化研究》（第一辑），生活·读书·新知三联书店2005年版，第88页。

那里是以前长沙人去南岳朝拜前必先拜之地（可惜'文革'中已被拆）；右边一点是'古道庵'，终日人来人往求签拜佛，香火不断；那一撇是小古道巷及它的附属小巷南倒脱靴巷，一捺则是磨盘湾巷，都曾经弥漫着不尽的战火硝烟"。而如今"小古道巷东面吊马庄至大古道巷一带也被夷为平地，吊马庄消失了，唯有吊马庄1号的门牌还钉在'予园'的门墙上"。表现出对小古道巷消失的痛惜与无奈。

（二）建构城市文化认同

美国著名学者本尼迪克特·安德森（Benedict Anderson）提出，民族国家这一想象共同体是借助报纸等印刷媒介建构出来，而城市作为典型的现代共同体也是被想象所建构的。曼纽尔·卡斯特指出，"我们的世界，以及我们的生活，正在被全球化与认同的冲突性趋势所塑造"。[①]由于全球化浪潮带来政治、经济及文化的一体化趋势，民族国家政治地缘观念被淡化，国家对民众的控制能力减弱，借由电子传播手段形成的新的社会群体身份（虚拟社群、消费社群、亚文化社群）在逐渐分化和取代传统民族国家认同。因此，现代性的认同是一种政治认同，仅限于国家和民族的认同，后现代认同强调的则是区域认同和身份认同。[②]孙玮认为，长久以来中国人的地方主义文化认同，主要是以民族国家的形式呈现，地方主义的另一个层面——城市共同体的文化认同被长期遮蔽了。[③] 21世纪以来，多元化的共同体在中国兴起，上海、广州等内地城市的地方媒体开始构建对城市共同体的认同。

---

① ［美］曼纽尔·卡斯特：《认同的力量》，夏铸九等译，社会科学文献出版社2003年版，第2页。

② 李燕：《媒介认同论：传播科技与社会影响互动研究》，中国传媒大学出版社2010年版，第109页。

③ 孙玮等：《制造上海：报纸中的"上海开埠"——以2003年为例》，《新闻大学》2009年第4期。

媒体再现的城市景观，是区别、认识不同城市文化最直接的途径，也被看作地方形象或精神的载体。媒介通过在文字空间与影像空间中强化城市的地理景观，可以建立起自我、集体与地域景观之间的联系，强化城市的记忆功能，重建城市的凝聚力和文化认同，从而产生建构城市共同体的效应。曼纽尔·卡斯特认为，在全球化趋势下，传统是认同的一种载体，能为我们提供抵抗性的"认同的力量"。①认同就意味着一种归属感、身份感、安全感，传统可以帮助人们建立一种随时间推进而恒久不变的状态，也就是将过去与可以预见的将来联系起来的心理依赖和感情依赖，具有包含道德和情感内容的黏合的力量。正是在这种背景下，大众传媒纷纷开始"发现传统"。"传统"代表一种与自我认同和集体记忆相关的"精神家园"，怀旧的书写成为媒体时尚，怀旧就是寻找已经失去的文化记忆，很多城市媒体开始寻找、发现和建构属于自己的"传统"。类似《湖湘地理》栏目所再现的城市景观，聚焦于对过去城市的想象与追忆，也可视为对城市文化传统的建构。

传统还涉及仪式和风俗，它是集体记忆的组织中介，是维系人与城之间的重要生活纽带和情感桥梁，是化解不同价值观和生活方式的冲突的有效方式。除了城市景观这些可视的地理要素外，《湖湘地理》栏目还广泛报道了民间曲艺、民间手工艺、民俗活动等已经遗失或即将消失的非物质文化，而这些都市民俗往往扎根于老建筑、老街巷中，与这些城市景观密不可分。在《长沙十大剧团地图》一文中，记者描绘了长沙市区10个艺术剧院如省木偶皮影艺术剧院、省杂技团、省话剧团、省湘剧院、省花鼓戏剧院等老建筑的特色和格局，同时探访传统曲艺人的工作生活，呼吁人们"试着去听一次传统花鼓戏吧"。民俗曲艺等乡

---

① ［美］曼纽尔·卡斯特：《认同的力量》，夏铸九等译，社会科学文献出版社 2003 年版，第 2 页。

土文化在成为当代传媒塑造城市形象、表征城市特色的重要资源的同时，也成为建构认同的重要手段。媒体通过对老建筑、老街巷及其相连的旧风俗和旧生活方式的追忆，让市民了解了城市，知道了自己的来源，从而建构起自己与城市的认同关系，这样就使得碎片化的当代城市人通过"传统"重新聚集，强化了城市共同体的意识。

《湖湘地理》开设了一个长沙"微观"版，主要收集和反映普通民众对城市独特的情感。在征稿启事《为你经常走过的那条路，写一段文字吧》中，编者强调"写你心中的地理，就是这一片微观的含义"。"心中的地理"即想象的地理，想象是一种对城市的理解和把握，它并非虚构，不是凭空建构一个完全虚幻的城市，也不是对城市真实地图的客观呈现，而是以真实的城市作为素材，建构一个主观的、想象的城市。因此，"微观"版中呈现的长沙是一个真实与想象融合的长沙。梓园路、火星、路桥、民政学院、南湖路、马厂、茅子亭、月宫街、伍家岭等地方在市民眼中是自己"心目中的地理"。在《那年白沙液街没了酒厂，这个月，我的"故居"也要没了》一文中，一个在外人看来有些破旧和脏乱的地方，在作者"我"看来却是一个方便的、喧闹的，充满人间烟火的"鬼地方"，一个建立了亲密持久关系的场所，作者表达出自己在白沙液街有太多美好的回忆及对这地方的热爱。美国城市规划学者简·雅各布斯（Jane Jacobs）在她的名作《美国大城市的生与死》中认为，城市必须要有喧闹声和街市，必须有那些发生在拱廊街上的有规律的商业交往，只有通过这些时常发生的人与人之间的交往，城市生活才真正形成。从文中可以看出，市民往往将街道作为生活化的地点，他们努力维护自己与所在地的内在联系，塑造对生活地点的强烈认同，正体现了人们对街道意义的认知——街道最重要的一个用途就是社会交往。街道由此在人们之间培育了"邻里纽带"，成为人们可能形成亲密持久关系的场所，为人与人之间的紧密联系奠定了基础，人们借助街道构建起个人的身份认同感以及社区归属感，城市共同体意识由此强化。

在《他们的太平生活造就这条街中》中，"太平街深处，与周边繁华的五一大道和解放路相比，是两重世界，一个高楼林立的现代天堂，一个有如成都锦里的怀旧温柔乡"，"有人老爱在茶馆二楼露台上品一壶普洱，有人对地下乐队有偏执式的热爱，有人也许只是要去太平街163号老秤店感受一下民国大秤"，书写者所感受到的太平街的性情就在于"它包容了一群对传统文化有所了解和认同，又难以抗拒现代商业的人；一群拒绝纷扰，但不希望太寂寞的人；一群骄傲但不虚荣、怀旧却也时尚的人"。

像这样的个人记忆与想象在"湖湘地理"文本中大量出现，这也印证了记忆的历史性转化，即"从历史方面推向心理方面，从社会方面推向个体方面"，"每个人都成为各自历史的史学家"，从而重新定义自己的身份，"这让那些最微小的残余和见证有了值得回忆的尊严"。①普通人的记忆和体验承载了城市的历史记忆和文化想象，在一个城市化迅速推进、承载记忆的老地方大批消失的时代，城市人文地理周刊所构建的媒介空间的价值就在于：让市民成为叙事的主角，自主地赋予生活地点以意义，建构起市民对城市的认同，形成蕴含人与地之间深厚情感联系的媒介地方感。

城市景观是城市文化的精髓与象征，不同的城市面貌、街道景观，是我们区别、认识不同城市文化最直接的途径，也被看作地方精神的载体。城市景观可以作为文化的容器，它承载、凝固的并不仅仅是建筑师的风格，还是不同时代的社会、历史、民族、地域、政治文化的综合。

———————

① ［德］阿斯特莉特·埃尔：《文化记忆理论读本》，余传玲等译，北京大学出版社2012年版，第123页。

地方媒体通过对符号的组合建构来塑造和想象地理景观，在虚拟空间中建构起城市图景，"在地理要素的信息传播、形象展示、历史记录以及唤起集体记忆方面发挥着重要的作用"①。它通过不断参与塑造城市景观的个性特色与文化内涵，建立起个人与城市之间的紧密联系，使城市景观不仅成为城市文化的象征，更成为人们内心皈依的精神家园。

四、对"地域书写"的反思

地域文化专刊"地域书写"营造了具备丰富地方文化内涵和集体记忆的媒介空间，发挥了记录历史、传承文化、建构认同的作用。但从未来发展来看，需要克服已出现的不良倾向，防止报道出现变异。

（一）历史与现实的交融，防止唯历史化的倾向

地域文化是"由历史文化传统和现实文化精神共同构成"，是"历史文化传统的现代观照和现实文化精神的历史思考"。② 坚持单一的历史根据和纯粹的历史话语，忽视地域文化结构中的现代文化元素，是一种狭隘的历史化解读，不能完全概括和准确表述地域文化。概而言之，地域文化专刊所呈现的地域图景是蕴蓄着丰富历史片段和个体经历的地域记忆，是对过去城市的想象与建构。一方面对新的、变化中的城市关注得少，对城市中各群体当下的生存空间和状态的记录少，需要加强对现实的关注与思考；另一方面存在对过去历史简单回归的倾向，抱持一种"回归式怀旧"的态度，往往只涵盖过去领域中真正美好的和想象成美好的那一部分，而回避或忽视过去艰难、丑陋和琐屑等负面特性，需要加强对传统和历史的批判与反思。

---

① 廖卫民：《媒介地理论：多伦多城市媒介的地理印记与文化认同》，《杭州师范大学学报》（社会科学版）2008 年第 5 期。
② 刘坚：《媒介文化生产与地域文化意义的构建》，《吉林大学社会科学学报》2012 年第 5 期。

（二）坚持地域独特性与多元化的平衡，防止地域偏见和歧视的倾向

地域文化既具有地域独特性，又有多元性特征。地域文化包含当地的原生态文化，也包容外来的文化因素；包括地方传统文化，也包括以市民意识为基础的市民文化等。在城市化迅速扩张过程中，城市内部各种文化、族群发生迅速裂变、碰撞和对抗，不同族群、不同地域、不同阶层人们的认同分异问题呈现严峻态势。媒介往往将传统地方文化作为建构认同最重要的手段，媒介传播中的这种地域本位主义，也有可能使不同地域文化之间的差异演化为地域歧视与地域矛盾。地域文化专刊的"地域书写"应该持开放包容的心态，对于外来文化如城市新移民带来的异地文化传统，以及现代市民文化也应该给予足够关注。

第四节　电视民生栏目的"市井味道"

传播地域文化是地方电视栏目增强竞争力的重要手段，地方电视栏目可以通过物质、制度、哲学三个层面全方位地传播地域文化。湖南电视台公共频道《市井发现》栏目在传播长沙地域文化时注重地方特色，捕捉市井风情，并通过情感贴近来构筑心理认同，在节目中融入浓浓的地方情怀，体现出人文关怀。

《市井发现》栏目于2012年1月1日开播，是湖南电视台公共频道从周一到周日每晚6点35分开播的节目，它以平民化的视角去发掘市井生活中的人情故事，传播有创想的生活行动，被评为全国十大创新民生电视节目。如今，电视行业竞争进入白热化，新闻、娱乐类节目"一统天下"，尤其长沙还是一个"娱乐之都"，长沙本土节目《快乐大本营》《越策越开心》《变形记》和层出不穷的感情剧吸引了无数眼球。

在这种情况下，《市井发现》仍然在众多电视节目中占有一席之地，并且收视率有不断攀升的趋势。这得益于它以地域特色为战略重点，以贴近性为依托，同时通过情感贴近构筑心理认同来迎合受众的传播策略。

地域文化是特定区域内人们行为模式的总和，包括物质、制度的和哲学三个层面的文化：物质层面包括特定地域内人们的语言、饮食、建筑、服饰、器物等；制度层面包括人们的风俗、礼仪、制度、法律、宗教、艺术等；哲学层面则指人们的价值取向、审美情趣、群体人格等。① 这三者又紧密联系，如服饰作为物质层面的文化，成为区别不同民族或地域的人的重要符号，同时又体现出特定人群的审美观和价值观。因此，传播地域文化，不仅要传播饮食、建筑、服饰、器物，以及风俗、礼仪、制度、法律、宗教、艺术等符号文化，而且更应该传播符号背后的东西，即观念层面体现地方性和民族性的深层次的文化。

长沙文化是湖湘文化的子系统，占据湖湘文化的核心地位，具有源远流长的文明历史，如商周的青铜文化、唐代的诗瑰墨宝、宋代的湖湘学风、美味的湘菜、精美绝伦的湘绣、独具特色的花鼓戏等。由于受到地域文化的长期侵染，生活在这块土地的人们形成了一些共有的品质或性格特征，因此长沙的地域文化还体现在普通人的日常生活中，形成了"城市与人"的互相映射。这些地域文化元素均在《市井发现》节目中得到了广泛、充分的体现。

一、地域贴近，捕捉市井风情

《市井发现》把地域当作节目卖点来吸引受众，设置有"凡人城事""街巷传奇""听见长沙""一菜一世界"四大版块，着力发掘长沙地域内独有的历史、地理、旅游、文化、民俗资源，反映市民身上体

---

① 张凤琦：《"地域文化"概念及其研究路径探析》，《浙江社会科学》2008 年第 4 期。

现出的时代精神与价值追求。栏目组走进长沙的大街小巷，挖掘精彩的市井故事，这些节目都是在长沙人眼皮底下发生的可听、可感、可触的生活片段，如一碗太平街上的凉粉、几块火宫殿的臭豆腐、一道红烧肉的做法、一句"你要何解咯"等，围绕长沙的地方特色和长沙人的生活习惯来做节目，与观众自然建立了一道无形的"血缘"桥梁。

"凡人城事"发掘市井生活中的人情故事，力求在平凡中挖掘出不平凡的故事，展现普通人生活里的一些积极元素。《四个大学生，养猪合伙人》里四个大学生毕业之后合伙养猪，他们顶着家人、朋友和邻居的不理解，在异样的眼光下，以猪为伴，努力地追求着自己心中的理想。另外，诸如《天平山顶的夫妻餐馆》《奋斗，以爱之名》《乐声中的抗争》《荒山上的"野猪妈妈"》等节目中的主人公，他们虽然平凡渺小，但积极地面对生活，勇敢地追求理想，活出别样的人生。

"凡人城事"中还讲述了很多奇人怪事。有期节目讲一个中学老师一生就喜欢吹笛子，屋里有好多根笛子，还能四根一起吹，他的讲话、反应都是痴痴的样子，沉浸在自己的小世界里；还有期节目讲一个农村孩子喜欢看武侠小说，最喜欢的武功是"铁掌水上漂"，于是自己做了个水上行走器。该节目制片人认为，节目就是要反映出长沙人特有的"洋意子精神"的特质，即无论生活环境多么龌龊，个人多么困窘不如意，都固守着自己新鲜有趣的小世界，即使这些在外人看来很是幼稚和可笑。这种"洋意子精神"体现出的就是长沙人善于在艰辛中找寻快乐，在困顿中找寻希望的人生态度。

"街巷传奇"探索身边的地理，讲述每一个人的生活史，发现街头巷尾的平凡传奇。栏目组通过走访都正街、文庙坪、文昌阁、北正街、槐树巷、六堆子等古老街巷，让人们了解了许多身边有着时代沧桑印记，却又在不断消逝的古建筑，以及在这里上演的市井故事。《太平街上的凉粉爹爹》中，节目组请来一位79岁高龄的凉粉爹爹当导游，他

16 岁就在太平街上做生意，见证了太平街 60 多年来的沧桑变化。太平街是长沙保留原有街巷格局最为完整的一条老街，它曾经是湖南众多粮栈的集中地，长沙商业最繁华的街道。可以说，太平街就是古老长沙的一个缩影，李爹爹的讲述还原了一个古老的长沙。对凝聚着历史记忆的街巷、胡同、牌坊的记录，激发了人们对地域的认同。

"听见长沙"是一个专注长沙方言的板块。方言是语言的组成部分，相对于普通话、官话而言，它质朴中有点土气，古风中有点艰涩，具有鲜明的地方特色，是地方文化、风俗和个性的反映，透着鲜活的魅力。对于电视媒体而言，将方言引入节目中来，可以使电视节目具有亲切感和冲击力。"听见长沙"介绍了很多地道的、经久流传的长沙话，比如"你要何解咯""踩一脚""那确实""公不离婆、秤不离砣"，生动形象地展示了长沙话的地域特色和语言魅力。另外，节目中还介绍了一些具有长沙地方特色的歌曲、戏曲。例如，《听见长沙：传唱的记忆》中聊到了 20 世纪 90 年代非常流行的《乡里妹子进城来》歌曲，反映了那个时期的乡下人进城做生意的热潮；《听见长沙：长沙 长沙》介绍了湖南作家邓浩用长沙话编写的歌曲《长沙 长沙》，表达了他对长沙的眷恋与热情。

"一菜一世界"并不单纯地去记录食物，也没有像其他的美食节目一样简单地刻画生产制作流程，取而代之的是通过食物讲人的故事，从人的故事中深化食物带给人的味觉和刺激，融一种情感和文化在这份关系之中，带给观众心灵的震撼。"一菜一世界"中的主人公生活里都有一道独特、别具一格的菜肴，而且在美味的菜肴背后还蕴含了一段深情的故事。在《母爱蛋饺》中，叶妈妈的妈妈小时候做给叶妈妈吃的蛋饺，叶妈妈现在又做给儿子吃，在这里蛋饺是一种情感的、母爱的传递。《姐弟情深 双色辣椒炒肉》中，弟弟自创这道菜，经常做给姐姐吃，并教会姐姐，因为她最喜欢：主食材是辣椒和肉，因为姐姐有点小懒，而这两种菜好切；所有的食材都是切成方块状，因为这样不容易伤到姐姐的手……真可谓是姐弟情深。同样，在《"80后"的甜蜜爱情菜》中，童小鑫学了两年的菜，终于以一道胡萝卜炒肉和一句"要抓住一个女人的心，先抓住一个女人的胃"赢得了心爱的妻子和一个美满的家庭：辣椒炒肉、麻辣火锅、鱼香肉丝、母爱蛋饺，每一种味道都有一种情结，食物因为人而变得生动，人因为食物而显得醉人。"一菜一世界"以食为题，聚焦于"人"，它肯定人的价值、表现人的情感、讴歌人的精神、关注人的生存与命运，体现出深厚的人文关怀。

"一菜一世界"中还介绍了很多长沙当地的风土人情。俗话说："十里不同风，百里不同俗。"风土人情和习俗是地域文化中不可多得的资源，也是当下越来越被重视的文化遗产。这些文化是独一无二的，原生态地重现在电视节目的画面中，对于外界的受众是一场不可多得的视觉盛宴，对本地的民众也是一种文化传递，使其更加了解本地区的风土人情和习俗。

在《市井发现》中，物质、制度、哲学三个层面的地域文化都得到较为充分的呈现，使受众体验长沙地域的文化传承，尤其是节目对历史记忆、共同习俗、人的信仰和文化价值的视觉呈现，聚合成为一种"媒介态度"，持续建构着市民的文化身份，形塑着湖南长沙的"家园意识"，唤醒并强化了集体意识和社会认同。可以说，贴近百姓生活，捕捉地方特色，反映地方风貌，不放过百姓生活的细枝末节，不丢掉地方特色的点点滴滴，在节目中融入浓浓的地方情怀，体现人文关怀，这是《市井发现》两年以来成功留住受众的关键。

二、情感贴近，构筑心理认同

认同效应，是指人们在情感及认知方面对事件所要表达的意义的认同程度，它显著影响人们对这一事件的评价、态度和行为，也即心理认同制约着人们对特定事件的态度和行为方式。文化产品能否得到广泛接受和认可，其首要条件就是在受众中产生这种认同心理效应，有了积极的心理认同，才会拥有正面的传播效果。《市井发现》正是采取"情感贴近"策略构筑起较广泛的心理认同，才使节目获得受众一定程度的认可。

"情感贴近"首先体现在良性的主体意识上。主体意识包括创作者在摄制过程中体现出来的价值标准、审美倾向、艺术修养和人格品位，这种主观色彩的参与对于作品本身而言是良性的。《市井发现》制作者用纪实主义的风格去观照淳朴和本色，用真实的笔触去记录长沙市民的生活，因为平等所以更近，因为关怀所以更深，将这种良性的主体意识融入节目创作中，使其成为成为与主体情感贴近的先决条件。

"情感贴近"更体现在灵动的人物塑造上。电影理论家麦茨认为："由于受众将'眼睛的观看'和'摄影机的观看'合为一体，因而倾向于接受摄影机所构建出的意义。受众对摄影机的认同可以进一步扩展为对叙事的认同。影片中的人物就是认同的切入点，受众通过'交感类比'的心理过程，把自身的体验投射到这些人物身上，进入到他们的世界和他们的故事中去。"[①]《市井发现》在人物塑造方面无阶层之别、无贵贱之分，在平实之中强调一种底层的身份认同，借此产生情感贴近的心理效果。节目有意识地通过细节的巧妙捕捉和多个画面的组合，塑造了众多平和而真实的人物形象，这些形象灵动、立体且富有生命的张力。

《四个大学生 养猪合伙人》中，观众跟随摄像机看到了大学生赵文割猪草、打扫猪圈以及摄像机采录下来的大学生们在层层压力下努力奋

---

① 陆道夫：《文本、受众、体验：约翰·菲斯克媒介文化研究》，北京邮电大学出版社2008年版，第106页

斗、坚持理想的形象。《裕南街的快乐老人》中，老人对于主持人来访的热情，拿着鱼竿说起自己可以吊起几斤重甲鱼的兴奋，聊起老一辈革命史的投入……这些特写将一个可亲、可爱的老人形象立马展现了出来。《棋里棋外舍与得》中，杨教练在围棋实战教室中教导小孩子下围棋的一心一意，他讲起恩师时的满怀感恩，他坐在树下举棋时凝思，让人感觉到这是一个安贫乐道的下棋人，也是一位淡然处世的传道者。《"猪脚西施"的年轻神话》中，年近五十却明媚如少女的"猪脚西施"，她认真地制作猪脚的模样，她说起懂事儿子时的骄傲和难以言表的悲伤，一个怀有愧疚的单亲妈妈在短短几分钟里被立体化地展现在观众眼前，有酸楚、有坚守，更有爱。

《市井发现》对人物的塑造，具有"白菜式"自然纯正的特质。在李锐的《谈白菜》一文中有这样的一段描述："清淡，自然之味，可说是蔬菜的通性；唯有白菜之淡，淡的更纯正，更接近水性之淡。提到淡，总不免想起'淡而无味'的解释，至少味道很薄。可是，这正是白菜最值得宝贵的品格。"① 《市井发现》的报道对象多为底层普通民众，他们没有特殊的背景，他们的生存状态是一直重复简单的生产劳动，他们的性格和人生就如"白菜之淡"般自然纯正。同时，制作者采用纪实主义的风格去观照淳朴和本色，使得平和真实、自然纯正的人物塑造体现了古人所说的"大味必淡"的思想。这里的"淡"，本身并没有什么极致或者特殊之味，却是所有味的本源，故而《市井发现》人物的塑造，具有了水的灵动特质，看似寡而无味，却无味生大味，挑动着观众敏感的神经。

"情感贴近"还体现在温情的诉说品格上。经济的发展和社会的进

---

① 李锐：《谈白菜，舌尖上的中国：文化名家说名吃》，中国青年出版社 2006 年版，第 6 页

步，使得空气中总是带有一股混凝土和水泥的"冷味道"，"温情"应该是当今社会最美丽和最难得的词汇了。温情作为一种品味，可以形成情感贴近，成为构筑心理认同的隐性影响因素。《市井发现》把镜头对准普通人，其中没有惊天动地的传奇人物，也没有震慑心灵的民族大事，只记录凡人小事，展示身边的小感动、小温馨，但恰恰正是这些小人物、这些琐碎的温情打动了观众。在《开着越野买粑粑》中，李平卖的糍粑是他抚养子女过安稳生活的生计；在《白溪镇的豆腐乳》中，何一生的豆腐作坊是打算传承给女儿的家族产业；在《刘妈的肉酱》中，那一大摞的美食菜谱和一笔一画记录下的文字是刘妈对女儿浓浓的母爱。在这些底层人民的简单菜式和制作工艺背后蕴含着浓浓的亲情。

节目注重选择典型的生活化故事，其主旨就是关注现实，关注当下，关注每个人对生活、生命和理想的追求，这也构成了节目的温情基调。《一菜一世界：左式红烧肉》中，左大哥一边与好友品尝这美味的红烧肉，一边回忆着小时候家里穷，一年中只有过年时才能吃到父亲亲手做的红烧肉，这是一种记忆，也是一种传承。《老李家的凤凰社饭》里老李用充满皱纹的劳动者的双手，娴熟地洗菜、淘米，制作最正宗的社饭，他脸上的专注和虔诚是对一代代传下来的湘西传统食物的尊重。《一菜一世界：母爱蛋饺》中，摄影师的妈妈怀揣着一颗爱子之心，熟练地制作每一个精致的蛋饺，层层勾叠，整齐排列，蛋饺像被赋予了生命一样，观众不仅能听到摄影妈妈欢愉的笑声，似乎更能闻到蒸熟后美味的蛋饺香。生活是所有人的价值共识，更是追求幸福的承载本体，因此，生活化的故事选材所形成的温情品格，也成为感动观众的根本所在。

可以说，《市井发现》中摄影机所建构的叙事过程生成了普泛性的文化认同心理机制。在《市井发现》里可以体味到与金钱无关的内心幸福感，可以感受到人与人之间的脉脉温情，可以感受到与物质无关的精神存在感。由良性的主体意识、灵动的人物塑造、温情的诉说品格，共同构成了情感贴近的叙事策略，较为成功地完成了构筑心理认同的任务。

第五节　电视纪录片的历史记忆

纪录片是一种通过记录影像来传播文化的媒介，是创作者对现实生活中所发生的真人、真事的客观记录。纪录片在记录时代变迁，展现城市历史文化等方面有着独特的作用。《上海故事》是上海电视台新闻综合频道为记录上海历史，传播上海文化而制作的一档电视纪录片栏目，其在内容选择、艺术表现等方面均有独特之处，它将亲历者的口述、实景拍摄、历史影像资料融为一体，呈现着上海这座城市的沧桑巨变，留住了上海市民的乡愁记忆，传承着上海的历史与文化。

上海地处中西方文化交汇点，自 1843 年开埠以来，中国近代许多重大事件都发生在上海，上海蕴含着丰富的历史故事，但随着岁月的流逝，许多历史细节渐渐消失在岁月的长河中。为了更好地保存上海的历史，传承上海的文化，《上海故事》栏目应运而生。"在众多载体和手段中，纪录片作为一种特殊的传播方式对城市文化的传播具有不可替代的独特功能，纪录式的影像化传播，真实、直接、全面、大量、集中地反映城市的历史文化，构筑了市民对城市的记忆，从而达到传承城市文化的目的。"[1]

《上海故事》是上海影像工作室制作的一档电视纪录片栏目，于

---

[1] 高敏：《城市纪录片〈百年南京〉与〈发现·南京〉创作比较研究》，南京师范大学 2015 年硕士学位论文，第 27 页。

2011 年 1 月 1 日上午 11：30 在上海电视台新闻综合频道首播，节目每集时长 25 分钟，每周六上午 11：30 直播，每周日 13：00 重播，已经播出了数百期。这部以讲述上海历史文化和城市发展为主的纪录片，通过找到当年那些亲历者、见证者来讲述历史，找回遗失在历史长河中的上海记忆，挖掘上海的历史文化宝藏，张扬上海城市文化，一开播便获得了广大市民的关注。"在开播一年后，同时段收视率就上升了 40%，更是荣获第六届"纪录·中国"栏目一等奖。"① 因此本文选取《上海故事》作为研究对象，对其在创作背景、内容选择、艺术表现特色等方面进行全面分析，探究这部电视纪录片的传播特色。

一、城与人的变迁

节目内容是决定节目收视情况的重要因素。《上海故事》的收视火爆，与其话题内容的选择密切相关。《上海故事》是以老上海的记忆为主要选题的纪录片，从时间范围上看，节目记录了 20 世纪以来上海的城市进步和社会发展，着重展现的是新中国成立初期、"文革"时期和改革开放时期三个历史阶段所发生的事情；从内容上看，《上海故事》从上海市民熟悉的老弄堂、老品牌，到历史变迁中的城隍庙、文化广场，从上海的传呼电话、小菜场，到小人书、记忆里的宣传画……娓娓道来。它既是一幅描绘上海城市百年沧桑巨变的历史画卷，又是一部充满市井气息的生活电影。

《上海故事》以口述历史和历史影像资料相加的方式，带观众回望 20 世纪上海的"老故事"，挖掘被岁月湮没的上海历史，唤起广大观众对上海的共同记忆。节目主要以上海的城市发展和社会变革中的历史事

---

① 王磊：《纪录片＜上海故事＞用历史影像资料拉动收视率》，《文汇报》2012 年 12 月 24 日。

件、人物故事为主要讲述对象，生动地诠释了上海这座城市所经历的时代变迁。一部优秀的纪录片，并不只是单纯地向受众展示它所记录的影像资料，而是要让受众接收到它所想传达的价值观念，这才是纪录片创作的意义所在。《上海故事》让观看者从历史故事当中接受到优良传统的文化沿袭，引发观众在情感上的共鸣，起到张扬上海城市文化的作用。

有学者研究认为："《上海故事》栏目着力于把上海的过去和当代链接起来，全面深入地反映上海这座城市的时代变迁，展示这座城市所独有的精神风貌和气质特征，致力于重现上海的过去，传播关于上海的历史文化，让更多的人了解上海这座城市。"[①] 《上海故事》栏目将现在和历史结合，从现在发生的事去探究过去的岁月，结合时下的热点讲述上海的过去。如栏目抓住 2013 年 3 月彭丽媛在访问非洲坦桑尼亚时，将百雀羚作为国礼赠送给非洲朋友这一热点事件，针对这一话题直接做了一期《暗香浮动的岁月》，勾起了上海人对以往年代国货护肤品牌的难忘记忆。

作为一档讲述上海历史的节目，《上海故事》所针对的目标受众是上海本地人，所以在内容的选择上具有很强的地域属性，所选取的素材都与上海这座城市有着千丝万缕的联系，其在内容上具体表现为以下几个方面。

（一）再现历史事件与历史人物

《上海故事》栏目通过对上海本土的历史人物和历史事件的再现，向观众展示了过去上海所发生的故事，唤起观众的集体记忆。像《那些年我们一起灭四害》《那些年我们一起大扫除》《北大荒的上海知青》

[①] 普郁：《历史影像如何"梅开二度"：浅析〈上海故事〉栏目收视要素》，《中国广播电视学刊》2015 年第 2 期。

《大家一起来做广播体操》《送瘟神》等节目视频讲述的是在过去的上海发生的，老一辈的上海人所亲身经历的历史事件。

而节目在选取历史事件时往往会选取一些重要的历史事件，这些事件即使已经过去多年一旦提起便会勾起无数回忆。《北大荒的上海知青》这期节目以知青下乡作为主线，由此展开"文革"时期上海学生去"北大荒"开荒的故事，通过影像的展开，一步步勾起了无数老知青的回忆，既让老一辈重温了过去的历史，也让年轻一辈深入了解了知青下乡这一话题。

《上海故事》除了对历史事件的再现，对历史人物故事的再现也是吸引受众的一大法宝。节目《弄堂里的乒乓传奇》《一位劳模的美丽记忆》《默片女王自杀之谜》等讲述的就是过去上海有名的历史人物的故事。

《一位劳模的美丽记忆》讲述的是在 20 世纪 50 年代，一个小小的纺织女工黄宝妹成了当时中国的时尚代言人的故事。那时黄宝妹多次代表新中国出访苏联、罗马尼亚等国，她被当作当时女人的偶像和大多数男人的梦中情人，可以说其魅力在当时毫不逊于如今的当红明星们。劳模黄宝妹的故事在当时还被拍成了电影，这期节目不仅让观众重温了那个劳动最光荣时代的珍贵记忆，而且让观看者在体味历史故事当中感受到热爱劳动、热爱生活的时代精神，起到了润物细无声的教育作用。

《默片女王自杀之谜》讲述的是"默片女王"阮玲玉自杀的故事。在 20 世纪 30 年代，中国电影界面临一次挑战，有声电影即将成为大势所趋，中国的无声电影必将退出历史的舞台，此时上海各大影业公司都在抓紧培养能歌善舞的演员，阮玲玉"第一花旦"的地位受到了威胁，事业的瓶颈加之爱情的不顺，使阮玲玉最终选择了自杀。虽然她已逝世多年，但永远留在了中国的无声电影史上。这期节目带着观众了解了无声电影时代，让观众看到了一代女星的传奇故事，重温了一个时代的经典。

(二) 关注城市发展与社会变革

《上海故事》以上海的城市发展与社会变革中发生的故事为主要记录对象，如《城市，是轮子滚出来的》《1980 年代出国潮》《1980 时装秀》《犹太难民在上海》《外婆的旗袍》《文化广场的前世今生》《1980 从"头"做起》《闲话小菜场》《曾经的淮国旧》等节目，将上海的城市发展与社会变革压缩在一个个故事中，生动演绎着上海这座城市所经历的时代变迁。

《城市，是轮子滚出来的》讲述的是上海交通发展的故事，节目展示了上海在 1843 年开埠后，从一座"有舟无车坐轿子"的小城，一步步发展到海、陆、空交通便利的大都市的过程。节目聚焦上海交通方式的改变，展示了上海的城市发展。

《外婆的旗袍》讲述的是民国时期上海掀起旗袍热的故事。受当时妇女解放、要求男女平等思潮的影响，旗袍应运而生。起初女性穿旗袍是为了模仿男性，因为在当时穿上下一体长衫的只有男性，因此女性也开始身穿跟长衫样式相似的旗袍，追求男女平等。当时的旗袍还没有收腰的设计，随着城市的发展，时代的进步，妇女思想进一步解放，女性在穿衣风格上更加大胆，旗袍发展成了贴身展示女性曲线的样式。旗袍的样式演变，不只是一件衣服的变化，更反映了妇女思想的解放，体现了时代的进步，而从外婆的角度出发也体现了人情味，让节目更加生动鲜活。

《1980 时装秀》向观众展示了上海走在时代前沿，率先成立中国第一支模特队的故事。1979 年，意大利著名服装设计师皮尔·卡丹带领法国和日本的时装模特来上海表演，让上海人知道了模特这个职业。上海在次年便组建了中国的第一支模特队——服装表演队。片子里过去模特队的成员向观众讲述了当年成立模特队的过程，让观众了解了上海这座城市接受新事物的迅捷性。这反映出上海是一座新潮与大胆的城市，它抓住了改革开放的历史机遇，善于接受先进的思想，在社会变革中始终站在时代的前沿。

《1980 年代出国潮》讲的是中国改革开放所引起的出国热潮。随着封闭已久的国门打开，无数的学子选择告别父母、亲友，只身一人到海外去深造，一群群怀揣着理想的年轻人就此踏上了远赴异国的留学之路，这同样给我们展示的是改革开放给上海这座城市所带来的变化。

（三）挖掘民族命运与人文精神

《红色起点——中共一大召开始末》《一代人一套书》《恋曲 1980》《一本遗失的恋爱笔记》《老知青的广阔天地》《侬好，老师傅》这些节目向观众展示了过去上海对中华民族命运的探索和对人文精神的尊重。

《红色起点——中共一大召开始末》讲述的是上海作为中国工人阶级最为集中的城市、中国近代工业发展的摇篮，在 1921 年成为最早成立中国共产党的城市。上海作为一座先进的城市，它接受新思想、新信息比其他城市都更加容易，所以很多知识分子集中到上海来寻找中国的出路，对民族命运进行探索，并且最终探索出了社会主义的道路。

《一代人一套书》讲述的是"文革"结束后恢复高考的事情。在当时，一套命名为《数理化自学丛书》的教材风靡上海，这套丛书的出现，给当时渴望上大学的考生们带来了希望。在当时《数理化自学丛书》在上海就发行了 7000 多万册，这可以说是中国出版史上的一个奇迹，也正是因为这套丛书的出现，许多曾经被"文革"耽误的青年人的命运就此改变。《数理化自学丛书》的出现圆了许多人的大学梦，改变了一代人的命运。

《上海故事》栏目不只是关注民族命运、社会发展这类国家大事，它也关注故事中的"人"，注重对人文精神的挖掘。如《恋曲 1980》《一本遗失的恋爱笔记》《老知青的广阔天地》《侬好，老师傅》等节目，都蕴含着上海的人文情怀，传承着一种时代本色。

《侬好，老师傅》记录的是参与我国第一颗原子弹制造的上海师傅原公浦的故事。在 1964 年，20 多岁的上海技工原公浦被国家有关部门选中，参与原子弹关键部件铀球的加工工作，原师傅不顾核辐射对自己的影响，顶着失败就会造成中国第一颗原子弹试爆日期推迟的巨大压力，精准地完成了关键的三刀，"原三刀"的美名也因此得来。在 20世纪 50—60 年代，除了原师傅，还有许多上海工人师傅用他们聪慧的头脑和灵巧的双手搞发明创造，当时上海老师傅成为上海甚至全国工业技术革新的风向标。这期节目还让受众看到了昔日为国家做出了贡献的老师傅们现今的生活状态，体现了对人的关怀。而老师傅们为了国家利益不顾个人安危、无私奉献的精神，也体现着一种时代本色。

《恋曲 1980》讲述的就是 20 世纪 80 年代初上海大龄青年的恋爱问题。通过这期节目，受众看到了上海这座城市的人文情怀，它关注着城市中生活的个体，为了解决大龄未婚青年的恋爱问题，在当年的上海可以说是全城总动员，各个单位工会、妇联都纷纷开展各种联谊活动，千方百计地给大龄青年们"牵线搭桥"。

二、纪实与艺术的结合

真实性是纪录片创作的基础，真实是纪录片在发展史中不变的主题。"要拍摄出真实可感、震撼人心的纪录片，要在坚持叙述真实故事的前提下，发挥艺术想象力与表现力，不仅传递给观众所要表达的主旨，更是带给观众视听层面上的享受。纪录片是一种纪实性与艺术性紧密结合的艺术样式。"①

从艺术的角度看，纪录片是一种叙事艺术，是动用多种表现手段达到真实的叙事艺术。电视纪录片是一种艺术地再现过去现实场景的纪实性的节目，它通过电视手段，多方面地挖掘生活素材，向人真实地再现过去发生的故事，藉以给观众提供一个评价生活的基点，一种真实的人生体验，一种强烈的情感共鸣。②《上海故事》栏目将真实与艺术相结合，在客观叙述上海历史的同时，以具体的人物故事为叙述载体，通过历史画面与历史亲历者的口述，在向受众客观展现上海历史的同时，也给受众带来了审美层面上的享受，吸引受众观看。《上海故事》的艺术表现特色主要表现以下三个方面。

（一）浅显易懂的叙事语言

语言，是叙事最直观的一种表达方式。《上海故事》注重叙述语言的表达，主张用最浅显的叙事语言来讲述故事。具体体现在以下三个方面：。

第一，亲历者口述。因为口语化的表述具有很强的感染力，让亲历者亲自叙说，能够把观众带入当时的情景之中，增加观众对讲述人物的理解和认同，"营造出听说双方同时在场的气氛，更具有鲜活性、接近性的特点，更加拉近讲述者与受众之间的距离"。③ 像节目《弄堂工厂里的女人们》讲述 20 世纪 50 年代末，为配合工业化进程，上海里弄的生产组大批地涌现，很多家庭妇女走出家门，成为里弄生产组一员的故

---

① 万雪：《电视纪录片〈舌尖上的中国〉的传播特色研究》，河北大学 2013 年硕士学位论文，第 12 页。
② 付春苗等：《浅析电视纪录片叙事艺术的"故事化"理念》，《新闻界》2010 年第 1 期。
③ 吴甜：《口述历史纪录片的叙事研究》，陕西师范大学 2013 年硕士学位论文，第 36－37 页。

事。这期节目直接找到以前里弄工厂的生产大组长马丽英，由马丽英亲口给观众们讲述那段上海女人走出家庭，参加工作的历史。

第二，同期声的运用。《上海故事》注重同期声的运用，片中所记录的除了后期特意添加的背景音乐外，与画面同步状态的所有现场人物与自然环境的音响几乎都是现场的真实声音，它与后期的配音相比，能给受众带来更自然的感受，它将来自现实生活中最真实的一面直接呈现在大众眼前，充分展示纪录片的真实之美。

第三，解说词的运用。《上海故事》栏目中解说词大多是针对历史影像所进行的文字说明，让观众在看到历史影像的同时，从听觉上得到形象的描述和解释，有利于观众加深对影片历史背景的了解，揭示影像背后的内涵与深意。在影片的解说词中，一般会对小故事进行总结，将其深化扩展到时代大背景之下。如《那些年 我们一起拍照片》便是从俞佩丽、蔡钧在20世纪80年代上海看照片相亲的故事中，引申出那个年代上海出现的摄影热，讲述一个时代的社会风潮。

（二）故事化的叙事风格

《上海故事》栏目吸引受众的一大特点就是其故事化的叙事风格，它将上海的历史以一种讲故事的方式，立体生动地展现给观众，不仅更加吸引受众观看，而且更能延长保存在受众脑海中的时间，起到加深记忆的效果。"故事化的讲述能够使观众在收看节目的同时，获得来自心灵深处的颤动，产生情感共鸣，为观众营造出身临其境的氛围，让观众深刻体会到节目所要表现的艺术境界。"① 同时，故事化的叙事手法还加强了电视节目的完整性，通过电视画面，直接将生活中的人或事生动地展现在观众面前，更容易被观众所认同和接受。

---

① 李文峰：《电视专题节目中故事化叙事及其动因分析》，《新闻传播》2015年第6期。

纪录片《上海故事》在叙事上一直注重讲好上海故事，以此吸引受众。《上海故事》栏目一直有意识遵循"悬念、意外、冲突"这三大讲故事的法宝，在选择素材上有意识地突出悬念、突出对立点。

《晒晒当年的结婚照》在讲述故事时就十分注重悬念的设置。节目一开始就说这是一个关于婚纱照的心碎故事，接着引出同期声——"撕那个相片的时候，想想不舍得"，给故事设置一个悬念，接着就讲到了撕照片人的身份，再接着由一张结婚照连接到"文革"时期，因为婚纱照在"文革"时代是属于追求资产阶级生活方式的证据，不得不销毁。讲到那时，主人公因为无法忍受"批斗"开煤气自杀，而平时一直一睡到天亮才醒的女儿在半夜突然醒来，从而避免了此次悲剧。时隔整整半个世纪后，当年那张"被销毁"的结婚照辗转多地又回到了主人公的手中。整个故事悬念层出，高潮迭起，有效吸引了受众注意。

（三）平视的叙事视角

平视是指在尊重生活的前提下，创作者与表现对象处在同一角度把握事物，把生活的原汁原味客观地表现出来，给人以最大的真实感。[①] 平视的叙事视角能够充分显露生活的本真，它通过镜头活生生地再现生活的本来面貌，营造出一种十分亲切、和谐的氛围，摒弃了过去说教式的纪录片风格，真正做到为观众所喜闻乐见。

电视纪录片《上海故事》以是鸳鸯楼、城隍庙、小菜场、电话亭、弄堂工厂、文化广场等众多贴近日常生活的老上海题材为记录对象，用退休老人、里弄百姓、老知青、老艺术家等一系列人物勾画出平民阶层的生活百态。它用平等的心态将镜头对准社会的老百姓，将普通老百姓的日常生活与历史背景相结合，以普通人的目光来见证一个时代的进

---

① 姜依文：《俯视·平视·仰视：纪录片视角的变化》，《现代传播》1997 年第 3 期。

步，以平视的视角完成叙事，使纪录片更加贴近生活，贴近群众，真正为老百姓所喜闻乐见。

而且，《上海故事》栏目一直向社会各界征集精彩有趣的上海故事，重视观众的参与，调动各种手法增加栏目和观众的互动，拉近观众和作品中人物的距离，让观众更加设身处地地认同人物角色。《上海故事》栏目常常以一个未知者的角度，与观众站在同一起跑线上一起探索未知世界，不断激起观众的兴趣、悬念、情感，从而增强了片子的吸引力。

（四）富有历史厚重感的影像

历史影像资料是构成历史纪录片的重要元素，原汁原味的影像资料，能够准确地再现过去的历史，是历史纪录片的灵魂所在。① 《上海故事》中运用了大量的历史影像资料，因而所呈现的影像风格具有历史厚重感。《上海故事》栏目，以昔日的历史影像资料，加上对历史亲历人的采访，将上海的过去生动地展示在受众面前。大多数节目都是依托着过去的老影像资料展开，历史影片要么在一开始便播放，要么经过一个历史亲历人的讲述后再播放，历史影像资料贯穿始终，如《春节记忆》《记忆里的宣传画》《电影院里的别样记忆》《庙会记忆》等节目。

《春节记忆》这期节目一开始，就给观众展示了 20 世纪 70 年代的一段历史影像：春节前一天清晨，天还没亮钟大妈就早早起床了，她匆匆赶到小菜场去买菜。几乎所有从那个年代过来的人，都记得在那个年代过春节买菜就要起早床，排长队。《记忆里的宣传画》一开始便播放了半个多世纪前的一段历史影片：1959 年 10 月 1 日的上海人民广场，

---

① 陈小骊：《让历史活起来：以〈换了人间〉为例浅析文献纪录片影像资料的运用》，《当代电视》2010 年第 4 期。

那时正是上海人民欢庆新中国成立十周年的盛大庆典活动，在游行队伍里一幅巨型宣传画吸引了所有人的目光。因为在那个年代，游行队伍里画像要么是领袖画像，要么是工农兵的形象，而这幅宣传画里所画的，是一对母女的画像，而这张名为《毛主席万岁》的宣传画，直到今天还埋藏在很多人的记忆里。可以说，一段独家影像资料在节目中出现，很容易地勾起了人们的历史记忆。

总之，《上海故事》栏目运用故事化的叙事风格和浅显易懂的叙事语言、平视的叙事视角增强了纪录片的艺术表现特色，通过设置悬念、口述历史、影像资料等呈现出的视听盛宴，深深地吸引了受众。

为获得理想的传播效果，选择恰当的媒介进行推广十分重要。《上海故事》栏目将传统媒体和新媒体的运用充分结合，除了选择上海电视台新闻综合频道这一地方主流媒体之外，还积极借助网络平台、微信公众号等新媒体扩大该片的传播范围，起到了更好的传播效果。

《上海故事》的成功与上海电视台新闻综合频道这一地方主流传播平台密切相关。上海电视台新闻综合频道是上海历史最悠久的地面频道，也是上海市民的首选频道，连续数年被评为全国省级电视台地面频道综合实力第一名。《上海故事》在这一平台播出，有一批忠实受众群体的观看，保证了节目的收视率。

同时节目也借助视频网站、微信公众号进行推广。在网络日益发达的今天，很多传统媒体的受众群都被网络进行了分流。如今年轻人观看视频主要依赖视频网站，视频网站的发展也为纪录片的播放提供了更为宽阔的推广平台。《上海故事》充分利用视频网站这一传播平台，在优酷网、搜狐视频、土豆网、腾讯视频等各大视频网站都有投放节目视频，扩大了该片的传播范围，有利于增强传播效果。网络视频的可重复播放特性，使它打破了传统媒体在传播过程中的单向线性结构，打破了时空的局限性，有效地延迟了历史瞬间，方便用户随时随地地选择和观看，而不必受制于固定播出时间的电视台的安排。

《上海故事》还利用微信公众号扩大传播范围。2014 年 10 月 22 日，《上海故事》栏目的官方微信号"STV 上海故事栏目"正式开始运营，微信文章的内容大多是《上海故事》栏目的节目预告，在文章底端的阅读原文链接里可以看到所有往期视频，方便受众快速找到自己感兴趣的内容。

第六节　微信公众号的城市记忆

随着移动化传播时代到来，微信公众号成为公众接受信息的重要平台。微信公众号对城市记忆相关内容的有意识挖掘、策划、记录与报道，有利于促进市民产生共鸣，唤起集体记忆，从而建构城市主体对地方的认同感，增强地方凝聚力。本节以粉丝数和影响力居前的衡阳日报微信公众号"你好衡阳"、衡阳市旅游局微信公众号"乐游衡阳"、衡阳本土自媒体"掌上雁城"三大衡阳微信公众号为例，分析微信公众号对衡阳城市记忆的建构与传播。

衡阳是中国历史文化名城，建城历史悠久，内涵丰富，特色鲜明，有着大量富有研究价值与意义的城市记忆。在地理位置上，衡阳有着得天独厚的优势：南岳衡山为五岳独秀，湘江、蒸水和耒水汇流于此，是天然的"风水宝地"。在人文历史方面，衡阳同样有诸多优势，这片土地上孕育出造纸术发明家蔡伦、大思想家王船山、元帅罗荣桓等名人。作为湖湘文化重镇、千年文明古都、中国抗战纪念城，衡阳拥有丰富的历史文化、民俗文化、船山文化、山岳文化、书院文化、农耕文化、移民文化、抗战文化、山水景观文化、饮食文化、旅游休闲文化等。[①]

城市记忆系统的构成元素是城市记忆的具体表现形式，其构成元素涉及内容广泛，从自然要素到社会要素，从物质实体到精神实体。[②] 负载着历史信息的城市特色建筑与人文景观是构成城市记忆的元素之一，包括景观、区域、街道、标志物等，如"雁城"衡阳的地标有回雁峰、来雁塔、来雁广场、抗战纪念城、南岳忠烈祠等。涵盖非物质记忆的历史文化等也是构成城市记忆的要素，如传统工艺、传统民俗、传统特色产业、城市重大事件以及老地名等，都见证了衡阳城市的历史与发展。

一、微信公众号传播内容

（一）城市景观记忆的传播

衡阳是一座有着 2000 多年建城史、历史文化底蕴深厚的城市，在历史的更迭中留下了众多具有历史意义的老地名、老街区，这些老地名的由来大多和历史人物相关，如易赖街、上横街、下横街、青山街、天后街等；有些老地名源自古城门，如小西门、大西门、后宰门、柴埠门等；还有些老地名的得来依据地势，如周家坳、茶山坳、李坳、龙家坪、荷花坪等。

虽然很多老建筑的形迹已经不复存在，但其富有意蕴的名字仍然保留在衡阳的地图上，衡阳老地名在传承下来的同时也为城市保留了一份珍贵的记忆。场所名称作为空间符号，赋予空间场所某种意义，这构成一个城市的记忆系统，烙上人类的文化印记，并通过空间化而代代相传，成为人们的城市记忆和乡愁。[③]

---

① 陈娟：《提升衡阳市文化软实力途径研究》，《现代商贸工业》2009 年第 7 期。
② 于波：《城市记忆研究》，华中科技大学 2004 硕士学位论文，第 41 页。
③ 潘可礼：《论城市日常生活空间的生产和创造》，《学海》2016 年第 4 期。

衡阳日报微信公众号推出《衡阳老地名的故事》专栏，每周发布一篇与衡阳老地名相关的文章，介绍衡阳老地名的由来、历史及现状。报道或彰显了衡阳悠久的历史，如《金鳌巷：旧时王谢堂前燕》、《马趾巷：因吴三桂御马留痕而得名》、《环城北路：明朝这里曾有古城墙》、《帝喾寺：传说是舜帝南巡祭祀帝喾时所建》；或见证了衡阳城市的历史变迁，如《公平圩：曾被誉为"湘南集贸第一圩"》、《松木塘：抗战时期曾在此句型抗日慰劳会》、《五一路：明清时期是衡阳的工业区之一》等。

《金鳌巷：旧时王谢堂前燕》一文介绍金鳌巷的由来，并在文末发表感叹："从繁华的中山南路走进金鳌巷，像从现实走进了历史。深入古巷，会体味到一种独特的闲情。小巷内虽然没有了雍王府和桂王府这样的名胜古迹，却仍有着特有的美妙和魅力，许是它多年沉淀下来的文化底蕴吧，让来访者滤去了都市的浮华和喧嚣，时不时生出一份深深的怀恋和眷念。"一位 25 岁的衡阳市民在文中访谈时也说道："我并不希望衡阳的老城区改造，因为很多街巷都是明清甚至是宋朝时遗留下来的，是城市的底蕴。"《马趾巷：因吴三桂御马而留痕》则阐述马趾巷的来历，用一组不同年代的图片展示马趾巷在各个不同时期的变迁以及不同人群的回忆。

地方作为记忆的仓库，它储存个人的日常活动记忆和官方的历史事件，并能在特定情况下唤起个人和集体的记忆。[①] 在移动互联网环境下，微信公众号为市民获知衡阳老地名的由来提供了便捷渠道。尽管衡阳市内许多老街巷的形态发生很大变化，因为"衡阳老地名的故事"的传播，市民依然能发现老街巷的空间形态特征，感受其在不同时期的城市

---

① 李彦辉，朱竑：《地方传奇、集体记忆与国家认同——以黄埔军校旧址及其参观者为中心的研究》，《人文地理》2013 年第 6 期。

记忆。对地方记忆的记录与传播，也唤起居民的集体记忆，建构起城市文化认同感，提升了城市凝聚力。

（二）城市日常生活记忆的传播

市民是城市的主体，而由市民构成的日常生活记忆是城市记忆的重要组成部分。市民的日常生活是一个城市发展的缩影和见证。微信公众号"乐游衡阳"2017年4月29日推出"雁城记忆"栏目，关注普通民众的日常生活。

电影《暴雪将至》在衡阳冶金机械厂拍摄。2017年11月17日，"乐游衡阳"借电影《暴雪将至》的热映，推出《冶金一日游，走进电影里的老时光》。从常宁水口山到七一二矿，从冶金厂到进步巷，报道介绍了冶金内的学校、职工医院、银行、邮局等，借助特定的场景勾勒出特定年代里冶金的故事，刻画了冶金孩子们的童年，工人对工厂和工友之间的深厚感情，不仅让人们近距离感受工厂大院生活，也激发了曾经在这里生活和工作过的人们的怀旧之情。

很多曾在冶金生活和工作过的用户纷纷在公众号中留言，回忆各自记忆里的工厂大院，表达对冶金的深切怀念。一位老职工留言说："我是1954年来的冶金厂，在这里工作了24年，我为它贡献了我的青春，也见证了它的兴旺，我对冶金有着深厚的感情，几十年过去了我做梦还会想到它。"一位30岁女性留言说："在冶金出生、长大，父母是这里的双职工，18岁才离开冶金上大学，现在留在了广州，可很怀念那时的我们。"

一位昵称为"詹昭重"网名在文后留言写道："在分区供电的年代，冶金厂是座不夜城，冶金电站的电让你用个够；灯光球场常常有比赛；冶金俱乐部里常有电影放映，带好了水壶包子看《红楼梦》不怕半途口渴肚子饿；冶金厂大食堂晚上的面条让人永生不忘，不知道大师傅为什么能做得那么好吃，现在还记住那个味道；冶金厂文艺宣传队都是一流的，一出《改炉》演出多场还场场爆满；每年都有厂运动会，奖品是运动衣服等。那时候，谁不羡慕咱冶金人?! 大家都把最美丽的青春献给了冶金厂!"

受众关于雁城记忆的留言呈现出很强的代入感，构成了民众汇聚的日常生活记忆之流。公众号在传播雁城记忆的同时勾起了受众的回忆与分享，增强了传播的互动性和有效性。

《走进苗圃里、保卫里，回到上世纪》一文对苗圃里、保卫里的宁静生活进行生动刻画，也勾起了市民对于20世纪六七十年代雁城的美好回忆："在这里生，在这里长大，每张图片中的路我都走过"；"动图中原址的铁路桥，见证过我年少时无数个早起与夜归"；"苗圃，保卫里，苗圃公园，是我们20世纪三四十年代出身的铁路子弟儿时最美好的记忆"。

《雁城记忆》栏目致力于对衡阳老街巷、老地名以及市民们日常生活的挖掘，为城市寻根，留住一份独特的城市记忆。在展现不同时期的市民生活及城市记忆的同时，增强了市民对衡阳的熟悉感和亲切感。相比于《衡阳日报》微信公众号推出的老地名专栏，"乐游衡阳"的雁城记忆系列报道文风更灵活，视角多样化，情感色彩浓烈。

（三）城市民俗记忆的传播

民俗是一座城市历史文化的沉淀与表现，中国有许多传承千年的民俗，如端午节赛龙舟吃粽子，中秋节赏月吃月饼，清明节踏青、缅怀先祖，春节全家团聚，每个地方又有着其特定的风俗习惯，这些民俗构成了特殊的城市记忆，是城市文化中最质朴、最基层的文化。

"乐游衡阳"公众号设置"民俗"栏目，推出《湘剧：衡阳话唱出的艺术精粹》、《衡山皮影戏：带你在光影里穿越古今》、《泥人面塑：

带你走回彩色童年，重温旧日时光》、《莲湖湾有湘江上最美的渔歌》等稿件，介绍衡阳的皮影戏、湘剧、泥人面塑、剪纸、湘江渔歌等地方民俗，既增加了报道的趣味性，又在潜移默化中加深了市民对城市文化的了解和认同。

《衡山皮影戏，带你在光影里穿越古今》一文，实地探访、感受衡山皮影戏的魅力，并对衡山皮影戏第十七代传人欧阳新年进行了专访，介绍他对皮影戏近60年的传承坚守和将皮影戏推向国际舞台的梦想。一位老人留言道："作为看皮影戏长大的一代人，对此感触最深。回忆起来，还真是一代人的乡愁！"

《湘剧：衡阳话唱出的艺术精粹》一文，介绍了衡阳湘剧的历史、地位成就、经典曲目及代表人物，阐述湘剧的发展现状。通过采访国家级非物质文化遗产传承人夏传进，探求湘剧发展的建议，进一步加深了受众对衡阳湘剧的了解。

《泥人面塑：带你走回彩色童年，重温旧日时光》，将泥人面塑的制材变化到制作过程，简洁又生动地呈现出来，并融入本土元素将一位捏面人长达二十余载的衡阳手工艺人的故事融入其中，勾起市民对泥人面塑的记忆及情感。市民在文后评论："我想所有衡阳人小时候都在这位师傅手上买过泥人吧，现在又带着孩子继续买，希望老手艺不要失传。"

微信公众号运用具有当地特色的民俗活动的报道，勾起民众对地方民俗的记忆，为市民了解本土民俗及风情提供了机会，也向外展示了衡阳民俗文化，耐读又有深意。

（四）城市重大历史事件的传播

很多城市经历过重要的历史事件，随着时间流逝，它们正逐渐被人们遗忘。1944年，在衡阳曾爆发一场抗战期间最为惨烈的城市保卫战：

衡阳保卫战。衡阳自媒体"掌上雁城"对衡阳保卫战对这场战役进行了重点关注，将这一特定时期的重大历史事件呈现在受众视野中。

2017年10月2日推出的《为什么衡阳会是中国唯一的"抗战纪念城"？》，阐述了衡阳抗战纪念城的来历，用衡阳保卫战亲历者的口述去还原衡阳保卫战的惨烈与悲壮。作者亲身走访考察众多战争遗址，列出遗址的具体位置、现在的名称以及当时发生的战事，让人们全方位认知衡阳保卫战，几天时间内获得超过10万的浏览量。

"掌上雁城"推出的《衡阳—真正的一寸山河一寸血》系列报道，寻找很多了解这段历史、跟这段历史相关的人物，对衡阳保卫战做了更多细节性的还原，向大众传播衡阳保卫战时可歌可泣的真实故事。《衡阳，一座正在消逝的英雄城市》、《衡阳人都该对他们说声"对不起"》等推文，在查询大量资料史实的基础上，辅以对亲历者或亲历者后代的采访求证。

许多网友在平台上留言，坦露心声："记得人教版初中历史书上特别点出了可歌可泣的衡阳保卫战，衡阳人在抵御异族入侵、视死如归的那种敢为天下先的民族气概，让我记忆犹新，也为之自豪"，"我哭为我身为衡阳人，年过四十才知道自己的故乡是如此的英勇"，"八十年代去过岳屏公园，见过纪念碑上的抗战事迹，很是感动，只有深鞠躬怀念那些为保卫衡阳的英烈们永垂不朽，浩气长存！"

"掌上衡阳"另建有"掌上雁城衡阳保卫战专题讨论群"，让感兴趣的民众汇集于此，交流探讨衡阳保卫战，进一步推动衡阳抗战记忆的传播。在引导大众关注衡阳保卫战的同时，促进了一批爱心人士对抗战老兵群体的关注。

二、微信公众号传播的反思

在商业化、娱乐化日趋严重的今天，微信公众号要发挥挖掘城市内涵、传播城市文化的功能，主动增加城市文化报道的比例，潜心挖掘地域文化，承担起保护和延续城市记忆的责任。

（一）创新报道内容和形式

微信公众号传播城市记忆，应依托本土和历史展开，呈现强烈的地域感和历史感。通过积极寻找大众的情感触动点，选取历史性建筑、历史人物、传统手工艺、地方民俗、地方美食、民间艺术、传统节日等作为报道主题，挖掘现实生活与城市文化记忆的连接点，从而再现城市的传统、记忆、文化和风俗，实现地域感与历史感的交织共生。

微信公众号应更敏锐的洞悉受众心理，报道要去宣传化，多用故事和细节吸引人，以人性化的角度打动人。近年来备受用户欢迎的"口述历史"就是一个很好的形式，在适应受众阅读习惯的同时激发了用户兴趣。

微信公众号应开设专门的栏目和专题对城市记忆进行传播。如"乐游衡阳"用较多篇幅和较大比例挖掘雁城衡阳的名人事迹、文化故事等，并设立了专门栏目如"雁城记忆"、"衡阳非物质文化"、"文化衡阳"等。媒体还应注意用趣味化的报道形式来吸引受众，用个人故事展现历史侧影，用生动的细节潜移默化地将城市记忆植入用户心中。

除了传统的图文结合的报道传播方式外，微信公众号应大力开发短视频这一广受欢迎的报道形式。"抖音"短视频，在2018年6月的国内日活用户数已达到1．5亿。微信公众号可运用短视频实现对城市记忆更为广泛的传播，不定时发送相关视频内容，传播城市记忆。同时可以发起相关视频的征集，鼓励广大市民投入内容生产。

（二）精心策划线上线下活动

微信公众号可借助于特定的节日或纪念日，精心策划相关活动，形成系统化、层次化的报道，增强报道的连续性和可读性。2018年，上海市为庆祝改革开放 40 周年策划"美丽了，我的城—'我的城市记忆'H5 制作大赛"，吸引众多参赛者投入其中。通过充分利用重大纪念日的契机，微信公众号鼓励广大市民参与到与城市记忆相关的活动中。

微信公众号应举办能让用户积极参与的线上活动，增强线上用户互动，提高传播效果。2017 年"乐游衡阳"推出的《共读一座城—雁城记忆征集大赛》、《为你写诗，致大美衡阳》等线上活动，鼓励广大用户参与，从衡阳历史文化中寻找灵感制作衡阳名片，展现个体中真实的雁城记忆，对衡阳的地域文化传播起到促进作用。

媒体还可引导受众进行线下互动，举办与城市文化记忆相关的丰富多彩的线下活动，让市民参与到城市文化记忆的挖掘、传承与保护中。如长沙本地自媒体"城市记忆"2018 年 12 月举办的"寻找老街邻，重温旧时光"系列活动，促成了老街坊的再次相见，共同缅怀长沙老街岁月，增加对城市文化的认同感和归属感。在城市记忆传播中加入更多互动元素，既增加了趣味互动，也唤起了用户共鸣。

第四章　日常生活实践与城市意义网络

　　城市日常生活空间并非单纯的精神文化空间或物质实体空间，而是兼具两者，以物质为质料，以文化为灵魂，既是真实的又是想象化的一种亦真亦幻的生活场所，索亚称之为"第三空间"。① 日常生活领域由日常消费活动、日常交往活动和日常观念活动构成，承载着人们的日常交往、衣食住行、婚丧嫁娶、休闲娱乐、购物消费等社会生活内容。当代社会学肯定了日常生活的重要性："日常生活世界是为社会生活提供基本意义的世界，这一世界所包含的各种日常实践构成了我们现实生活的主体，正是这些不言而喻的活动支撑起人类社会的大厦。"② 城市记忆往往来源于民众日常生活史，身体化的操演记忆是记忆的重心，民众正是通过各种社会性、日常化的行为实践来体验、传播与认同城市记忆，建构城市意义网络。

---

　　① 潘可礼：《论城市日常生活空间的生产和创造》，《学海》2016 年第 4 期。
　　② 郑震：《论日常生活》，《社会学研究》2013 年第 1 期。

第一节　日常生活实践与城市记忆

一、日常生活与记忆

所谓日常生活，就是"以常识为基础，以重复性、自在性和经验性为特征，处于特定的历史时空条件之下的人们（既有上层精英人物，也包括下层普通百姓在内）所进行的衣食住行、婚丧嫁娶、风俗礼仪、岁时节日、行为心理等具体生产和生活实践的抽象集合体"。[①]

日常生活的实践及其意义对于人类的社会生活具有基础性的作用，这是日常实践最为重要的特征。胡塞尔将生活世界视为一个不言而喻的基础性的世界，它是一切理论和非理论活动的前提和基础。直接推动和参与当代西方社会学日常生活转向的列斐伏尔在不同的立场上提出："日常生活可以被界定为总体中的社会实践的一个层次"，并且是那些可以外在于日常生活的高级的、分化的、高度专门化的活动得以生成的基础。当代西方社会学以日常生活为主题和视角的日常生活转向从侧面肯定了日常生活的重要性。[②] 与着意于历史"短时段"，以及杰出人物与惊心动魄的"事件史"研究的传统史学不同，当代史学年鉴学派注重人类生活的"长时段"，关注日常生活与习俗，使"日常生活"成为历史研究的主体对象，认为这才是历史中最重要、最持久的因素，诸如一磅胡椒的价格、一纸通知、一个项圈等人类一切创造物，都可以成为

[①] 　常利兵：《日常生活研究的理论与方法：对一种社会史研究的再思考》，《山西大学学报》（哲学社会科学版）2009 年第 2 期。

[②] 　郑震：《论日常生活》，《社会学研究》2013 年第 1 期。

重要的"史料"。① 日常生活因其蕴含的社会生活的丰富性、日常性、真实性，成为当代哲学、社会学、历史学、人类学、政治学等学科研究的焦点。

作为旨在维持个体生存和再生产的各种活动的总称，日常生活至少包括三个基本层次。

> 一是日常消费活动，衣食住行、饮食男女等以个体的肉体生命延续为宗旨的日常生活资料的获得与消费活动，是日常生活世界的最基本层面。二是日常交往活动，杂谈、闲聊、礼尚往来、情感交流、游戏等以日常语言为媒介、以血缘关系和天然情感为基础的日常交往活动，占据着日常生活的重要地位，并随着物质财富匮乏问题的相对缓解与科学技术的发展，愈益丰富，它构成了人的日常社会活动。三是日常观念活动，这是一种非创造性的、以重复性为本质特征的自在思维活动，包括传统、习惯、风俗、经验常识等自在的日常思维。②

日常生活能有效触发记忆，克里斯汀·波斯尔（Christine Boyer）在《集体记忆的城市》一书中指出："不同于历史，记忆是与人的日常生活紧密相连的，是沉淀和传承在人的生活世界的历史。"③ 尼采认为，日常生活的信念是人们长期实践过程中所形成的习惯性遗忘的结果，被遗忘的是信念本身的社会历史性，而信念则成为一种不言而喻的记忆，这是意识层面的遗忘所成就的深层次的记忆。④ "日常性是乡愁的表征

---

① 雷颐：《"日常生活"与历史研究》，《史学理论研究》2000 年第 3 期。
② 杨建华：《日常生活：中国村落的一个新视角》，《浙江学刊》2002 年第 2 期。
③ 李凡：《明清以来佛山城市文化景观演变研究》，中山大学出版社 2014 年版，第 244 页。
④ 尼采，弗里德里希：《论道德的谱系》，谢地坤译，桂林漓江出版社 2000 年版，第 37 页。

与生成时间系统中的重要特征，这种日常性呈现的是一种地方生活习惯性与自然事物的节奏性，也展现主体在场的实践性，隐含了大量瞬间的片段性。"① 主体生活体验的日常性将不同的场景切换、粘连在一起，生成不同频率与强度的乡情乡愁。正是这种日常性为城市记忆生成提供必要条件，使得城市记忆更具有丰富性、实践性与认同性。

老街巷藏着长沙的过去，它们是旧长沙的缩影。里弄、石库门、回楼、四合院，这些狭小空间组成的紧密社会生态，蕴含的人情味和生活便利性是新建小区所没有的。如蜂巢般的街巷里，不仅仅是老长沙人的生活图景，也是城市生活多样性和丰富性的样本，它保留着一座老城的生活底色。街道两边特色小吃、水果摊、各种"老字号"铺子林立，挑着担子叫卖的摊贩们在街道上来回穿梭。人们在这种喧闹嘈杂中怡然自乐，到晚饭时间，他们搬出凳子拿着大碗在一棵棵大树下聚拢，边吃边聊。吃完饭从家里出来的街坊则摇着蒲扇，参与到这有一搭没一搭的闲聊之中。长沙西文庙坪周边一片烟火气，凉面、米粉、糖油粑粑、紫苏桃子姜、猪油拌粉等，每一条街巷里弄里冠以"老字号"的铺子多如牛毛。住在泉嘶井巷的老居民魏岳坤经营着一家小吃店，小店门前的两棵树年龄跟店主妹妹一样大，是 1975 年绿化部门栽的，因为成双成对，家人都叫它喜树。这条巷子里留存的每一样东西都有跟喜树相似的故事。这家小吃店是店主从母亲手上接过来的，主要卖臭豆腐、糖油粑粑、麻油猪血这"老三样"。街坊邻里来这儿吃东西的暗号就是"老三样"，几乎没人直接说出这些东西的具体名字。2017 年，西文庙坪片区开始启动棚改，这块被媒体称为长沙最后的"老城烟火"的土地，如何在改造后重保生活气息，值得关注。

---

① 陆邵明：《乡愁的时空意象及其对城镇人文复兴的启示》，《现代城市研究》2016 年第 8 期。

　　城市民俗和地方节庆浓缩了地方的文化与记忆，近年来在城市开始的回归与复兴，体现了当代人重新寻找认同和归属感的需要。在广州，端午节扒龙舟民俗活动的蓬勃兴起，表明乡土记忆随着人们的流动而迁移，但没有彻底消失。① 龙舟巡游这一传统民俗被植入现代都市生活，建构出民俗记忆重新活化的空间，都市市民的集体记忆在重构的乡土文化空间中再生。在佛山，数十万人正月十六日浩浩荡荡地走过通济桥以祈福。"行通济"的习俗成为一个表征本地的文化厚度与文化活力的象征性符号，建构出政府的、商业化、群体的、外生和内生并置的地方认同。② 以习俗、仪式、民间叙事、地方性知识等方式传承的非物质文化遗产，作为"小传统"具有"大传统"缺少的内在信仰和集体无意识的支持，所以传承的力量和韧性更强于"大传统"。传统习俗借助现代物质条件、城市空间得到恢复，并且获得新的发展，而人们在都市中寻觅、展现和传播这些非物质文化遗产，是在展现一种重新"在地化"（Localization）的寻根经历，寻求一种属于民众自己的、体现民众自我认同的传统文化，也是在追寻迷失在人们心灵深处的家园记忆。

二、身体空间与记忆

　　当代以来，一种新的空间观兴起，强调空间的身体性或身体空间，涉及人类感知的多样性或身体经验。③ 以身体体验作为感知城市的方式，一个城市空间就可能转变为被不同主体所占有和使用的多样性场所，开掘出城市空间的崭新意义。身体实践表达和保持着集体的记忆，

---

① 高小康：《空间重构与集体记忆的再生：都市中的乡土记忆》，《学习与实践》2015年第12期。
② 李凡：《城市怀旧空间演变与多元主体的建构：以佛山市通济桥为例》，《人文地理》2015年第5期。
③ 文军：《"空间"的思想谱系与理想图景：一种开放性实践空间的建构》，《社会学研究》2012年第2期。

城市记忆不能脱离公众而在公共生活之外产生，需要民众通过社会性、日常化的行为实践来维持与认同，并向下传递延续。

身体空间最早为法国哲学家莫里斯·梅洛－庞蒂（Maurice Merleau-Ponty）所重视，他试图把一切建立在身体行为、身体经验或知觉经验的基础之上。在他看来，空间是一种身体化空间，"我的身体在我看来不但不只是空间的一部分，而且如果我没有身体的话，在我看来也就没有空间"①，"身体实际上意味着在世存在的含混性：既不存在透明的意识，也不存在充实的实体，于是身体概念体现出身心的互动和交织，是一种'双重性'的存在，是一种既包括肉身或躯体也包括心灵的整体性的存在"。② 梅洛－庞蒂指出，一切空间的结构与意义都需要身体的参与，身体是以一种积极的、主动的方式参与生活世界的建构。

法国思想家列斐伏尔的认识更接近于尼采和梅洛－庞蒂，即身体不是权力空间的铭刻，而具有主体性，或者说是一种"身体—主体"，"空间的生产开端于身体的生产"。一方面，"身体是空间性的"，"每一个具有生命的身体是空间化的，在进行身体的自我再生产之时，身体只能在空间中得以展现"；另一方面，"空间也是身体性的，即在获得自我生产的丰富性之前，可以用身体的体验来想象空间，而通过身体实践获得自我生产的丰富性之后，身体与空间占有之间的双重关系将会构筑出自我再生产的新身体空间"。并且，列斐伏尔进一步指出："整个（社会）空间都从身体开始，不管它是如何将身体变形以至于彻底忘记了身体，也不管它是如何与身体彻底决裂以至于消灭身体。只有立足于最接近我们的秩序——身体秩序，才能对遥远的秩序（国家的？全球

---

① ［法］莫里斯·梅洛－庞蒂：《知觉现象学》，姜志辉译，商务印书馆 2001 年版，第 140 页。
② 文军：《"空间"的思想谱系与理想图景：一种开放性实践空间的建构》，《社会学研究》2012 年第 2 期。

的?) 的起源问题做出解释。"① 从中可以看出，列斐伏尔把身体提升到元哲学的核心位置，赋予了身体更多的空间想象。

美国社会学者保罗·康纳顿强调了习惯的身体操演对于表达和保持记忆的重要性，他认为，记忆在身体中有两种沉淀方式：体化实践和刻写实践，体化实践强调身体的在场性，用在场的动作和语言来表达记忆，"每个群体对身体自动化委以他们最急需保持的价值和范畴"，因而沉淀在身体上的习惯记忆可以更好地保存过去②。

人文地理学家戴维·西蒙（David Siman）追随法国现象学家梅洛·庞蒂（Maurice Merleau-Ponty）的观点，专注于"空间的日常移动"——"由个人自己展开的身体或身体局部的任何空间移置"。他认为，理解地方的关键成分是身体移动性，他用"身体芭蕾""时空惯例""地方芭蕾"等概念来表达地方生成的过程，许多时空惯例在某个特殊区位里结合在一起，就出现了"地方芭蕾"，这会产生强烈的地方感。也就是说，身体的移动性在空间与时间里结合，产生了存在的内在性，这是一种地方内部生活节奏的归属感。"身体芭蕾"是召唤地方经验的隐喻，身体的日常移动，作为一种具身实践，在反复持续中形成生活经验，孕育出基于地方的主体认同，地方正是透过人群的日常生活而日复一日操演出来的。③

市民在长期相处过程中结成了丰富的社会网络，这种无形的、看不见的社会网络，对于市民生活及居住区的稳定，对于维持共有的城市记忆有着强大的内在力量。因此，地方历史、市民对空间的集体记忆和每

---

① 文军：《"空间"的思想谱系与理想图景：一种开放性实践空间的建构》，《社会学研究》2012 年第 2 期。
② ［美］保罗·康纳顿：《社会如何记忆》，纳日碧力戈译，上海人民出版社 2000 年版，第 125 页。
③ ［美］蒂姆·克雷斯韦尔：《地方：记忆、想像与认同》，徐苔玲、王志弘译，群学出版有限公司 2006 年版，第 58 页。

日生活行走的体验，建构出富有丰满历史意义、个人情感和感官体验的城市"地点"，浓重的地方认同令市民对此类城市空间形成强烈的共同感情，增强了城市的可沟通性。① 比如上海石库门民居就是一种地方的、礼仪的空间，包含着个人经验的地方记忆和亲密的邻里关系，石库门的改造虽保留了老弄堂的建筑特点，但人际关系、邻里文化，特有的弄堂经济、特有的街头文化已经发生改变了。故而只有保护地方居民的传统生活方式，保存其长期积累的社会网络，使居民日常交往方式、交往距离、交往频率得以维系，才能使城市记忆在生活世界演进中得以传承，将城市的历史脉络延续下去。

第二节　城市行走与城市体验

一、从城市文本到城市行走

大卫·哈维（David Harvey）认为，城市研究理论与分析方法发生变化的第一个标志是乔纳森·拉班（Jonathan Raban）的《柔软的城市》一书的出版，它喻示着后现代城市这一观念的出现。拉班否认传统的方法对城市生活进行全面阐释是适宜的，他提议对个人在日常生活中对城市进行体验与想象的鲜活瞬间进行分析，将城市、城市中的人工制品以及城市生活都当作文本来加以阅读。他之后的很多城市文化研究者直接投入对城市的符号学分析之中。

罗兰·巴特（Roland Barthes）认为，城市文本既可能是一种物质构造，如建筑物、纪念碑，也可能是"活"的空间，如街区、公园，

---

① 潘霁：《城市意义网络的可沟通性：从空间与文化视角考察上海地方认同》，《新闻与传播研究》2015 年第 8 期。

或是以各种形式对城市进行的再现，如地图、文件、出版物、电影、艺术等。城市文本在阅读中被赋予包括话语、象征、隐喻和幻想等特定的文化意义，这些意义的编码与解码，是一个互动的过程，城市使用者借此主动参与到与城市空间的对话之中。巴特这样描述这一高度个性化的阅读或了解一座城市的过程，"城市是一种话语，而且这种话语是一种真正的语言：是城市讲给它的居民们听的，也是我们讲给我们的城市——我们所居住的城市——听的，方式则不过是居住其中、游荡其中、观览其中"。① 通过这样的"游荡"和"观览"的行为，人们阅读并阐释着城市景观，城市文本也随着个人的经验与认知而被多样化的阐释。

在城市文化研究中，瓦尔特·本雅明（Walter Benjamin）笔下的"城市漫游者"是与阅读、阐释城市景观和体验城市生活联系最紧密的人物形象之一。本雅明希望将城市环境当作集体记忆与体验的集中陈列室来研究，巴黎拱廊街是本雅明研究的中心意象，他描绘了拱廊街的使用者和居住者，对他们与这些空间的关系以及彼此之间的关系进行分析，展示他们以何种独特方式来感受城市景观，并创造出别样的文化传统和城市历史。在本雅明看来，"场所的特异性是某一特定的建筑或城市与植根于这一场所的历史、文化和社会实践之间的关系的结晶"，因此巴黎拱廊街的建筑样式虽然被其他城市复制，但它们依然深深扎根于所处的场所和时间中，融入关于巴黎的城与人的独特性的集体历史与记忆。也就是说，"对某种建筑样式的复制，不会导致本原城市或空间的任何传统、实践或灵韵被复制"。② 本雅明提供了一套研究文化身份和

① ［澳］德波拉·史蒂文森：《城市与城市文化》，李东航译，北京大学出版社 2015 年版，第 74－76 页。
② ［澳］德波拉·史蒂文森：《城市与城市文化》，李东航译，北京大学出版社 2015 年版，第 82 页。

历史如何铭刻进空间中的理论框架，人们借此能将城市概念化为依据使用与体验而建构起来的多重场所。

德塞托（Deserto）将既是一种行为又是一种隐喻的"城市行走"，置于其著作的核心地位加以研究。他强调日常生活的创造性，认为各种空间实践或策略行为，颠覆了建筑、规划、设计等官方步骤或战略所铭写或强加于城市景观之上的明显意义，"城市由于城市居民对其空间的使用，成为人们自下而上进行策略性反抗的另一个重要的地点"；德塞托指出，通过行走，城市使用者将城市作为自己的空间进行书写与再书写，这些运动的、相互交织的书写行为构成了一个日常性的体系，同时通过实践"创造"某一场所，同样涉及记忆与这一场所相关的故事，反之，"这些故事又有助于人们建立与场所的种种联系"，这就是所谓的想象的"诗意空间"，即建构与场所相关的乡愁，它对于体验和记忆一座城市，乃至建构城市街头鲜活的文化，都具有重要的意义。①

二、移动互联网与城市体验

随着移动互联网发展，网络对日常生活的介入和渗透是全方位的，它重新建构起了一个以意义和体验为基础的新空间。在这个空间中，真实与虚拟交融，物质属性与社会属性相互嵌入，人类的生存空间被彻底改变，即人们不仅生活在现实社会中，也生活在虚拟世界里。这种利用数字化中介手段在虚拟空间进行的"在线"实践活动，与人们在实体空间的"在世"形成一种相互嵌入的生存关系。因此，在新媒体助力下，城市记忆融入人们的日常生活，形构一种虚实交融的日常传播实践，促成一种体验式传播空间的形成。

---

① ［澳］德波拉·史蒂文森：《城市与城市文化》，李东航译，北京大学出版社 2015 年版，第 88 页。

近年来，基于智能手机应用的文化遗产导览与体验在全球范围内不断涌现，体现出城市文化传播从信息化到图形化再到体验化的数字化进程。在此类应用中，借助地理信息系统（GIS）、虚拟现实（VR）、增强现实（AR）等技术，突破时空限制，再现历史场景，使人的感官得以延伸和放大，用户体验得以优化，人们可以沉浸式地认知感受历史与文化。例如，上海思南露天博物馆的最大特色是体验，大屏幕、二维码、真实虚拟电影院、VR摄影机等嵌入实体空间，使其成为一个被技术信息流贯穿的物质场所，人们在空间中游走体验，身体感官被全方位调动。思南展陈的历史文化地标、遗迹等都标志了二维码，参观者通过电子地图寻找零散分布的20个展品，手机扫描二维码后进入由文字、图片、声音、影像构成的虚拟空间，人的感官在实体与虚拟空间之间来回穿梭，人们感受的思南是融合了虚实的"复合空间"。[①] 又如2017年百度AR实验室发布的一个AR技术应用中，用户打开手机百度App对准北京正阳门，就可以呈现出古人进出城门的生活场景。英国泰恩－威尔郡档案馆开发出一款运用GIS技术的手机应用，当用户行走在街道上，打开移动应用终端，就会呈现出所在街区的老照片等，并讲述相关历史或趣闻。在此类应用中，传播从单一的虚拟空间转变为实体空间与虚拟空间并存、转化、融合的状态，传播由此成为一种城市体验活动，让人从视觉、听觉、触觉、嗅觉、知觉多个维度感受城市，建立起直观而深刻的城市印象。

数字媒介极大地推动了更多植根于本地的、更加个人化的交流与传播活动。自媒体的快速发展，活跃的个人日常信息的传播与发布，使得日常传播成为一个充满创意、表达、认同与抵制的多样空间。比如人们

---

① 孙玮：《从再现到体验：移动网络时代的传播与城市文脉保护》，《探索与争鸣》2017年第9期。

到长沙太平老街游玩，品尝小吃，购买礼品，感受老街的怀旧风情，并在大众点评网上发表自己的评价，在微信朋友圈上传照片，在微博上交流感受体会。通过这样的移动传播实践，人们实现在物理、社会和想象空间之间的移动，丰富了自己的体验以及与社会的关联。

在这些实例中，数字技术嵌入日常生活实践的身体体验，促成了大众与城市记忆的接触与对话。因此，城市记忆不仅仅是城市景观、建筑、文物等各类物质实体，也不仅仅是文字、影像中的虚拟叙事，它借助新媒体技术融入市民的日常生活中。"如果将城市看作一个由地理、信息与意义网络交织而成的交流网络系统，城市文脉是表现在、潜藏于、渗透进这多重网络之中。"① 新媒体的价值体现在打通这些网络，创造出新的社会实践，使得传播成为人与人，人与城市的交往与对话。

（一）微信公众号讲述老街旧巷的市井文化

"城市记忆"是一个以"保护长沙珍贵记忆，传承历史文脉"为己任的民间微信公众号，不少文章是市民以亲历者视角讲述自己或家人与长沙老街旧巷的故事，这些市井故事富有鲜活的生活气息。

《梁小进：通泰街的半个世纪》一文中，梁小进回顾了他从 6 岁时随父母迁居通泰街，上小学，进中学，离家求学等故事，见证了通泰街上的变化。"长沙地域文化分两种，一种是以岳麓书院为代表的精英文化；一种是以包括了都正街在内的南门一带街巷为代表的市井文化。"何立伟在《出入都正街》中回忆说，小时候的都正街上店铺林立、五花八门，男女忙碌，老少喜乐，哐哐当当，蒸蒸腾腾，百姓们的生活有滋有味……正是这样的老街旧巷，在历史长河中承载了无数人的记忆，不论过去还是现在，都记载着长沙的市井文化。

---

① 孙玮：《从再现到体验：移动网络时代的传播与城市文脉保护》，《探索与争鸣》2017 年第 9 期。

梁小进、何立伟的讲述注入他们鲜活的个人记忆，还原了老街巷所承载的市井文化。正如推文下方的留言所述，"随着文章，仿佛身临其境，形象生动地还原了一个不一样的美丽长沙"。这些文章不仅讲述了老建筑历经的风雨，还勾起了一代人的回忆，很多人在留言处讲述自己儿时成长的地方。微信公众号以亲历者的视角展现老长沙大街小巷的市井文化，富有很强的体验感和生活气息，唤起了大众的记忆。

（二）社交媒体构建城市文化交流圈

微博的出现，突破了传统媒体的单向性、线性和非选择性，受众成为"信息发布者"，传播的互动性、主动性和即时性大大增强。在微博上，人们不仅可以发布日常的内容，还可以在其他微博下方进行转发、评论、点赞、分享等，发微博成为人们日常生活的一部分。在微博主页上搜索"长沙老建筑"就会出现许多形式多样的内容，有文字、图片、视频等。

不少官方认证微博账号发布关于长沙老建筑的文章，如"凡益工作室"，其简介为挖掘长沙昔日城市记忆，在其发布的微博内容中有许多与长沙老建筑相关，2017年3月还联合潇湘晨报旗下的《晨报周刊》发起了探讨长沙老建筑的话题。一些微博个人用户也发布关于长沙老建筑的内容，如"长沙有什么书店、老建筑值得一看？"老建筑会'飘移'64岁湘江宾，40小时'走'了35.56米"等微博，被网友大量转发、评论，赢得了广泛关注。

社交媒体能以图文、音频、影像等形式向用户传递城市旧闻，历史影像、民众生活方式等城市记忆的相关信息。因其具有留言、转发等社交功能，使互动能有效进行，信息传播范围更广。微信公众号、微博等借助话题发布，吸引对城市记忆话题感兴趣的民众集结成"社交圈子"，建构一个个共同体。有怀旧情愫的市民借助社交媒体沟通交流，通过建立讨论群组，线上线下加强联系，形成兴趣圈，使人与人之间的关系越来越密切，长沙地方文化得到更广泛的传播。比如"城市记忆"公众号工作人员对提供优质留言的用户发出邀请，使其参与"长沙记忆"专题讨论组，与志同道合的人交流思想，并相约去老街老巷等体验，公众号还就讨论内容整理出新的文章，增强用户的传播体验。新颖活泼的传播形式有助于年轻人"加关注"，相较于中老年人习惯于再现化表达，年轻群体更倾向于对城市记忆的文化体验。

（三）抖音的"网红文化"促生新型"打卡效应"

短视频是一种基于移动互联网诞生的新媒介形式，广泛而方便。它符合人们移动化的接触习惯，短小精悍的内容切合了受众碎片化的阅读需求。抖音就是移动短视频的典型代表，是一个拥有超过2亿用户的短视频平台。抖音为用户创建了一个表达思想的地方，也让"精英文化"卸下"光环"，涌现了许多平民"网红"，出现了"网红文化"，传播效应不容小觑。在抖音上，一个爆火的视频往往会有几万到几百万次的浏览量，一个"网红达人"的粉丝量也有几百万到几千万不等，他们发布的内容影响着人们的想法与行为，类似于"明星效应"。

例如，太平街有很多有怀旧气息的小吃，刮凉粉这种特具年代感的老食品就不止一次被抖音传播出去。一则"王嗲刮凉粉"的抖音视频曾获点赞过50万，评论近3000条，吸引很多游客慕名前往。前人的评价信息成为受众自身行动感知的参考，并引发了寻访之旅。

除"网红达人"以外，也出现了"网红城市"。2018年3月，抖音与西安合作，对西安的旅游文化进行了宣传与推广。到2018年4月，抖音上有关西安的短视频总数超61万条，浏览次数超过36亿[1]。不少

---

[1] 田斌：《移动短视频应用的内容生产及传播模式研究》，河北经贸大学2018年硕士论文，第3—6页。

用户更是看了短视频以后去西安"打卡"，使西安一时之间成为大家都想去的"网红城市"。抖音上有很多用户观看这些视频以后，产生了"攀比"心理，自发地为自己所在城市做宣传。抖音上"长沙"的话题使用量高达 37.4 亿，除该话题以外带有长沙的话题也有 292 条。这些视频的内容包括长沙旅游景点、长沙标志性建筑、长沙美食、长沙历史文化等。很多人在抖音视频上留言要去长沙"打卡"，刮起一股"打卡风潮"，在类似抖音这样的移动短视频"网红文化"的作用下，长沙成为了人人都想打卡体验的"网红城市"，长沙地域文化在这样的带动下，认知度日益广泛，传播范围不再受空间的限制。

（四）大众点评的优质点评模式精准指向消费者

UGC 时代即用户生产内容。用户不只是内容的浏览者，也是内容的领导者、生产者、筛选者和共享者。而作为 UGC 的重要形式之一，大众点评逐渐成为主流，各种第三方 App 开始诞生，如大众点评、马蜂窝等。这些 App 提供点评打分的平台，让大众自己体验过该产品或地方后再发表评价，分享自己的消费体验，并为其他人提供消费参考，影响甚至决定其他人的选择。这意味着网络变成了一种与现实世界相融合的虚拟生活，日常生活成为"由普遍、互联和多样化的媒体系统建构起来的真实虚拟的文化"。①

在大众点评 App 上，一个名为"神之子的泪水"的用户在他的点评中写道："青麻石板路还是蛮有意境，道路两旁颇具特色的古建筑很有时代感。"这个点评也收获了众多网友的点赞。大众点评 App 上的这些点评不仅有文字、图片、视频等形式，还有对景点的星级评分模式，这些游玩之后的游客写下的想法，为其他大众提供了参照。

在马蜂窝 App 上这样的优质点评模式则更加明显。马蜂窝主打

---

① 黎杨全：《大众点评的兴起与文学批评的新变》，《中州学刊》2016 年第 11 期。

"旅游攻略"，在它的界面上，"旅游攻略"又细分为笔记、游记、攻略、问答四个方面，其相较于大众点评 App 上的点评而言篇幅更长，内容更具针对性也更专业化。

例如，网友"清欢－清醒纪"在马蜂窝平台上发表游记《一期一会·山水洲城》，全文将长沙分为山（岳麓山）、水（湘江）、洲（橘子洲）、城四大场景，其中城市部分着墨最多，细分为三条老街、四座公园和七所艺术博物馆，内容翔实，评述参半，被平台选为金牌评论。网友"风行（济南）"的游记《走在湖南之长沙行》对太平街、潮宗街等长沙老街巷做了较细致介绍，"回到中山亭，沿黄兴北路北行到潮宗街东口，潮宗街是长沙市仅存的 3 条麻石大街之一，长沙城的又一条老街。晚清时期潮宗街是出潮宗门到达湘江河运码头的必经之路，因而这里成为米业、堆栈业的集中之地，得以铺设当时高规格的麻石"，再配以精美图片，引发不少旅游爱好者对长沙城市文化的向往。还有一篇旅行笔记中写道："太平街不长不宽，但在它的纹理之中却展现湖湘文化魅力、体现传统商业民俗。置身其中除了能直接感受到标志性古建筑带来的视觉冲击以外，还能感受到一种历史积淀散发气味。"与之相类似的优质点评、游记、攻略还有很多，传播的说服力与吸引力较强，为大众提供了有效参考。

（五）AR 技术构建虚实互嵌混合空间

城市有两个面，一是实体的城市，通过可感知的物理元素呈现，由建筑、城市纹理等组成；另一个是再现与想象之城，由文字、声音、影像、大众文化和集体记忆支持，即大众传媒构建的城市虚拟空间。[1] 新媒介的出现，使得文字、声音和影像可以交织融合，打破了传统媒介再现式的传播，并开展体验式的传播如 AR 技术的使用，可以通过影像将

---

[1] 周正楠：《传播学对建筑设计的启示》，东南大学出版社 2003 年版。

物理空间结合起来，以虚拟现实的方式展现历史文化。

"记忆地图"也称为城市记忆导视系统，就是一种 AR 技术。在长沙太平街主道上，25 个"记忆地图"沿街排开，包括宜春园古戏台、贾谊故居、雅礼医院、雅礼大学堂故址、鲁班庙旧址、近代长沙救火队旧址、唐宋长沙县衙故址等 20 多处历史文化记忆地点。从五一大道进入太平街，石牌楼旁 3 块大型的"记忆地图"图文并茂地呈现长沙城市记忆的分布点、长沙历史步道和太平老街的城市记忆。每一块"记忆地图"很精确地标注历史旧址所在并设置二维码，走进太平老街，拿着手机扫描二维码进入虚拟空间，可以看到以图文视频方式呈现的该地点的历史故事和记忆，人们可以一边脚踩青麻石板，一边听着手机里关于老建筑历史文化的语音介绍，就这样以手机为引导，了解曾发生于此的历史故事，感受隐匿其中的湖湘文化。

一篇《长沙太平老街建城市记忆导视系统，"记忆地图"成导游》的报道采访了一位来自陕西的外来游客对太平老街"记忆地图"的看法："没想到一条古老的街道会隐含如此厚重的历史文化记忆。"她说，太平老街看起来很寻常，但 25 个能讲故事的"记忆地图"生动地再现了太平老街的历史文化，"让我们了解到隐藏于背后的老街文化，而不是一瞥而过"。AR 技术使人的感官在虚与实之间来回切换，身体体验不再单一，体验式的传播方式使人们感受到的不纯粹是实体空间或虚拟叙事空间，它是地理实体空间、叙事空间、声音空间、图像空间、信息空间和意义空间并存的"混合空间"。

移动新媒体突破大众媒介原有的传播方式，开辟了身体体验的新维度，创造了一种崭新的社会实践。媒介对城市记忆的传播也不仅局限于对旧日场景的再现，还能调动人的各种感官，融入人的日常生活实践中，成为一种体验式传播。如今人们行走在城市里从事文化消费活动的同时，可以借助智能手机拍照在朋友圈分享，在大众点评网进行点评，在微博上交流感受，人在实体与虚拟之间的穿梭往复，使得日常传播成为一个充满创意、表达、认同与抵制的多样空间。传播不仅是实体空间的传播，也不仅是虚拟空间的传播，在新媒体助力下，它融入人们的日常生活，是一种虚实交融的日常生活实践。受到媒介变革的影响，长沙城市记忆也在体验式的传播空间中绽放异彩。

第五章　文化记忆的展演与地方认同

　　城市是博物馆赖以生存的环境、资源来源、服务的主要空间范畴，博物馆的生存与发展必须融入城市发展，而城市发展也需要博物馆这样的文化机构，因为它具有保存集体记忆、建构文化身份的功能。尤其是地方综合性博物馆，是城市文化的传播者和城市形象的塑造者，通过提供丰富多彩的文化体验与文化资源，增进市民对本土历史文化的了解，塑造人们心中的城市印象，激发内心对地方的认同、归属与自豪感。同时博物馆还是一个公共文化空间，可以增进不同人群、地域与文化之间的沟通、对话与交流，提升城市的包容性与融合力。因此，人们将其定义为文化的殿堂、休闲的场所、公共文化意识的培育地。本章主要以长沙博物馆、湖南省博物馆为例，探讨地方博物馆对特定社会群体的集体记忆和文化身份认同的传达与建构。

第一节　地方博物馆、文化记忆与地方认同

　　德国文化学者扬·阿斯曼认为，文化是一种记忆，文化即集体记忆

和集体意识的体系，也表现为一个对各个集体而言统一的价值体系。① 法国社会学家哈布瓦赫指出，集体记忆是某群社会成员的共同记忆，每一个集体记忆都需要得到在时空被界定的群体的支持。② "这种集体记忆能够被理解为该群体成员的共同生活的文化框架，它建造了单个个体之间的具有群体特色的行为和关系的社会基础，使得他们塑造文化共同性成为可能，并且能够将过往文化的共同知识加以传承"；学校、图书馆、博物馆这类文化设施就是建构和传播集体记忆，赋予个体身份认同的重要公共机构；博物馆将特定的文化物品挑选、保存、展示并传承后世，这些物品关系到特定的文化身份认同，并受到社会或政治的承认与支持。③ 作为文化和教育机构的博物馆因此具备了保存特定的社会群体的集体记忆，并且维护他们的文化身份认同的文化职能。

地方综合性博物馆是综合展示特定区域自然生态、历史文化和风土民情的博物馆，一般以地方的名称冠名，如长沙市博物馆、苏州市博物馆等。此类博物馆以收藏、保存、研究本区域的文物，传播地方的历史文化信息为核心职能，具有收藏、展示陈列和文化信息传播的地方性特征。全球化进程加速了信息、知识、货币、影像、人的流动，地方被整合进一个更大的全球化网络中，不同地域的文化趋于接近，甚至出现同质化的趋势。地方博物馆作为地方文化机构，因此承担了地方历史文化信息传播、文化传承与地方认同的功能。

① ［德］阿斯特莉特·埃尔等：《文化记忆理论读本》，余传铃等译，北京大学出版社2012年版，第22页。
② ［法］莫里斯·哈布瓦赫：《集体记忆》，毕然等译，上海人民出版社2002年版，第40页。
③ 刘宏宇：《呈现的真相和传达的策略：博物馆历史展览中的符号传播和媒介应用》，人民日报出版社2016年版，第6－7页。

一、集体文化记忆汇聚地

扬·阿斯曼将集体记忆分为交往记忆和文化记忆两部分，文化记忆是摆脱了日常并超越了个体间交流的记忆，由特定的社会机构借助文字、图画、纪念碑、博物馆、节日、仪式等形式创建。"这种记忆涉及对一个社会或一个时代至关重要的有关过去的信息，这段过去构成了该社会或时代的集体记忆，相关的人通过不同的文化形式如背诵、庆祝、瞻仰重温这些记忆。"[1]

文化记忆具有特定的载体、固定的形态和丰富的象征意义，其传承遵循特定而严格的形式。从媒介上来说，"文化记忆需要有固定的附着物，有一套自己的符号系统或者演示方式"，如文字、图片和仪式等，因此需要专人维护。[2] 从内容上来说，文化记忆是关于集体起源的神话以及与现在有绝对距离的历史事件，回忆这些内容的目的就是要论证集体的现状的合理性。由于文化记忆对集体的主体同一性起着异乎寻常的重要作用，所以它的存储和传播都会受到严格控制，它是目标极为明确的记忆政策努力和干预的结果，带有明确的政治和意识形态色彩。[3]

扬·阿斯曼认为，每种文化都会形成一种"凝聚性结构"，它起到一种连接和联系的作用，表现在社会和时间两个层面上。"在时间层面上，把过去和现在连接在一起，其方式便是把过去的重要事件和对它们的回忆以某一形式固定和保存下来并不断使其重现以获得现实意义；在社会层面上，它包含了共同的价值体系和行为准则，而这些对所有成员

---

[1] ［德］扬·阿斯曼：《文化记忆：早期高级文化中的文字、回忆和政治身份》，金寿福等译，北京大学出版社 2015 年版，第 370 页。

[2] 黄晓晨：《文化记忆》，《国外社会科学》，2006 年第 6 期。

[3] ［德］扬·阿斯曼：《文化记忆：早期高级文化中的文字、回忆和政治身份》，金寿福等译，北京大学出版社 2015 年版，第 371 页。

都具有约束力的东西又是从对共同的过去的记忆和回忆中剥离出来的。"① 正是通过与共同遵守的规范和共同认可的价值紧密相连、对共同拥有的过去的回忆，这两点支撑着共同的知识和自我认知，基于这种知识和认知而形成的凝聚性结构，方才将单个个体和一个相应的"我们"连接到一起。这种凝聚性结构就是一个文化体系中最基本的结构之一，它的产生和维护是"文化记忆"的职责所在。地方性的市民或区域性的大众，通常来说拥有能够更加清晰定义的轮廓和更多确定的共同文化特征，因此比起像中国这样一个庞大的国家中具有很强非同质性的"人民"来说，更容易地表现出一种共同的文化身份认同。因此，在地方或者区域层次上建构一种现代的公共空间就显得比在国家层次上更加容易些。②

如何传承本地域优秀文化传统，构建基于地方的认同感和归属感，在全球化时代形成一种聚合力，阿斯曼的文化记忆理论给予我们启发，就是需要不断地回忆历史来论证"集体"现状的合理性。博物馆收藏了大量的人类文化遗产及其信息资源，将文化层面上的意义传承下来，并且不断提醒人们去回想和面对这些意义，从而成为阿斯曼所说的"文化记忆"的媒介。一个城市博物馆或地区博物馆成为一个地方与族群的集体文化记忆的汇聚地，从符号学视角来看，一件件藏品象征着一个地区特征的"标识"，"藏品体系"则代表一个地方文化的象征和隐喻系统。③ 每一次观众的参观行为，通过对藏品所体现的地方历史的社会体制、行为与活动的解读，意识到共同的属性和他们所属集体的独特

① 黄晓晨：《文化记忆》，《国外社会科学》2006 年第 6 期。
② 刘宏宇：《呈现的真相和传达的策略：博物馆历史展览中的符号传播和媒介应用》，人民日报出版社 2016 年版，第 134 页。
③ 刘宏宇：《呈现的真相和传达的策略：博物馆历史展览中的符号传播和媒介应用》，人民日报出版社 2016 年版，第 134 页。

性，从而成为"回忆地方"的集体行为，借此确认并强化自我的身份。因此，地方博物馆作为民族和地区不断延续的文脉，成为人们认识与了解自我，维护地方文化记忆，维持文化传承，建构地方认同的重要资源。

二、地方文化活动中心

伊藤寿郎在20世纪90年代初提出三代博物馆理论，第一代博物馆为保存珍贵文物的场所，与民众的日常生活脱节；第二代博物馆为地方公立博物馆，馆内孤独的研究员虽然拼命地举办特展招揽观众，但博物馆总是陷入观众只来一次的窘境；第三代博物馆则非以文物作品保存为首要任务，基于地区社会的需求，发掘必要的资料作品，并与民众的参与体验为主轴。① 随着博物馆向公众开放的步伐加快，推动着博物馆从以"物"为中心向以"人"为中心转变，从传统意义上的收藏、保存、展示的研究机构，逐步向融地方历史文化、建筑、藏品和人文精神为一体的文化景观转变，通过不断拓展文化与社会服务领域，成为与社会公众持续互动演进的特色空间，扮演地方文化活动中心的角色。

2018年"国际博物馆日"的主题就是"超级连接的博物馆：新方法、新公众"，倡导博物馆提高跨界和超级连接的新能力，通过"博物馆+"使其更为广泛地融入社会生活各个领域。当前，我国地方博物馆的功能与角色还在不断拓展，流动展览、博物馆出版、文化创意等业务迅速发展，且在文化、教育等功能之外兼具休闲、娱乐功能，使得博物馆不再仅仅是博物馆，也是电影院、书店、餐厅和文物商店。通过设计以展览为核心的多层次、多元化活动体系，开展俱乐部、讨论组、音乐会、示范表演等活动，地方博物馆不断拓展多元化地传播地方文化的

---

① 张婉真：《消费文化、博物馆与社会大众》，《博物馆学季刊》2009年第2期。

手段，为公众提供更多走进博物馆、体验博物馆的选择。

作家也斯记述了参加柏林举办的"博物馆的长夜"活动的见闻：
"普格蒙神殿的石阶和前面的广场上，密密麻麻坐满了人……一年一度
的'博物馆的长夜'，柏林几十个博物馆在同一个周末晚上开放，准备
了音乐、舞蹈、演讲、木偶戏、民族节庆的仪式、爵士乐与'接触即
兴'、酒吧、小吃，有小巴接送，让观众从一所博物馆到另一所，一直
过了午夜……"① 由此可见，博物馆活动将各种多元的、多层次的文化
（古典的、大众的、时尚的）以及消费有机融合起来，极大调动起观众
热情。而地方博物馆通过整合地方文化资源，举办活动来"让大众参
与讲述神话、民间传说、表演戏曲、杂艺，让文化成为一种共享的生活
方式"②，让每个人参与到地方文化的沟通、共享、塑造和再现过程中，
积极塑造新文化，这也将使博物馆成为地方文化活动中心或社交中心，
对建构城市认同起到极大推动作用。

第二节　地方博物馆的展陈传播

博物馆是具有保存集体记忆和建构文化身份功能的文化机构，其历
史展示最适于直观传达特定社会群体的集体记忆和文化身份认同，并且
将其加以建构和保存。在博物馆的发展历程中就存在着博物馆实践与塑
造集体历史意识的紧密联系，因为过去的年代可以通过对事物的收集、
保存、回忆的方式转移到当下，由此将事件和物品纳入博物馆保存的进
程本身成为历史经验或者历史意识的一部分，那些被收入博物馆的物品

---

① 王群：《寻找文化的契合点》，《北京文博》2004 年第 3 期。
② 吕睿：《传媒时代博物馆的信息传播研究：以地方综合性博物馆为例》，重庆大学
2010 年硕士学位论文，第 10 页。

从而也就接受了赋予身份认同的功能。本节以长沙市博物馆的代表性历史展览作为重点案例进行分析，阐释其如何通过展示自身历史建构集体记忆与身份认同的文化功能。

一、博物馆展陈的美学、政治和科学维度

博物馆传播的信息源始于博物馆的藏品，失去藏品这个前提，便只有传播而没有博物馆了。博物馆传播的另一个特点是传播的真实性和权威性，即博物馆传播的本质是建立在藏品真实性基础上的。[①] 因此，博物馆是以实物为主要信息传播媒介，以陈列展览为主要信息传播途径。

"陈列展览的设计是按照人类知识体系来安排的，根据专业学术理论框架或对实物材料需求的认知来安排。由于信息的庞杂，博物馆很难向公众提供数据性和事实性的信息，而只能提供经过博物馆处理的知识性信息。"[②] 因此，陈列展览是一个体现组织者、设计者、制作者的信念、态度、价值取向的观念综合体，是利用藏品、图片、文字、视觉形象、空间环境等因素，通过设计而制成的集合，博物馆陈列展览提供给公众的信息只是知识的表达形式，是由特定知识规定的，是指向特定的知识。[③]

德国文化学和历史学家约思·吕森（Jorn Rtisen）指出，历史文化主要是由三个维度所决定的：美学、政治和科学。首先，美学是"各种历史传播的前提条件"，"因为历史只有以美学加工后的形式才能被受众加以认知。这类或多或少带有虚构和乌托邦性的美学加工能将历史

---

① 李文昌：《博物馆的传播学解读：传播学读书笔记》，《中国博物馆》2008 年第 3 期。

② 吕睿：《传媒时代博物馆的信息传播研究：以地方综合性博物馆为例》，重庆大学 2010 年硕士学位论文，第 7 页。

③ 宋向光：《物与识：当代中国博物馆理论与实践辨析》，科学出版社 2009 年版，第 53 页。

文化的真相原则变得相对化"；其次，"历史文化也是具有政治意义的事物，任何的历史书写总是依附于当时的政治权力结构的，并且为了稳固秩序和维护传统而服务。从这一视角出发，历史记忆也就具有在历史意识和单个主体的历史身份认同中将政治权力加以合法化的功能"；最后，"正是科学生产出了历史并且通过调查史料赋予历史可信度，人们才能将历史作为可靠的'真相'来加以接受"。① 当然，人们也会因此疑惑：基于美学、政治和科学维度而制作出来的历史叙事究竟有多么可靠和真实？

吕森认为，这三个维度之间存在着复杂的紧张关系，他将美学和政治视为主观知识，而将科学视为客观知识，并且尝试将"客观"的科学与"主观"的美学和政治截然区分开来。但是后现代哲学家布鲁诺·拉图尔（Bruno Latour）等对此观念持批评态度。拉图尔认为，将客观与主观、自然力量与政治力量以及科学和政治割裂的二元本体论是现代性的主要特征，也是专断的和错误的，这些方面其实完全不是彼此鲜明区隔的，而是具有相同的来源，这也导致它们事实上以各种不同的形式互相关联和重叠。②

美学、政治和科学的分析维度为研究博物馆的展示方案提供了有益的研究视角。例如，我们可以去探究，通过相应的历史展览传播了哪些政治和文化讯息，建构了哪些历史图景，采用了哪些教导方法，实现了怎样的社会功能？这样的文化传播又是如何通过特殊的美学和叙事策略推动和支持的？建构出的博物馆历史图景是如何与历史事实相区别，以

---

① 刘宏宇：《呈现的真相和传达的策略：博物馆历史展览中的符号传播和媒介应用》，人民日报出版社 2016 年版，第 4 页。

② 刘宏宇：《呈现的真相和传达的策略：博物馆历史展览中的符号传播和媒介应用》，人民日报出版社 2016 年版，第 4 页。

及这种区别体现出何种文化意义和社会秩序？① 这一切都需要从博物馆的内容规划与传达意图、形式设计与传播效果等方面考察。

在这一研究视角下，符号学分析方法是适宜于分析博物馆传播中的美学、政治和科学维度的。由于博物馆藏品是由于有关物质和精神的使用价值的特定考虑而被收藏、解说和展示的，其特性并不仅仅指向物质本质自身，而是同时包含有科学的、政治的或者文化的兴趣。从符号学视角来看，"博物馆藏品的常规的使用价值从而就通过一种符号进程或者象征进程转化为一种文化象征价值，而博物馆藏品也就被缩减为符号"。②

索绪尔的符号学理论将符号视为由能指和所指以及这两个相互关系极的联结所组成的，"被缩减为符号的博物馆藏品也就能够被分为两个部分——一个被说明描述的部分和一个去说明描述的部分，并以此方式来加以读解"。符号学分析法有助于分析博物馆传播，在符号学视角下可以将博物馆中的媒介传播进程理解为一种符号进程，将展览作为文本来处理和分析，将展示内容的编码和解码作为分析对象，而且当博物馆中的建筑空间、展品和全部展览建筑手段作为符号处理的同时，符号学分析原则上研究的就是讯息的可传播性和可理解性的条件，以便那些赋予意义并且在博物馆传播经验中唤起特定见解的编码能在传播中被发现和确认。③

① 刘宏宇：《呈现的真相和传达的策略：博物馆历史展览中的符号传播和媒介应用》，人民日报出版社 2016 年版，第 5 页。
② 刘宏宇：《呈现的真相和传达的策略：博物馆历史展览中的符号传播和媒介应用》，人民日报出版社 2016 年版，第 10 页。
③ 刘宏宇：《呈现的真相和传达的策略：博物馆历史展览中的符号传播和媒介应用》，人民日报出版社 2016 年版，第 10 页。

二、地方博物馆的展陈传播与城市认同

长沙是历史上唯一经历三千年历史城址不变的城市，是国家首批历史文化名城，有着深厚的楚汉文化以及湖湘文化底蕴，又称"楚汉名城"。长沙博物馆位于新河三角洲，浏阳河与湘江交汇处滨江文化园内，是长沙市的历史文物收藏、保护、展示和研究的中心。长沙博物馆定位为本土历史文化的传播者与城市形象的塑造者，试图通过提供丰富多彩的文化体验与文化资源，增进长沙市民对本地历史文化的了解，激发内心对长沙的认同感、归属感与自豪感，形成长沙人的文化心理，同时作为城市的文化窗口，为外地人塑造其心中的长沙印象。

长沙博物馆的外墙被一幅 20 世纪初长沙开埠初期的长沙地图包裹，粗细不一的地图线条横亘游走于其上，象征湘江缓缓流淌着，采用老宋体文字作为装饰，图上标注长沙地名，包括红牌楼、白沙井、坡子街、定王台、天心阁、清水塘、岳麓书院、橘子洲等在内 18 处，使建筑物更富有历史气息。"珍宝顽石"是长沙博物馆的建筑核心语境，即一颗湘江边的"顽石"，寓意着湖湘神韵和长沙精神。[①] 建筑造型流畅而富于变化，从远处来看，它就像从河流冲击出来的沙滩砾石一般，在大地之间崛起的建筑体态，就如同刚直、倔强、勇敢的长沙人性格，又代表豪迈、浪漫、自然、率直的湖湘艺术神韵。

长沙博物馆建筑总面积 2.4 万平方米，馆藏文物近 5 万件，涵盖了从旧石期时代至近现代印证长沙历史文化发展的各类实物，其中商周青铜器、楚汉文物、长沙窑瓷器为国内外所瞩目。馆内共有四层展厅，一、二层 4 个展厅为基本陈列——"湘江北去 中流击水——长沙历史

---

① 吴庆庆：《湖南地区博物馆展示空间的设计语境研究》，湖南师范大学 2016 年硕士学位论文，第 34 页。

文化陈列"，以历史发展为序，依托反映长沙历史文化内涵的 1250 余件（套）文物，全面展示长沙自有人类活动以来至 1949 年和平解放的历史发展脉络，展现长沙厚重、辉煌的历史文化，彰显"楚汉名城，革命胜地"的名城风采，解读这座历史文化名城的人文精神。

以"湘江北去"和"中流击水"作为长沙历史文化陈列的展标，取自毛泽东的诗词《沁园春·长沙》。长沙是毛泽东早期从事革命活动的地方，这首词也作于长沙。借用毛泽东的诗句作为展标，一是考虑这首诗词本身强大的影响；二是具有唯一性；三是两句诗词恰如其分地反映了古代和近代长沙的文化特色，并富有深刻的寓意。湘江流经长沙后，一路向北，入洞庭、汇长江，最后纳入东海。把长沙的古代文明比喻为湘江之水，寓意源远流长的长沙古代文明和其他的支流文明一样，最终汇入了中华文明的海洋。"中流击水"则更是形象地表达了近代长沙人在历次社会大变革的浪潮中，不畏艰险，勇立潮头。①

（一）湘江北去——长沙古代历史文化陈列

在序厅设计中，该展览以"星空下的山水洲城"为策划思路，以场景及手捧"长沙"地名多媒体互动形式，讲述长沙地名由来的故事，表现古代长沙山水洲城的人文和自然环境，调动观众情绪，引导观众的探索欲望。

1. 湘江晨曦

第一部分"湘江晨曦"主要展示长沙史前时期的文明，分为"击石为器""农耕初兴"两个单元，包括"聚落星布""大塘文化""上古传说"等组合。在第一单元中，展出浏阳出土的一组 20 万年前旧石器时代的打制石器，揭开长沙最早人类活动的序幕。在第二单元"农耕初兴"中，主要陈列大塘遗址出土的彩陶鸟纹双耳罐和一组带有太阳、

① 王立华：《长沙博物馆基本陈列的策划与设计》，《文物天地》2018 年第 3 期。

建筑、兽面等刻画纹饰的陶片，配以图文介绍大塘遗址陶器器型，表现了先民日渐丰富的生活和原始的审美情趣，反映出长沙农耕文明的兴起、原始聚落的形成、原始艺术的产生和先民们崇拜太阳的宗教观念。

策展人员在选择相关的石器和陶器等文物时，有意识地使展品来自相同的时代和出土地点，从而保证文物之间的相关性，也有助于观众理解文物之间的文化关联和叙事语境。在国内传统的历史展览中，为体现展览的丰富性和历史覆盖面广，展品虽然很多但往往缺乏相互联系，难以建立流畅的叙事逻辑，从而带来展陈传播效果的碎片化和随意性较强。① 有鉴于此，长沙历史文化陈列展览采取重建展品的原始历史语境的方式，有助于恢复历史遗物的独有"光韵"。

模拟这种展览方式近年来在国内博物馆陈展中频频出现，从展示材料和媒介运用的角度来看，模拟可分为实物模拟、场景模拟和多媒体虚拟三种。② 该部分策展中采用了实物模拟和场景模拟的方式。策展人员在展览入口即设计了一款旧石器时代的石器复制品用作教具，观众可以用手触摸体验，并配以液晶屏用于点击了解"石器时代""打制石器""磨制石器"等知识，加强了观众与展品之间的体验感与互动性，给观众留下了深刻印象。展览方还模拟制作一个原始部落先民生活的场景，用于再现古代人的生活环境，增强了观众对先民生活的认识和理解。

2. 青铜之乡

第二部分"青铜之乡"分为"商周南征""神秘方国""青铜神韵""铙乐悠扬"四个单元，表现商周青铜文明南传长沙的历程和对本地文明进程的重大影响。商周时期是中国青铜文化的鼎盛时期，长沙在

---

① 刘宏宇：《呈现的真相和传达的策略：博物馆历史展览中的符号传播和媒介应用》，人民日报出版社 2016 年版，第 106 页。

② 吴庆庆：《湖南地区博物馆展示空间的设计语境研究》，湖南师范大学 2016 年硕士学位论文，第 19 页。

此期进入青铜时代。自 20 世纪 20 年代以来，今宁乡黄材盆地及其周边已出土商周青铜器数百件，四羊方尊、人面纹鼎、青铜大铙等以其形体之高大厚重，铸造之精美绝伦成为中国青铜器中的珍品，奠定了长沙作为南方青铜文化中心之一的地位。宁乡炭河里遗址的发现，表明西周时期长沙地区存在一个具有发达青铜文明的方国。

"商周南征"以重要考古发现和研究成果为基础，以长沙出土或征集的兽面纹铜瓿、兽面纹铜爵、细线纹铜斧、云雷纹羊首铜饰件、环首龙纹铜刀、三角援铜戈等组合文物为佐证，结合历史文献记载，描绘出中原商周文化南传的路线。"神秘方国"以宁乡炭河里遗址、望城高砂脊遗址的考古发现为例，阐释遗址及其城墙、壕沟、宫殿基址、贵族墓葬的含义与意义，表明炭河里与高砂脊正是长沙地区西周方国的政治中心，而长沙西周方国的存在也表明青铜文明的输入给长沙带来物质文明的巨大进步和社会形态的巨大变化。

"青铜神韵"则主要反映独具特色的长沙青铜文化面貌与青铜文明的重要成就，重点陈列馆藏的长沙及周边出土的兽面纹提梁卣、牺兽尊、乳钉纹鼎、兽面纹瓿、蛙纹铙、云纹甬钟等青铜器，同时以图文形式展示四羊方尊、人面纹鼎以及虎卣、两羊圆尊等部分流落在海外的长沙出土的商代青铜器。这些青铜器既具有典型的中原商周文化风格，又具有鲜明的长沙地方特色，两种风格的并存反映了商周文化南播过程中与本地文化的交流和融合。铙是长沙商周青铜器群中最具特色的器物之一，长沙也是出土铜铙最多的地区。"铙乐悠扬"以商代铜铙为展示重点，展出国内最大的铜铙——商代商纹铜铙、中国最早能成编奏乐曲的青铜乐器——乳钉云雷纹铜编铙，突出表现了长沙的青铜文化特色。

该部分展陈组合使用实物、图文、实物模拟、多媒体互动游戏、视频等多种方式。首先是运用图文来介绍，如"商周南征"的图文介绍内容丰富，引用《诗经》《竹书纪年》《楚辞》等的记载来佐证商周对长沙越人的征伐，并配以商周文化南播路线示意图、长沙地区商周青铜器出土地点分布图。其次，该部分虽然使用了图片和文字作为信息源，但是仅仅作为背景和辅助的功能，展览的主角仍然是出土和收藏的历史物品。商代商纹铜铙、乳钉云雷纹铜编铙、兽面纹提梁卣等大量精美的青铜器文物原件的展陈体现出考古展览的典型特征，即主要是让"物"说话，在传播中并没有包含有主观的价值评判。同时展览中呈现的古代青铜器的精湛工艺和青铜文化的考古学研究成果也体现出展览的科学性。由于四羊方尊这一国宝收藏于国家博物馆，展览方使用复制品来替代，并将其设计成可触摸的方式，消除了参观者与展品的障碍，满足了观众的好奇心，让观展者在触摸中感受历史。

另外，展陈利用多媒体信息技术，强化展览的互动性和娱乐性，有效吸引了观众的参与。策展人员设计了一款"铙乐悠扬"的多媒体互动游戏，在液晶屏上图文介绍中国最早的青铜乐器铙、一组九件能成编奏乐曲的乳钉云雷纹铜编铙的知识，并可欣赏铙歌、云门等商代大铙古乐表演及《沧海一声笑》等现代乐曲演奏，还可以模拟敲击听古铙发出的声音，让观众生动有趣地体验商周青铜乐器的魅力。展览中还运用了视频等介绍青铜器相关知识。

3. 楚南重镇

第三部分"楚南重镇"，主要反映春秋战国时期长沙政治、经济、文化的发展状况，表现楚人的经营开发促进长沙地区经济社会发展，并创造了独具特色的南楚文化。"百越杂处"单元以长沙地区发现的春秋战国时期的越人墓葬及其出土文物，反映楚人来到长沙前本土扬越文化的面貌。"军事要垒"单元，分"设县图治""南征蛮越""营建城邑"三个组合，以实物、图文、场景构建等结合的方式展陈长沙出土的各种战国时期楚国的印章，带"长沙"字样的铜器铭文，铜剑等各类兵器，陶勺、陶豆、陶罐等生活用具，陶板瓦等建筑构件，城市地层堆积物，并图文介绍战国长沙城的城墙、护城河、城内作坊、水井群等遗址等，反映春秋晚期楚人对长沙的控制，展现长沙成为楚国南部军事重镇的经历。"经营开拓"单元中，组合陈列长沙出土的铜铁生产工具、铜镜、玉器、琉璃器、漆木器、货币及度量衡，并配以图文介绍，从农业、手工业、商业等方面反映出当时的长沙经济达到了较高水平。"南楚风采"单元，分列"礼乐文明""信巫重祀""简帛流芳""屈原怀沙"四个组合，以长沙地区的楚墓出土的素面铜钲、锥刺铜甬钟等青铜礼乐器、镇墓兽、木俑、漆木虎座凤鸟鼓架、简牍、帛书、帛画、陶器等众多文物的组合陈列，反映南楚时期长沙的礼制文明、宗教信仰和文化艺术成就。

该部分展览的陈列品数量多、种类丰富，全面反映当时长沙的社会物质和精神文化水平。展品不仅包括铜铁等生产工具，还有铜镜、玉器、琉璃器、陶器等家居及消费用品，礼乐器、简牍、书画等文化用品，再现了当时的生产水平，还原了当时人们的生活条件，体现当时社会生活的特色，具有一种民俗学展览的特征。由此可见，策展人选择了考古学和民俗学的研究视角，展现了那个时期长沙的社会生产生活和艺术创作的发展进程。展览还采用场景构建的方法，将市中心五一广场挖掘的战国至近现代的城市地层堆积移置展厅内，体现出楚人对长沙的军事占领、政治治理和长沙城市建设的开端。

4. 大汉王国

第四部分"大汉王国"，分"秦长沙郡""封藩建国""王国气象""渔阳王后""王国余脉"五个单元反映古代长沙在其最辉煌的时期——汉代的发展状况。"秦长沙郡"单元，以图文简要介绍秦末长沙郡的设立情况。"封藩建国"单元包括"吴氏长沙国""刘氏长沙国""长沙国相傅""长沙国与南越国"四个组合，展陈长沙王印、王后玛瑙印、金饼、丧葬玉器等墓葬出土文物，并结合图文，反映西汉长沙国的发展历程、政治构架以及与南越国的关系。"王国气象"单元包括"王国都城""王室陵寝""王国生活"三个组合,展示长沙国都城——临湘故城出土的建筑构件、水井遗址、官署简牍,长沙国王室贵族墓葬出土金饼、丧葬玉器、装饰玉器、青铜礼器及生活用具、漆木器等各种文物,并采用西汉长沙国王陵分布示意图、西汉长沙国陵邑遗址北津城、已挖掘西汉长沙国王陵、漆木器铭文等专题图文,还原长沙国都城、王室陵区的布局、规模及王室贵族的生活状况。"渔阳王后"单元,通过复原陈列该墓保存完整的黄肠题凑葬具,墓内出土的金饰、玉器、漆木生活用具、乐器、娱乐器具和随葬牲俑等,介绍渔阳王后墓的发掘经过、黄肠题凑葬制特色和这位汉庭公主、长沙国王后的生活。"王国余脉"单元包括"续国立郡""庄园掠影"两个组合,以图文和东汉墓中出土的陶屋、陶仓、陶井及猪圈等模型明器,介绍东汉时期长沙国的复建、废除和设立长沙郡的情况,并反映当时以农业为主体的庄园经济发展状况。

该部分展陈的文物数量和种类也很多,并充分利用了考古发掘与考古学研究成果来展示秦汉时期长沙各方面的发展状况。除大量文物和照片、示意图以及文字说明外,还采用沙盘模型来形象表现西汉长沙国王陵的分布位置,运用文物复原王陵黄肠题凑葬制,运用视频介绍西汉长沙国王陵的知识,实现展陈手段的多元化,加深了观展印象。

在一个名为"汉趣屋"的展陈空间中,策展人员设置了电子互动、室内场景体验等项目,使观众在娱乐中体验汉代的趣味游戏,感受当时的生活场景。观众可以了解汉代学生用什么课本,玩什么游戏;可以尝试席地而坐,感受汉代生活礼仪;可以欣赏《定王台的故事》,体会长沙王的离别与思念;还可以动手盖上一枚汉代瓦当印章,分享吉祥。一款集拍照和虚拟试装为一体的"穿衣镜"游戏,设置有天子、诸侯王、武将、文吏、贵族女子、侍女等角色,观众可以换上汉代人的衣服,看看自己瞬间穿越的身影，还可以了解汉代服饰。互动游戏无疑使观众能更加生动形象地感受汉代生活、学习汉代文化。

5. 湖湘首邑

第五部分"湖湘首邑"涵盖三国至元时期的长沙，用"风云要地""盛世潭州""唐风妙彩""扬帆远航""马楚王国"五个单元概括长沙作为湖湘首善之区的历史文化特色。"风云要地"是以三国时代的吴简、六朝的青瓷组合陈列，表现当时的长沙政治和经济的变化发展。"盛世潭州"单元，包括"潭州风华""人文荟萃"两个组合，"潭州风华"以金银器、玉石器、瓷器、铜镜、佛顶尊胜陀罗尼石质经幢等出土文物，反映唐代的经济发展水平和佛教兴盛的景象，"人文荟萃"以图文展示一批与长沙有关的文化名人，体现唐代长沙的人文之盛。"唐风妙彩"单元，作为长沙窑的专题展，以长沙窑概况、长沙窑瓷器造型、长沙窑瓷器色釉、长沙窑装饰艺术、长沙窑雕塑艺术及长沙窑瓷器外销六个组合，展出长沙窑各类产品100多件，全面反映了长沙窑瓷器的特色和在中国陶器史上的地位。由于长沙窑创新釉下多彩的烧造工艺，产品远销亚洲及北非地区，形成唐代瓷器外销白瓷、青瓷、彩瓷三足鼎立的局面，在文明的交流互鉴中起到了桥梁和纽带作用，因而"扬帆远航"单元主要以长沙窑瓷器的外销来诠释海上丝绸之路起点这一主题。"马楚王国"单元主要反映五代时期马楚政权在长沙的城市建设、促进湖南经济社会稳定发展和民族融合方面的情况。"潇湘洙泗"单元以"湘岭要据""城市遗迹""商业都会""湘学中心"四个组合，表现两宋时期长沙城市规模的扩展、商业的繁荣、文化教育的发展和以长沙为中心的湖湘学派的形成和发展。

第五部分"湖湘首邑"的陈列采用了实物展陈、场景复原、多媒体展示、图文展示等多种手法，全面表现长沙的政治、经济和文化发展水平。比如借助长沙城市考古发现的宋代街坊、排水涵渠、道路、水井遗址的场景复原展示，再现两宋时期潭州城市的风貌；场景模拟利用馆藏金银器、玉石器、陶瓷器等文物组合陈列，反映唐代长沙经济繁荣和佛教兴盛的景象；对岳麓书院、城南书院和周敦颐、胡安国、朱熹、张栻等名人的图文展示反映两宋时期长沙书院兴盛、学术繁荣的盛况。

6. 明清府城

第六部分"明清府城"分"藩屏府治"和"湘省中枢"两个单元，从时间上纵向反映明清两代长沙的发展状况。明代长沙为诸藩封王之地、藩府国城，清代雍正皇帝两湖分治，长沙成为湖南省的政治、经济、军事、文化中心。"藩屏府治"，分"坚壁固城""奢华宗藩""吉简王府"三个组合，主要反映明代藩王分封历程、藩王陵园分布与规模、王府的营造与奢华生活以及长沙的城市建设。"湘省中枢"分"两湖分治""两湖分闱""湖广熟、天下足"三个组合，展示两湖分治、分闱的历史过程，并从外地人口的迁入，茶市、米市的兴盛，表现湖南经济社会的繁荣。

该部分展陈采用了实物展陈、场景复原、多媒体展示、图文展示多种方式，尤其是充分运用 AR 等虚拟现实技术，增强了展览的生动性与可感性。比如在展厅中运用原物将德祥茶铺、清品茶庄等清代店铺复原，运用缩微模型装置来建构明代吉王府、清代长沙城，以复原城市遗迹。策展人员在展厅正中设置一处大型历史场景复原场地，用木制模型搭建和再现了清代长沙城的街巷、建筑和桥梁等，其中放置了精巧逼真的人物、车辆、船只和树木等，观众可以直观地获知当时的城市规划建设成就和社会生活面貌。观众还可以运用展厅提供的 AR 互动设备，还原太平街、运河码头、老火宫殿、九芝堂等代表性地点的当年情景，感受古今变迁。而液晶屏播映视频节目"历代长沙城市变迁"，为观众提供进一步了解长沙城市发展历程的知识。此处的场景展示由于规模大、手段多，并且具备丰富的文化细节，对于观众具有很大吸引力。

（二）中流击水——长沙近代历史文化陈列

在序厅的设计中，从展览主题入手，用高度概括的艺术语言，设计制作了"中流击水"大型艺术装置，来表现近代长沙人的精神气质。该艺术装置用不同规格的方形钢管集聚，立体构成大浪冲击岩石激起千层浪花的瞬间造型，加上灯光的精准配合，塑造出极具视觉张力、震人心魄的艺术效果。其分明的棱角和铁锈的色彩，表现了长沙人刚正不阿的性格和铁血的精神，而中流击水的造型，更体现了近代长沙人在历次变革浪潮中发挥的中流砥柱的作用。

1. 倡导经世

展览第一部分"倡导经世"，分"师夷长技""湘军的兴起"和"洋务先驱"三个单元反映鸦片战争后长沙籍经世派、洋务派的代表人物在倡导经世致用、唤醒民族自觉、推进中国近代化发展中的作用。

该部分的展陈无论在数量上还是位置上都以文字和图片信息为主，实物居于辅助与次要的地位。例如，在"长沙禁烟"这一组合中，我们首先看到的是林则徐曾用方形洮河砚，林则徐书《格言联璧》警句木匾等实物，展板上方是湖广总督林则徐拟定的严禁鸦片章程、林则徐肖像画及人物介绍，以及反映深受鸦片毒害民众的木版画复印件，下方陈设清红木鸦片烟盒、清鸦片烟枪、记录湖南禁烟的《裕泰年谱》等实物，以图文介绍和实物结合来表现长沙禁烟运动。在"睁眼看世界"组合中，为弥补实物的不足，策展者还采用了反映签订南京条约和民众深受鸦片毒害的油画、板画复制品来表现历史事件和社会情境。

在第一部分最后展出一组"长沙旧影"的历史照片，既有湘江码头、湖南教育总会大楼、橘子洲医院、湘春门、营盘街、太平街等街道和建筑，也有城墙边的樵夫、街头的人力车夫、竹篮中的小孩、街头的小吃摊主等人物，使人们了解体验到近代长沙的社会百态。

2. 引领新政

展览第二部分"引领新政"分"维新号角""长沙新政""长沙近代教育的勃兴"和"血荐轩辕"四个单元，主要表现维新变法期间长沙维新思想的传播、推行新政取得的重要成果以及长沙人民为维新变法做出的历史贡献。

该部分综合采用了图文展示、实物陈列、场景再现、雕塑等形式，以图文展示为主。展陈主要以历史照片和图片为主。其中照片和图片多数是被作为其所属的解释文字的插图来看待，在功能上归属于文字媒介。换言之，这里的文字不是用来解说图片的，而是存在一种相反的关系，即图片用来解说文字，因而这些图片也就有可能失去其作为展品的自主独立性而降格为"语言论据的视觉注角"。①

不过，其中陈列的一组包括民国木架豆油灯、民国德国制"美最时"玻璃罩煤油灯和老式插底式电灯泡的实物，配文介绍说："1897年，宝善成机器制造公司为学堂、报馆、衙署、通衢装灯 400 余盏，开启了长沙电气生活的新时代。"这种实物对比首先是作为历史叙事的证物起作用，而不是宣告其自身的物质性功能，传达出当时的中国与西方的经济技术差距大以及长沙近代化发展的意图，同时在文字说明中又简要介绍了灯的造型、燃料和发明时间、国家等，提供了必要的技术特点和使用性能等原始信息，因此这组实物陈列能够展现出比较丰富的内涵和意蕴。

另外值得一提的是，展厅展出的 1907 年日本私立法政大学发给湖南学生王时润的修业证、1909 年清政府驻日大使发给湖南留日学生王时润的学历证明书等几件实物，具有丰富的个人信息，该实物所具有的

---

① 刘宏宇：《呈现的真相和传达的策略：博物馆历史展览中的符号传播和媒介应用》，人民日报出版社 2016 年版，第 55 页。

明确的功能性和丰富的细节信息，使人无法将其简化为符号来读解，从而也更有能力表现客观准确的历史真实面貌。

3. 辛亥首应

第三部分"辛亥首应"以"长沙开埠""黄兴创建华兴会""辛亥革命前夕的长沙""武昌起义长沙首应"四个单元展现了长沙开埠后，社会矛盾空前尖锐，人民反帝反封建斗争持续高涨，最后一举推翻清政府统治的全过程。

该部分的展陈仍以图文介绍为主，实物为辅。在第一单元"长沙开埠"中，策展者运用《中英续议通商行船条约》谈判代表合影、橘子洲上的英国领事馆、长沙税关旧址等历史照片复印件，《长沙租界租地章程》等文献资料和亚细亚火油公司经销处木招牌、清太古洋行麻石墙界碑等实物，表现长沙开埠的历程以及对本地经济社会的影响。木招牌、界碑等实物，在这里所产生的内在意义已经不是这些物品本身的性质，而是作为国外资本入侵中国的象征物发挥符号的价值。在"民族工商业的发展"的小标题下，展出一组湖南电灯公司旧址、国有招商局长沙码头、开济轮船公司长沙码头的历史照片复印件，旁边则以"帝国主义的经济入侵"为小标题，展出一组日本湖南汽船会社码头、橘子洲美孚洋行办事处旧址的历史照片复印件。这里的图文展现出一种二元对立的叙事结构，其中的中国与西方，中国人民和外国殖民者，被动防御者和主动侵略者的对峙关系，通过文字和图片的对照显现出来。

"长沙抢米风潮"这一组合的展陈综合运用多种手段，最上方引用埃德加·斯诺（Edgar Snao）《西行漫记》中对毛泽东回忆的记述，上方使用了一组图片，包括清政府令湖南巡抚镇压饥民暴动的谕旨复印件，长沙抢米风潮焚毁的官署、教堂、洋行的历史照片复印件，长沙饥民聚集在湖南巡抚衙门前要求平粜粮食、日商在长沙修建的轮船公司码头的照片复印件，以及《长沙抢米风潮》画作复印件，下方则使用一组漫画反映抢米风潮兴起的经过，配以 1910 年长沙饥民焚毁的官府、教堂、洋行的统计资料。这一组合虽然也以图文介绍为主，但采用了画照、漫画、历史照片等更多样化的图片形式，文字也采用了新闻作品、历史文献资料等多种形式，使得表达内容和展陈形式都更丰富一些。不过，策展人在这里将艺术作品作为具有历史证物作用的展品使用，人工制品与艺术品在这方面发挥的作用存在差异，艺术品通常优先被看作美学对象物并被作为隐喻来解读，而人工制品与此相反，首先被看作在特定文化语境中的代表和表现来加以感知①。可以说，艺术品虽然能增强表现的生动性，但难以被视作准确而可靠的历史资料和素材。

在"武昌起义长沙首应"这一单元中，策展人员还运用了多媒体展陈手段，以大型投影"起义倒计时"展示长沙起义的惊险过程，并以液晶屏图文介绍辛亥革命长沙首应和反袁驱汤维护共和的历史。另外还展陈一批民国纪念实物，如民国"三民"铭文银项链等手饰，民国"湖南辛亥首义同志会开国纪念"证章等纪念章、湖南银行纸币等货币，还有一些日常用品如民国彩绘"三民主义"瓷坛、民国"大汉光复"瓷壶，以及民国新军指挥刀等。展陈综合采用了图文展示、多媒体投影、实物等多种手段，有效增强了传播效果。

4. 建党先声

第四部分"建党先声"，以毛泽东、蔡和森、何叔衡、刘少奇等人在长沙的早期建党活动、中国共产党成立后中共湘区委员会领导的工人运动、农民运动等内容，分"新文化运动在长沙""建立长沙共产党早期组织与中共湘区委员会""开展以长沙为中心的湘区工人运动""在大革命的高潮中""领导轰轰烈烈的长沙农民运动"五个单元展开。

---

① 刘宏宇：《呈现的真相和传达的策略：博物馆历史展览中的符号传播和媒介应用》，人民日报出版社 2016 年版，第 34 页。

　　第一单元"新文化运动在长沙"的展陈以图文介绍为主，展出了如新民学会成立会旧址、北京平民通讯社旧址、新民学会会员合影、"驻衡讨张请愿代表团"成员合影等历史照片复印件，《新青年杂志》合订本、新民学会《通信集》（1918—1921，复制件）、毛泽东致罗学瓒的明信片（复制件）、登载张敬尧退出长沙消息的报纸等实物。该部分的历史照片以合影等为主，承担历史叙事功能有限，只作为文字的补充，发挥插图作用。

　　"建立长沙共产党早期组织与中共湘区委员会"以图文介绍为主。引人注意的是，展陈的贺尔康在湖南自修大学附设补习学校学习期间的笔记本，1922年湖南自修大学附设补习学校学习同学录等实物，这样的展品属于遗留物的性质，带有鲜明的个人印记。这样的原始资料和第一手信息，由于自发性和缺乏目的性，与那些出自传承目的而被刻意完成的证据或传统有所不同。

　　"开展以长沙为中心的湘区工人运动"单元中，图文介绍和实物相结合，实物比较丰富，展板上方有包括黄爱、庞人铨等人物的图文介绍，湖南第一纱厂旧址、湖南第一纱厂工人夜校旧址、湖南工团联合会成立旧址等历史照片复印件，还有一幅长沙泥木工人举行罢工示威游行的油画。实物则包括有登载长沙人力车夫工会成立、长沙理发工人的反抗运动、全国劳动大会第一次会议宣言、粤汉铁路全体工人罢工宣言、萍乡安源路矿工人罢工宣言、湖南水口厂罢工、长沙泥木工人罢工解决等消息的报刊复制件，还有粤汉铁路总工会"劳工万岁"匾额，长沙泥工人纠察队袖章、民国安源工人使用的矿灯（20世纪20年代）、长沙泥木工会会牌（复制件）等实物，展板下方的展柜中陈设长沙人力车工会纪念章、"黄庞精神不死"纪念章、长沙泥木工人罢工委员会宣传队旗帜（复制件）等实物。

　　"在大革命的高潮中"的展陈以历史照片为主，包括国民党湖南省

党部成员合影、长沙县群众举行悼念孙中山逝世的追悼大会、长沙召开
反英讨袁驱赵的市民大会、占领长沙的北伐军、欢迎国民革命军合影、
湘雅医学院学生举行罢课游行等历史照片，主要表现在国共合作背景
下，中共湘区委员会和国民党湖南省党部领导长沙人民支持北伐、收回
帝国主义在湖特权的系列活动。历史照片以静态和摆拍为主，缺乏现场
感，如以湘雅医院、长沙大金码头、长沙海关的建筑照片反映长沙先后
收回大金码头、湘雅医院、湖南邮政、长沙海关的管理权，照片在其中
发挥着对文字的补充作用。在展板下方的展柜中展示了民国左轮手枪、
驳壳枪、七九式步枪、民国长沙帽业工会会员证等一批实物，诸如湖南
人民慰劳革命兵士委员会的捐款收据（复制品）等具有较强的历史证
物价值。

"领导轰轰烈烈的长沙农民运动"单元，以湖南省农民协会旧址、
浏东平民银行旧址、湖南省农民第一次代表大会全体合影、望麓园旧址
等历史照片，滕代远、谢觉哉、邵振维等人物的图文介绍，毛泽东考察
湖南农民运动路线图的电子地图等，反映了长沙农民运动和湘区农民运
动的开展。展板下方的展柜中还陈设了长沙各地农民协会印章，梭镖、
纠察棍等武器，长沙基层农民协会给上级组织的呈文等实物。该部分以
毛泽东、蔡和森、刘少奇、何叔衡、李维汉、郭亮、缪伯英"建党群
英"的人物群雕结束。

5. 秋收起义

第五部分"秋收起义"表现湘赣边秋收起义中，中国共产党人高
举武装反抗国民党反动派的大旗，开始了"农村包围城市，武装夺取
政权"的革命新道路的伟大探索和实践，翻开了中国革命的新篇章。
该部分内容分"霹雳一声暴动""红军两次攻打长沙""丰碑"三个单
元展开。

"霹雳一声暴动"的展陈以图文为主，展板上方陈设了四·一二反

革命政变中被捕的共产党人、武汉八七会议旧址、安源张家湾军事会议旧址、"暴动胜利万岁"标语墙、秋收起义上坪会议旧址、浏阳文家市旧貌、三湾改编旧址、茅坪毛泽东故居等黑白历史照片，还展陈了中共湖南省委拟定的秋收起义宣传口号（复制件）、《中共中央关于湘鄂粤赣四省农民秋收暴动大纲》、七·一五反革命政变的报道复印件、十万农军围攻长沙示意图、湘赣边秋收起义组织机构一览表等图文资料，并运用液晶屏介绍秋收起义、红一方面军成立、长沙地方党组织领导的武装斗争等知识。该单元展出了反映南昌起义、中共湖南省委会议、文家市会师的三幅油画作品，以艺术再现的手法表现了当时的历史情景，充满了戏剧性的张力和饱满的情感色彩。

"红军两次攻打长沙"的展陈仍以图文为主，展板上方陈设了红三军团攻占长沙后的临时司令部所在地、红三军团参加攻打长沙战役部分战士合影、长沙工农群众集会庆祝红军入城、20世纪30年代的长沙合影、毛泽东与红一方面军部分干部战士在延安合影、红一军团文家市大捷战斗遗址、红一方面军成立旧址——李家大屋等历史照片，以及1930年红三军团攻克长沙战役时间表、红一方面军战斗序——红一、红三军团和方面军行动示意图等图表，毛泽东、朱德、彭德怀、陈毅安、王首道等人物的图文介绍，用来表现红军两次攻打长沙的历史。展板上的实物包括红三军团攻占长沙后出版的《红军日报》《湖南省工农兵苏维埃政府暂行婚姻法》布告（复制品）、《湖南省工农兵苏维埃政府暂行土地法》（复制品），也是以图文为主。展板下的展柜中陈设了浏阳工农兵银行发行的纸币、湘鄂赣省工农银行发行的纸币、浏阳基层苏维埃政府赤卫队袖章、湘鄂赣省工农银行万载县工农兵银行收到绅士付南吟等人交纳的银行收据。

"丰碑"以烈士墙、组合文物陈列，展示了第二次国内革命战争时期英勇牺牲的杨开慧、郭亮、柳直荀、何叔衡等长沙籍的著名革命烈士。展板上方的烈士墙展示了1927—1937年部分长沙英烈的名字和图片，以及长沙革命烈士诗词书信选集。策展人员还运用多媒体手段制作"丰碑"图文介绍烈士事迹，观众在液晶屏上点击进一步展开，以此增强互动，调动观众的兴趣。值得注意的是，展览中还出现了一些表现个人生活状态、更"接地气"的展品，如郭亮烈士的遗书（仿真件）、杨开慧手稿"给一弟的信"（未寄出，复制件）、陈龙骧烈士使用过的笔筒、王孔嘉烈士使用过的笔筒、龚杰烈士使用过的压书板、周鉴烈士使用过的文件箱、陈季临烈士使用过的毛毯等一系列实物，这些留下个人的名字和生命轨迹的物品，见证和佐证了那段非同寻常的历史，而平凡的历史证物由于未加修饰和夸大，反而具有更强的说服力和可信度。

6. 团结御侮

第六部分"团结御侮"表现十四年战争中，长沙经历"文夕大火"、四次会战，为中国的抗战事业所做出的卓越贡献，分"同仇敌忾赴国难""烈火焚城惊寰宇""长沙会战铸忠魂""胜利受降慰英烈"四个单元展开。

第一单元"同仇敌忾赴国难"，以图文介绍和实物展陈结合的方式，从"九一八事变后的长沙""八路军驻湘通讯处在长沙""声名远播的抗战文化城""国家兴亡，匹夫有责"四个组合，以时间为序，展示抗战爆发后长沙抗战文化城的形成、八路军驻湘通讯处的建立及其主要活动，在中国共产党抗日民族统一战线旗帜下长沙人民众志成城、积极抗战的内容。该单元的展陈具有较鲜明的特色。

一是历史照片具有更强的现场感和表现力。与之前很多老照片包括合影等带有较强的摆拍色彩不同，该单元的历史照片更加丰富多样，"声名远播的抗战文化城"组合中展出了包括抗敌演剧八队在长沙演出的话剧《国家至上》剧照，长沙工农商学兵举办救亡歌咏会，抗日演剧队在长沙街头演出抗日剧目、长沙街头的抗日宣传画等老照片，其创作更多是一种抓拍而成，具有很强的现场感，能够传达出丰富的历史信息和现场气氛。"国家兴亡，匹夫有责"组合，同样运用了较丰富的历史照片，如展现雅礼学校救护队在长沙火车北站为前线负伤战士包扎伤口、在长沙受救济的难民等照片，具有很强的真实性和现场感。

二是实物的运用是亮点，实物数量多、表现力强。与前面以图文为主的展陈相比，在该部分展览中，策展者在展板上方还展出了比较多的实物，如在图文介绍中穿插展出的民国"小日本不讲理的"黑陶罐、民国陈记"抵制日货"铜秤砣等实物，富有强烈的生活气息和历史感。还展出了八路军驻湘通讯处工作人员使用的瓷笔筒、剃须刀，民国三色线绣抗日歌谣白棉布方巾，八路军驻湘通讯处主任王凌波使用的放大镜、怀表、眼镜、钢笔，第八路军抗战伤员"抗日英雄"荣誉章、八路军证章、陆军第八路军荣誉战士纪念章、八路军臂章等一批八路军、新四军证章、臂章和胸章等实物。虽然展览中仍然可以看出突出表现的领袖形象，但普通士兵和民众在被展示人物形象中也占据一定的数量比例，如被营救出狱的红军干部乔信明、杨展烈士赴延安前写给父亲杨开智的信、新四军战士陈德本的胸章等。他们被尽可能地作为可以定义个人身份的确切个体而被加以表现，在说明文字中没有被简化为集体的一部分，也没有用"革命军队"或"人民群众"这样抽象的概念进行概括。策展人试图在人物生平调查的框架内尽可能准确地界定和重建这些被展示的个体的社会从属和来源，以及他们的个人历史和命运。

此外，还展出了一位长沙的潘桂清女士给前方将士的慰问信："我为着整个中华民族的独立，所以忍痛鼓励我的丈夫参赴前线作战，在5月以前，我已得悉他光荣地牺牲了，是伟大的，是光荣的……我现在只恨家庭的牵累，不能学木兰壮志，拖恨终身，只有诚祝你们奋勇杀敌，为几千万被难同胞报仇，收复我们中华的大好山河。"这里的信件展示包含了对她的个人命运是如何被战争改变的再现，也表达出普通百姓所抱持的家仇国恨的真实情感。还展示了一位长沙小朋友陈原天写给前方将士的一封慰问信："你们为了国家，为了民族，在那可怖的枪林弹雨中，作神圣的抗战，洒鲜红的热血，以洗雪祖国的耻辱，这个让我们多么的敬佩呀！唉，可惜我是 12 岁的儿童，不然的话，我们一定在一起杀贼。可怜我的哥哥姐姐，还有一个'洋孩子'皮老虎，都丢在日本人手里，昨天呼呼叫的日本飞机，又在长沙丢下许多炸弹，把我们的房子烧光了。朋友，最亲爱的朋友，请你们不要把日本军阀杀光了，留下两个，待我们长大了，替我的哥哥姐姐，'洋孩子'皮老虎报仇。"虽然话语显得天真幼稚，但表达出这名小朋友真实和强烈的斗争到底的坚强意志。由于这样的个人生活经历本身具有极强的说服力，因此在博物馆展示中不需要其他的美学或媒介强化，已经能够展现出强大的历史证物的价值。

三是展览还采用了多媒体点播系统，观众可以在液晶屏上点击欣赏《南京大屠杀》《八百壮士》《风云儿女》等抗日电影及歌曲。

第二单元"烈火焚城惊寰宇"再现了"文夕大火"这一惨烈事件的经过，展示了火后周恩来参与领导的救灾活动，综合运用多媒体场景以声、光、电结合渲染了"文夕大火"的悲壮历史。在"长沙大火震惊中外"中，展板上方以"大火前的长沙""大火中的长沙""大火后的长沙"为题展出一组黑白照片，以对比展现出大火对长沙的破坏性影响。同时以多媒体投影的方式表现《焚城纲要》的内容，展陈大火中烧毁的贾谊故居建筑木构件等实物。在"国共携手善后救灾"中，以图文介绍为主，展出包括蒋介石在长沙的住所——容园、灾民临时搭建的棚屋、施粥所向灾民施粥、民众义勇队在清理街道等历史照片，展陈的实物包括原长沙警备司令部参谋处长许权撰写的《长沙大火案纪实》手稿、抗日战争时期周恩来使用的公文包（复制件）等。

第三单元"长沙会战铸忠魂"，以图文介绍为主展示中国军民在以长沙为中心的广大区域与日军战斗，取得第一、二、三次长沙会战的胜利，在中国人民抗战史上写下光辉一页。在该单元的展陈中，展览方还采用了多媒体展演手法，以长沙会战之长沙保卫战视频，配合沙盘动态推演，真实生动地展现长沙保卫战的全过程，视觉效果非常震撼。值得注意的是，该单元展陈的实物比较多，如第三次长沙会战时日军散发的劝降书、军政部第二防疫分队"饮水消毒漂粉"小瓷瓶、民国铭刻"渴饮匈奴血，饥餐胡虏肉"竹饭筒、长沙县政府发给石门乡罗贤麟家属的壮丁验收证、国民革命军军官杜国良《军人手册》、湖南省民众训练指导处印行的《抗战传习片》、民国独立出版社印行的《湘北大捷纪实》，中国军队在战争中缴获的日军战利品等，这些抗战遗留物，具有展现当时真实的历史情境的功能，而不仅仅是一种象征性的符号载体。展览方还专门列出一个空间用于展陈中日武器装备的实物，将日军装备的三八式步枪、速射炮弹、迫击炮弹、手榴弹、防毒面具、喷射器火罐等，与中国军队使用的中正式步枪、头盔、手榴弹放在一起进行对比。策展人没有用任何论断式语言来进行评价或说明，但武器之优劣、双方实力之差距已可见一斑这就从反面凸显了抗日战争的艰巨程度以及长沙军民为抗战所做出的英勇牺牲。

第四单元"胜利受降慰英烈"，以"长沙受降"巨幅油画表现长沙这座饱经战火的铁血名城作为受降地区之一，见证了抗战胜利的伟大历史时刻。以历史照片图文展示天心阁崇烈门、陆军第73军抗战阵之将士公墓、麓山忠烈祠等抗战纪念设施的兴建，体现长沙人民对抗战英烈的纪念和告慰。该单元还展出了重庆人民庆祝抗日战争的伟大胜利、芷江洽降会场、坂西一郎向王耀武呈递投降书等历史照片，第三次长沙会战阵亡将士"正气长存"青石碑等实物。

7. 和平解放

第七部分"和平解放"分"反对内战争取民主"和"和平起义声

震全国"两个单元。第一单元反映在中国共产党的领导下，长沙人民开展的争取和平民主的革命斗争，展陈以人民世纪社成员在岳麓山合影、长沙电信局地下党员合影、湖南大学师生反内战大游行等历史照片为主，还包括周里、沈立人、高继青等人物的图文介绍，1949 年长沙工委建立的秘密外围组织一览表、中国湖南省工委领导的长沙地方武装组织一览表等文献资料。策展人员注意综合采取多种方式来表现历史，如在"人们带着打捆钞票抢购生活用品"的历史照片下面，附上一则"法币 100 元购买力的变化"资料链接，再加上展出的长沙商情导报社编撰的《三年物价汇刊》实物，这一实物、历史照片和文献资料的组合较真实地反映了 1947 到 1949 年长沙物价上涨的状况，具有很强的说服力。另外还采取了多媒体展陈手段，以液晶屏点击介绍各界人士争取和平解放的斗争。

第二单元以历史照片、图文资料介绍为主，反映长沙和平解放的历史过程。包括中共湖南省工委统战工作小组秘密活动点、长沙人民集体庆祝和平解放等一批历史照片，毛泽东回复林彪、邓子恢等人的电文，《程潜备忘录》复印件等图文资料。另外，还展出了陈明仁使用的公文包及信笺、徐和生任长沙市各界代表会议职工代表的聘书、黄寿卿参加湖南和平起义的证明书、湖南大学全体学生反对内战罢课传单、湖南农民翻身会和湖南工人解放社的誓词和口号、解放军创作的反内战宣传漫画、长沙县梅溪区中共右塘支部党员名册、中央银行发行的金圆券等实物。

在近代历史文化陈列的尾厅，选取毛泽东《沁园春·长沙》和《七律·答友人》两首诗词作为整个陈列的尾声。"问苍茫大地，谁主沉浮""长岛人歌动地诗""芙蓉园里尽朝晖"的豪迈诗句，形象地揭示了长沙近代的历史和人文精神，激励人们勇往直前，再创辉煌。

（三）总结：文化记忆展演与城市认同

博物馆是记忆的载体与媒介，其路线规划、展品选择、展陈设计、历史叙述等元素构成了符合某种历史话语的叙事系统，集体记忆在这样的话语体系中生成并塑造参观者的文化认同。长沙历史文化陈列分四个展厅，以长沙重大历史事件、著名历史人物、城市的发展变迁为主线，以长沙出土和征集的精美文物为主要载体，综合运用精品文物、辅助展品、图文版面、雕塑、复原场景、视频、互动游戏、多媒体展示装置、触摸展品等多种方式，讲述长沙故事，彰显长沙在中国历史中的地位和对中华文明、湖湘文化发展的贡献，激发人们对城市认同的想象。

1. 叙事线索清晰，叙事结构缜密，兼具整体性和开放性

博物馆中的展示策划是一个重构现实的过程，它是策展人依据自身的立场来重构一段"文明的痕迹"，因此需要将包罗万象的物品用一种叙事逻辑进行排序，以此达成对特定群体有意义的知识引导和身份建构，这成为博物馆营造记忆的重要途径。

长沙古代历史文化陈列分湘江晨曦、青铜之乡、楚南重镇、大汉王国、湖湘首邑、明清府城六个部分，采用传统线性叙事结构，以时间为序，表现长沙从原始的村落慢慢形成城的概念，然后形成国，再回归到城市的发展历程。长沙近代历史文化陈列分倡导经世、引领新政、辛亥首应、建党先声、秋收起义、团结御侮、和平解放七个部分，按时间先后表现近代百年长沙人在各个重要历史时期发挥的中流砥柱的作用。古代长沙部分重在以物说史，以物证史；近代长沙部分重在以人带史，凸显长沙人在中国历史上的地位和作用。以 1840 年为界划分成两个篇章，在时间上一线贯之，在内容上紧密联系，但在空间上又相对独立，各自成篇。① 整个线路设计清晰而缜密，从中可以看出策展人对大量的知识

---

① 王立华：《长沙博物馆基本陈列的策划与设计》，《文物天地》2018 年第 3 期。

和材料进行筛选、辨别，构建出一个完善的整体，使参观者在游览时对长沙历史文化有一个总体印象和全面认识，从而建构一种城市认同。

这也是国内博物馆通常的做法，即将参观路线的规划纳入自身的意义结构中，采取闭合的流线引导参观者完成参观，这样的路线规划自然意味着参观者要接受博物馆叙事的暗示、启发、隐喻和教育的过程，体现出一种对参观者的知识引导。然而，博物馆叙事所提供的城市认同资源，所激发的城市认同想象最终必须依赖参观者的接收与接受，参观者的叙事由此加入到博物馆叙事之中，改变了参观路线的单向性和唯一性。① 长沙历史文化陈列分成四个展厅展出，没有按照严格的参观路线限制，既没有对于空间上跨越边界的禁止，也没有规定的参观路线和次序，每个厅的出入口均可自由进出，观众可以自由地选择自己的参观路线，也可以随意地决定从哪里开始和在哪里结束，或者随意从一个部分跳到另一个部分参观，博物馆为观众提供了多样的读解可能性和自我诠释的自由空间。由此长沙博物馆的路线规划赋予参观者更多选择，体现出某种程度的开放性。同时，数字化设施、移动终端也帮助参观者做出最适合自己的选择，如参观者利用 App 提前选择自己感兴趣的展品来参观或临时更改路线，由此抛开博物馆展陈的叙事逻辑，以自我体验和个人兴趣为依据，构筑属于自己的博物馆叙事。

2. 以地方特色鲜明的实物文物为基础，展现地域文化发展水平，建构对本土传统文化的认同

博物馆陈列展览的最显著的传播优势在于它的实物性，策展者运用说故事的能力，将移入博物馆中去脉络化的物件，经过串联整体脉络的知识来加以再脉络化，从而建立起历史与现实和未来的联系，实现策展

---

① 陈霖：《城市认同叙事的展演空间：以苏州博物馆新馆为例》，《新闻与传播研究》2016 年第 8 期。

人意图。长沙博物馆的"最强音"是长沙本地传统文化，它突出地表现在博物馆的展品选择、展陈设计、历史叙述等一系列展陈话语系统中，形成了长沙城市认同的象征性文化资源。

长沙市博物馆从近5万件藏品中遴选出了上千件地方特色鲜明的代表性展品，包括新石器时期南方最精美的彩陶彩绘鸟纹双耳罐，商周时期最大最重的青铜乐器象纹大铜铙，最早能成编演奏的商代青铜编铙，楚国称霸争雄时庞大的剑、戈、矛阵列，实证2500年长沙城建史的五一广场地层剖面场景，长沙国文物陈列组合及王陵黄肠题凑葬制复原，彰显唐风妙彩魅力的唐代长沙窑瓷器系列，长沙城市考古恢宏遗迹五代码头、宋代涵渠及坊市遗迹复原等[1]，体现出策展人有意识地安排和建构的特征：一方面用这些文物的美感和工艺佐证长沙当时高度的文明发展成就；另一方面通过这些文物在年代顺序上的关联来追溯其文明发展的线索。

如策展人选择吴氏长沙国渔阳墓出土的乐器、漆器，曹撰墓出土的铜镜、玉璧，刘氏长沙国"张姬"墓出土的金饼、铜灯、漆器等一批珍贵的西汉王室文物再现长沙国的辉煌历史，勾勒出大汉王国的文明史；以唐墓出土的秘色瓷、定窑白瓷等做工精良、纹饰精美的器物，映射晚唐时期长沙的经济发展水平，呈现出当时社会风尚的发展与变化。展览中采用的墓葬发掘品和日常用具发挥了一种历史证物的作用，即通过从原始的石器和陶器向更加精致的金属用具和瓷器的过渡来展示文明发展的进程，也引导观众由此产生这样的理念：长沙地方文化在很早就达到高度发展的水平。

长沙历史文化陈列还对重要文物资源开辟专属空间，以小专题的形式穿插于历史序列之中，突出展陈重点。长沙窑是长沙博物馆藏品体系

---

① 王立华：《长沙博物馆基本陈列的策划与设计》，《文物天地》2018年第3期。

中十分重要的特色藏品，馆藏 7000 余件的资源量，具有独一无二的资源优势。"唐风妙彩"作为长沙窑的专题展，按长沙窑概况、长沙窑瓷器造型、长沙窑瓷器色釉、长沙窑装饰艺术、长沙窑雕塑艺术及长沙窑瓷器外销六个组合，展出长沙窑各类产品 100 多件，全面反映了长沙窑瓷器的特色和在中国陶器史上的地位。

场景搭建和还原作为一种展示形式能通过引入更多的展示手段和多样的媒体和空间效果，为观众提供展览感知的新渠道，从而使得博物馆的传播效果更强。历经 2000 多年长沙城的城址未发生变化，这不仅成就了长沙在世界城建史上的奇迹，也积淀了厚重的历史文化底蕴。展览方开展了城市中心考古遗址的搬迁保护、复原展示，通过各时期文化堆积层、晚唐五代时期码头、宋代官署街坊建筑基址、明王府建筑遗址与城墙遗址等大量城市生活遗迹，真实再现长沙城市发展特性。

长沙古代历史文化陈列强调一种科学性的研究视角，即展示物质证据和建立在其基础上的历史叙事。展品多数围绕着自身展开表达，并说明以其为代表同类物品的文化和物质特性，而并非作为一种神话性话语系统去表现策展人的特定思想理念，因此观众不会被强制去接受策展人规定的解读方式，而是能够通过自己的感知角度和方式去对展览信息进行自主的解码和阐释。[1] 也就是说，这些展品被巧妙地纳入讲述长沙本地历史文化的修辞之中，通过展示各种历史文物以重构和再现长沙历史文化的完整发展进程，印证长沙的地域文化发展水平和特征，由此向市民提供充足的理由为自己的城市文化感到骄傲，并进而在此基础上建构一种值得追求的文化集体记忆和文化身份认同。易言之，展览方通过传播并宣扬一种地方性的文化身份认同在市民当中唤醒一系列积极情感，

---

① 刘宏宇：《呈现的真相和传达的策略：博物馆历史展览中的符号传播和媒介应用》，人民日报出版社 2016 年版，第 117 页。

如家乡情结、安全感、满足感和骄傲感等。

3. 借助影像的力量、个人真实物品的见证，表现长沙人在近代史中的作用

照片在历史叙事中具有作为事实的佐证和连接人类记忆与情感的功能，它将曾经存在、发生过的某个场景及人物"定格"成为我们凝视的对象。历史事件的发生显得更真实，照片又具有与记忆完全吻合的凝结时间与空间的特质，能唤起记忆与情感，因此成为博物馆展示中必不可少的角色。

长沙古代历史文化陈列中展陈大量文物实物，而近代历史文化陈列中更多的是图片和文字资料，整个展览中一共使用 1250 件（套）历史文物和 2400 多张资料图片，可见图片的比例较高，其中很大部分分布在近代历史文化展厅中。走进这个展厅，在视觉上占据优势比例的是各种类型的历史照片、图片和图表的复制品，多数被安放和悬挂在观众视线高度附近，在视觉上受到更优先处理。如"声名远播的抗战文化城"组合中展出包括抗日演剧队在长沙街头演出、救护队在长沙火车北站为负伤战士包扎伤口、长沙举办救亡歌咏会等老照片，其创作更多是一种抓拍而成，具有很强的真实性和现场感，传达出丰富的历史信息和现场气氛。近代展中还采用了一些油画、版画复制品来表现历史事件和社会情境。另外还运用纪录片、电影等影像资料表现当时的历史，如观众可以在液晶屏上点击欣赏《南京大屠杀》《八百壮士》《风云儿女》等抗日电影及歌曲。

中国近代史，不仅是一部中国人民反帝反封建的斗争史，也是中国城市、社会生活走向近代化的发展史。长沙近代史上城市建设有几次大的发展，尤其在民国中期，长沙城市近代化程度不亚于同时期的南京、上海，并且留下了丰富的历史遗迹和文化遗产。在最初的近代史陈列结构中，展览方设计"近代化进程中的长沙"这一独立单元，展示近代

以来长沙工商业、文化、教育、卫生、出版事业和城市建设的发展以及长沙人民社会生活方式的变化，真实地还原了民国时期长沙人民的生活方式，最能够引起长沙居民，尤其是老长沙人的共鸣，也是最容易讲述长沙故事的场所。但为保证展览主线的完整性和展览基调的统一性，城市发展部分被撤下，内容分散到相应的部组和副线之中，让观众在观展的细节处发现城市近代化的端倪。① 由此可见，叙事主题决定内容安排。正如意大利历史学家贝奈戴托·克罗齐（Benedetto Croce）所指出的，一切历史都是当代史，陈列展览同样在利用历史材料构建一个表达当代价值思想的话语系统。

4. 强化多媒体展演，注重互动和体验，唤起观众的主体性参与

由于注意力成为当今信息社会中的重要资源，博物馆必须面对注意力经济的严峻挑战，与各种文化机构和媒介形式展开竞争，争夺这种稀缺资源。德国文化学者阿莱达·阿斯曼认为，在印刷时代起作用的关键词是吸附，在新媒体时代中的关键词是互动和浸没。多媒体和互动性在当今时代能有效地唤起公众注意力，国内博物馆已经开始运用虚拟现实、增强现实、交互设计、自然界面等技术，通过角色扮演、互动游戏、虚实对比、富媒体呈现等方式展示藏品、传播智识。

新媒体技术的运用使长沙博物馆的陈列语言日益丰富，文物展示形式出现新的面貌和特征，向更有互动性、浸入程度更深的展示模式过渡。如清代长沙城街道模型结合 AR 互动，还原了老火宫殿、九芝堂、太平街等代表性地点的当年情景，使观众感受古今变迁；"文夕大火"、长沙会战等综合多媒体场景以声、光、电结合运用渲染了当年的悲壮历史。可见，策展人除了精心挑选吸引人的主题和展品之外，必须去关注

① 刘莹：《长沙博物馆近代史基本陈列策划与设计》，《中国文物报》2018 年 7 月 3 日。

展览的美学和体验的设计，因为其所造成的感官体验和美感印象会在极短时间内影响观众注意力，激发参观者兴趣。

由此可见，"体验"一词对于今天的博物馆已经成为核心，博物馆变成了非常感性的环境：装满了不只能看，还能听、摸、闻的东西，在"活态历史"的模式下，观众还能与之交谈互动，参与布置任务、面对挑战、参加游戏等一系列活动。① 长沙博物馆为强化观众体验，调动兴趣，制作了石器与青铜器可触摸展品，加强了观众与展品之间的体验感与互动性，使观众在触摸中感受历史；在青铜之乡展区设置了"铙乐悠扬"，让观众可以亲手敲击电子屏幕上的铜铙，动手演奏一曲美妙的乐曲；还特别考虑到青少年教育互动而设计了汉代展厅一角"汉趣屋"，让观众体验汉代的投壶、射覆等游戏，瞧一瞧自己穿上汉代衣服是什么模样，体验汉代的席地而坐是什么感觉；等等。这些展陈设置让人们在互动、体验中了解长沙故事、感受长沙人文气息。

数字互动设施不仅增强了展览的生动性和可感性，更实现多重空间的重组，创造一种新型空间，使观众进入一种全新的展览境界。也就是说，观众利用智能手机等进入由文字、图片、声音和影像构成的虚拟空间，此时人的身体又处在博物馆的实体空间中，人的感官在实体空间与虚拟空间来回穿梭、反复切换，这种贯穿虚实的身体体验，不仅提供了更充分地展示博物馆文化意义的途径，更使得游走于博物馆空间的观众成为博物馆叙事的主体。如长沙博物馆结合"互联网＋"，利用增强现实（AR）技术，开发"云观博"手机 App，改变了传统观览方式，多样化呈现文物知识，公众用它扫一扫感兴趣的文物，即可收听语音导览，查看文物信息，进行留言互动，查找相关文创产品。结合此项 AR

① ［英］贝拉·迪克斯：《被展示的文化：当代"可参观性"的生产》，冯悦译，北京大学出版社 2012 年版，第 175 页。

产品，博物馆还举办"AR 寻宝"等新颖有趣的活动，吸引观众前来探索。而长沙历史文化陈列的空间安排、路线设置及展品布置，也为参观者的自由行走提供极大可能性，参观者可以创造不同的路线，形成不同的身体体验。

博物馆的数字化建设还包括更多内容，长沙博物馆的 App、微博、微信公众号、网站就建构起一个博物馆工作人员与参观者、参观者与参观者、专业人士与非专业人士之间进行互动的场域，提供现实空间与虚拟空间连接、转化、交互的可能，如利用微博等社交媒体发动讨论，组织集体活动等，也为观众的主体性参与提供了更多可能。

博物馆是具有保存集体记忆和建构文化身份功能的文化机构，其历史展示最适于直观传达特定社会群体的集体记忆和文化身份认同。长沙博物馆定位为本土历史文化传统的传播者与城市形象的塑造者，试图通过提供丰富多彩的文化体验与文化资源，增进长沙市民对本地历史文化的了解，激发内心对长沙的认同感、归属感与自豪感，形成长沙人的文化心理，同时作为城市的文化窗口，为外地人塑造其心中的长沙印象。从其对展品的选择和阐释、对展品知识的体系化展示，均体现了博物馆叙事对城市认同的文化资源的开掘、分配与呈现，设定了城市认同的方向，激发了城市认同的想象。而博物馆的数字化建设顺应了民主化的潜在要求，唤起和鼓励了参观者的主体性参与，并与参观者的新媒介技术使用结合起来改变其被动的身份，这就使得城市认同并非以权威训谕的方式而是以渗入融汇的方式作用于参观者，开拓出更为包容的城市认同机制和更为丰富的城市认同资源。

第三节 地方博物馆的社交媒体传播

一、新媒体环境下博物馆的角色变迁

蔓延全球的"参与式文化"兴起，公众利用网络或其他媒介手段参与到文化的创造、分享和传播中，而非局限于被动的文化消费，这对基于话语权威和专业的博物馆带来巨大冲击，对其人类文化记忆看门人和诠释者的地位构成了挑战。随着互联网技术的发展，博物馆观众的参与性越来越强，而参与也越来越媒体化。微博、微信、QQ、tag、RSS、播客、人人、抖音等互联网应用的普及，使访问、参与和表达的权利民主化，推动博物馆这样的文化机构产生模式的转变，实现从以"物"为中心到以"人"为中心的转变。传统博物馆单一、线性、封闭式、说教式的以"实物"为中心的传播模式失去吸引力。在新媒体环境下，博物馆承担着新的角色，需要将其焦点从物质文化的保护场所转变为增进知识交流的共享平台，开发公众之间以及公众与机构之间互动的平台成为博物馆主要考虑的问题之一。[①]

传统意义上博物馆传播信息的方式极为单一，主要依靠线下传播，并且传播的力度、传播的效果有限，以下列举几种较为常见的博物馆信息传播方式。

一是展品实物陈列。传统博物馆中展品实物陈列应该是最基本也是应用最广的信息传播方式。

---

① 安娜·路易莎等：《博物馆网站与社交媒体：参与性、可持续性、信任与多元化》，刘哲译，上海科技教育出版社 2016 年版，第 5 页。

二是宣传讲座。宣传讲座是博物馆信息传播的重要渠道，通过邀请业界专家学者到博物馆进行相关文物知识的讲座，解答相关问题。但讲解过于专业化、生硬化，很难面向所有的受众，而且讲座定期在博物馆举行，能接受信息的受众有限。

三是刊物宣传。在相关的刊物上刊登学术界近期的研究成果，发布相关展品的研究信息等，这和举行讲座大同小异，只有部分受众能参与并获取信息，无法将信息传播给大众。

四是电视专题报道。通过电视这种喜闻乐见、老少皆宜的平台，可以克服书籍、刊物传播内容生硬、枯燥的缺点，也会吸引部分受众去博物馆参观，但总的来说，传播的内容还是较书面化，不够亲民，会让文化程度不高的人有距离感，达不到特定的传播效果。

总结以上博物馆传播信息的方式不难发现，以往博物馆在传播信息上，是面向部分特定人群，不够亲民，让人感觉博物馆"高高在上"，传播效果有限。随着社交媒体的产生和介入，博物馆信息传播的方式也发生了变化。

线上传播逐渐得到博物馆的重视，各大博物馆纷纷设立自己的官方网站，在网站上发布近期展会、展品的概况，扩大信息的传播量，并定期更新动态。通过网站博物馆可以将馆藏的文物信息相互分享、交流，扩大知名度和关注度。

随着手机客户端的普及，App 成为新的社交媒介，博物馆可以通过App 进行信息的交互。例如微博、微信，博物馆相继开通官方微博，及其订阅号、服务号，依托新媒体平台推送信息，宣传博物馆藏品、活动等。甚至自创 App。这一块做得最成功的要数北京故宫博物院，其中一款 App《皇帝的一天》面向少年儿童，具有浓厚的趣味性和知识性，摒弃说教，通过社交媒体平台，全程用游戏加电子书的形式，以时间轴为主线对皇帝的服饰礼仪进行介绍，可以使受众体验皇帝的上朝、用膳等环节，宣传效果显著。

博物馆开始建立注重用户体验的理念，强化信息的沟通与互动，采用了越来越多的参与式媒体技术。如参观者可以利用智能手机提前获取藏品信息，了解其背后故事；利用移动应用获得私人定制的知识与内容；通过体验感强的用户界面与展品进行互动；在展览开放之前通过众包参与展览的设计与内容的选择，并在事后进行分享和评价。新媒体使博物馆将内容的创造扩展到展览前和展览后，改变了人们接触博物馆展览的方式。博物馆从聚焦于机构到聚焦于观众，从展示空间变成交流空间，在新的交流空间中观众与博物馆通过沟通互动进而"共建"。这意味着"新媒体环境下的博物馆，不再是自身建构自身，而是在与观众的互动中实现自身的重构"。①

据美国皮尤研究中心发布的《新媒体与博物馆观众参与》报告显示：网络与社交媒体渗透到博物馆等文化机构运作的方方面面，如策展、展览、教育、慈善等，成为美国艺术领域不可或缺的组成部分。中国博物馆也在开展各种社交媒体实践，涉及信息共享交流、策展、展览、活动组织、教育拓展等博物馆活动的各个层面，并逐渐与陈列展览等传统传播途径有机结合，构建适用于社交媒体时代的博物馆传播新模式。

随着社交媒体的不断发展，博物馆与社交媒体的融合逐渐进入一种良性循环。博物馆在运用社交媒体传播中需要遵循"以用户为中心"的理念，深入研究和洞察用户的信息需求与行为方式，结合用户兴趣点，激发用户参与性，有针对性地进行文化资源的深度挖掘，提高向公众传播历史、艺术与科学知识的能力，使馆藏资源能及时转化为面向公众的展览资源，实现其文化传播、社会教育职能的窗口服务功能。

---

① 孙欢欢：《新媒体与博物馆传播——评〈新媒体环境中的博物馆：跨媒体、参与及伦理〉》，《传媒》2018 年第 8 期。

本节主要以湖南两家知名的博物馆——湖南省博物馆和长沙市博物馆的官方微博为考察对象，从内容和策略两方面分析其传播现状，探讨其存在的问题，以促进博物馆增强与受众的信息交流和传播，更好地发挥作用，扩大影响力。

二、地方博物馆微博传播内容

（一）博物馆微博传播现状

微博即微型博客，是一种用于信息传播、分享的社交媒体。最早产生并且影响力最大的微博就是美国的推特（Twitter）。从 2009 年开始，包括新浪在内的各大门户网站先后推出自己的媒体互动平台。截至 2019 年 3 月，无论从知名度、使用率还是满意度来说，新浪微博都是其中最成功的，微博的特点优势主要有以下三个方面。

内容简短易阅读。微博单条信息最多可发布 140 个字和 9 张图，文字体量小，符合当今社会浅阅读的习惯，易突出内容主题。微博内容中还可以附加链接，体现更加深层次的内容，对图文进行补充。

传播方式便捷。微博发布或接收内容的方式非常方便，可以通过电脑端、手机端、平板等做到随时采编和发布，每个微博用户不用通过传统媒体作为中介，可以直接将内容上传到公共平台。

根据个人爱好选择接受内容。微博用户可自由选择符合个人兴趣的内容，从而形成了粉丝和关注的关系，还可以通过评论和转发分享共同的兴趣热点。

根据相关数据统计，20 世纪 90 年代中国博物馆数量增长较快。1996 年全国有 1219 个博物馆，2017 年达到 4721 个，年增长率达 6.6%，增长趋势明显。截止到 2019 年，全国已有超过 5000 家博物馆，被评为国家一级、国家二级、国家三级博物馆的达到 855 家，并且博物馆也打破了原有的体制，非公有、行业博物馆设立数量逐年剧增，已有一定规模。在 130 家国家一级博物馆中，其中拥有微博账号的达到 103 家，约占 79%，至少有 10 家博物馆拥有多个微博账号，除了官方微博账号外，还拥有多个宣传账号。① 例如故宫博物院，其拥有包括"上新了故宫""故宫博物院官方旗舰店""故宫出版社""故宫食品""故宫文化珠宝""故宫书店""我在故宫修文物大电影""故宫宫廷文化""故宫御膳房""故宫新青年"等机构认证的微博号。截至 2017 年 5 月，粉丝数超过 10 万的博物馆微博账号有 12 个，其中粉丝关注度最高的是四川广汉三星堆博物馆，微博粉丝数达到了 390 万，微博粉丝数超过 1 万不到 10 万的博物馆有 43 个，另外有 32 个博物馆官方微博账号粉丝数不足 1000 人。

截至 2018 年，湖南省已建成并注册的博物馆达到 145 家，其中有 4 家国家一级博物馆，7 家国家二级博物馆，12 家国家三级博物馆，95 家文物博物馆，8 家行业博物馆，19 家非国有博物馆。据笔者统计，在 145 家博物馆中开通新浪官方微博账号的只有 11 家，其中仅有 5 家微博有推文并坚持更新，笔者选取其中的典型做成表格，如表 5 - 1。

表 5 - 1 　湖南地区典型博物馆微博数据分析表（截至 2019 年 4 月）

名称	微博数量	关注数	粉丝数
湖南省博物馆	2939	168	139950
长沙市博物馆	856	133	19603
常德博物馆	17	43	12
湘潭市博物馆	0	2	17
乌石彭德怀纪念馆	33	448	1047

① 巴蕾：《新媒体时代博物馆宣传研究：基于微信微博的数据分析》，山东大学 2017 年硕士学位论文，第 35 页。

从上表可知，虽然湖南省的博物馆数量较多，但开通微博以及坚持更新的少之又少，只有湖南省博物馆和长沙市博物馆的微博的发布内容、关注人数和粉丝数量相对较多。

（二）地方博物馆微博传播内容的分析

本研究在时间范围上选取 2018 年 9 月 28 日至 2019 年 3 月 28 日，共计 180 天，研究内容为该时间范围内湖南省博物馆和长沙市博物馆的官方微博所发布的所有微博内容，共收集到 277 条微博样本。先将收集到的微博样本进行数据整理，建立数据库，运用微博官方数据软件、清博指数软件以及自己建立的 Excel 表格，记录每个样本的发布日期、信息来源、内容主题呈现、语言特色、话题标签和界面要素等信息。

1. 内容主题

博物馆微博在发布内容方面具有明显的板块区分，通过对数据的整理分析，发现两家博物馆在官方微博发布的内容类型上存在明显差异。在数据统计期间，两家博物馆总共发布微博 277 条（湖南省博物馆 159 条，长沙市博物馆 118 条）具体主题分类见下表 5－2。

表 5－2　两家博物馆微博传播内容数据统计表

（2018 年 9 月 28 日—2019 年 3 月 28 日）

微博名称	外在形象展示类	藏品专题展示类	工作类	科研教育类	互动交流类	文创类
湖南省博物馆	5	54	26	11	56	7
长沙市博物馆	15	52	11	26	13	1

图 5－1 是结合两家博物馆官方微博内容主题分类（表 5－2）生成的内容比例图，结合前面统计的内容数据，能够更加直观地显示博物馆微博内容的分布情况。两家博物馆官方微博的发布内容主要以藏品专题展示和互动交流这两大主题为主，分别占 38.3% 和 24.9% 的比重，文

创产品并不是两家博物馆关注的重点,发布内容最少。由此可以得出结论:两家博物馆在官方微博上发布的内容种类较多,覆盖面较广,侧重点各有不同,有助于传播历史文化,展示博物馆形象。

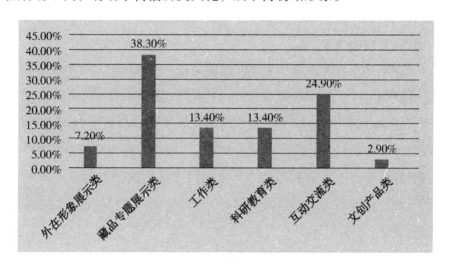

图 5 – 1 两家博物馆微博传播内容比例图

第一大类是藏品专题展示类内容。这方面的内容所占比例是最高的,长沙市博物馆达到44.1%,湖南省博物馆达到33.9%,这也符合博物馆官方微博主推馆内藏品的目的。该类文案传播的信息主要是以文物、艺术品、各大展览为主,因为博物馆是各类藏的聚集地,藏品也是博物馆最有代表性的内容,同时藏品所蕴含的历史文化对博物馆形象的树立和影响力的扩大具有重要作用。

第二类是互动交流类内容。互动交流是博物馆发布内容的第二大板块,所占比例达到了24.9%,微博作为博物馆和受众的交流平台,其交流互动内容是衡量该博物馆信息传播效果的重要指标,其中湖南省博物馆互动交流的内容达56条,远超长沙市博物馆的13条,这也表明,省博物馆更加注重与受众的交流互动,并通过互动、答疑等方式扩大博物馆的影响力。

第三类是科研教育类内容。教育是博物馆的一大使命，讲座宣传是博物馆传统的信息传播方式，随着社交媒体的产生，博物馆通过微博来发布讲座的时间、内容和专家介绍等信息，更方便快捷。关于这方面的内容，市博物馆官方微博有26条，高于省博物馆的11条，说明市博物馆比较注重讲座宣传。

第四类是工作类内容。从统计数据来看，省博物馆与市博物馆发布的此类微博不少，分别达到26条和11条，主要是日常工作动态、博物馆员工参加的活动等。这类微博内容吸引力不强，受众关注度也不高，出现频率较多的话，受众会出现抵制情绪。对内容仔细分析后发现，工作报告比较少，工作动态相对多，说明两家博物馆都有加入"人"的情感元素，拉近与受众的距离。相对于市博物馆，省博物馆发布的工作状态较多。

第五类是外在形象展示类内容。从统计数据来看，涉及外在形象展示的内容比较少，排在倒数第二位，相对较多的是博物馆的建筑照片，大多为参观者拍摄，官方微博加以转发。博物馆建筑作为博物馆的名片，能给受众最直接的视觉刺激，同时博物馆建筑往往具有浓厚的象征意义，是城市文化和城市形象的体现。两家博物馆均有独特象征意义的建筑外形，但对其宣传的内容很少。

第六类是文创产品类内容。以博物馆为基础打造文化衍生品，使得文创产品成为近年来热度提升较快、关注度较高的博物馆话题。博物馆借助社交媒体推广文化衍生品，这也成为博物馆传播文化信息和创收的主要途径。但在省博物馆和市博物馆的官方微博中涉及文创产品的内容很少，分别只有7条和1条，而且衍生的周边产品个性化程度不高，特色不明显，受众对此类微博的关注度也不太高。

第七是其他类。省博物馆和市博物馆共关注了226条"加V"认证微博，这意味着其平常关注此类方面信息较多，这些用户都是相关领域的网络代表性人物，发布的内容可读性较强，有利于拓展博物馆的信息收集面，并且这些微博多以转发为主，下表5-3是具体关注情况。

表5-3 两家博物馆关注微博统计表

名称	关注微博数	加"蓝V"认证	加"黄V"认证	同行业	个人
湖南省博物馆	168	89	25	45	22
长沙市博物馆	133	83	29	41	33

2. 原创度

可以将微博分成原创和转发两类，原创是博主独立创作编辑的内容，转发是博主通过浏览其他微博账号，寻找符合自己定位、爱好的微博进行转载、分享，以下是对两家博物馆原创和转发微博数量的统计。

表5-4 两家博物馆原创度分析统计表

	湖南省博物馆	长沙市博物馆
原创	93	73
转发	66	45
原创率	58.5%	61.9%

长沙市博物馆原创率较高，达到61.9%，但在原创微博数量上，湖南省博物馆有93条。原创内容是衡量一个账号内容生产力的指标，但转发的内容并不意味着该微博缺乏生产力，适度的转发可以带来一种互动交流感。在原创内容方面，省博物馆更加注重藏品宣传，而市博物馆更加注重线下交流。在转发内容方面，很大一部分来源于其他博物馆、新闻媒体等，也有一部分是资深历史博主发布的微博消息和回复受众的内容。

图5-2是湖南省博物馆在3月8日妇女节发布的一条原创微博，采用图文结合的方式，结合当天的热点——妇女节，引用《楚辞·九歌》中的语句生动地向受众展示藏品"人物龙凤帛画"的相关信息。

图 5-2

相比于枯燥的介绍，采用这样的形式更易吸引受众的眼球并让受众产生共鸣，增强传播效果。

图 5-3 的微博是长沙市博物馆官博在 2019 年 2 月 21 号发布的微博，转发的是其关注用户"陕博小可爱"的原创微博，但在转发的图文上并没有添加任何原创图文，只是机械地搬运，因此本条微博的点赞量、评论量以及转发量都很低，传播效果不好。

3. 时段分布

对于两家博物馆在微博平台发布内容的时间来看，并没有出现比较固定的规律，省博物馆坚持日更，早中晚都有信息的发布，市博物馆有断更的现象，发布时间不固定，手机端、电脑端都有发布信息的记录，两家博物馆发布信息的频率一般是一天 2~3 条。

4. 呈现方式

随着微博功能的完善，发微博不再局限于文字，图文、链接、视频等方式不断应用其中，多角度传播，提升传播效果。统计发现主要有以

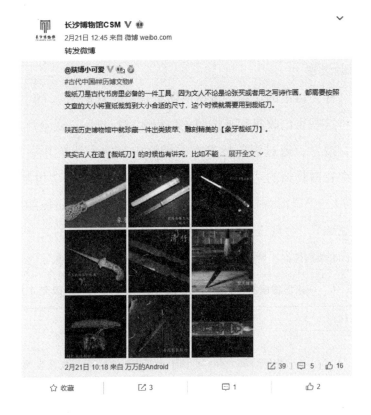

图 5 – 3

下几种方式：文字、图片、图文、文字加视频、文字加链接、图文加链接等。如表 5 – 5 所示。

表 5 – 5 两家博物馆内容呈现方式统计表

名称	文字	图片	图文	文字＋视频	文字＋链接	文字＋图片＋链接
湖南省博物馆	4	0	133	15	2	5
长沙市博物馆	1	1	101	11	3	1

在两家博物馆的官方微博中，更加偏向于用图文的方式发表微博内容，占据 84.5%，其次是文字＋视频，占据 9.4%，接下来是文字＋图

片＋链接，文字＋链接，用单纯的文字、图片的形式很少。由此可见，两家博物馆微博的传播方式较丰富，但视频的数量相对较少。

5. 话题设置

话题又称为讨论的议题，微博话题栏是给受众提供一个讨论话题的空间，并将这些言论收集起来按照关注程度进行排序。受众可以通过关键词句进行搜索，通过浏览标签等关键性内容熟悉话题并参与话题讨论。如湖南省博物馆的"湘博教育活动""素纱单衣成功仿制大揭秘""中国诗词大会""海昏侯墓发现古代游戏攻略"等。如长沙市博物馆的"国宝密语""金辉玉蕴，展览精粹"等。这些简单的文字能够让用户瞬间明白话题内容，增加话题吸引力、提高粉丝参与度。

表5-6　两家博物馆发布的话题统计表（2018年11月—2019年4月）

名称	话题
湖南省博物馆	春分　素纱单衣成功仿制大揭秘　小预告　中国诗词大会　全国十大考古发现　海昏侯墓发现古代游戏攻略　听她说　三八妇女节　来自阿富汗的国宝　CCTV国家宝藏　译文推荐　博物馆里过大年　博物馆奇遇记　新展来袭
长沙市博物馆	发现湖南　亲亲，你有一份来自初中生的国宝安利，请注意查收　国宝密语　金辉玉蕴，展览精粹　元宵节是隐形情人节　金猪拱福　年夜饭晒图大赛　迎新年，领文物福罐　博物馆里过大年

表5-6是两家博物馆在统计期间比较有代表性的话题，这些话题的设立有以下特点。一是紧扣时节。在妇女节、春分等重大节日和节气当天发布相关的话题，引发受众关注，参与讨论。二是结合热点。联系当下热点发布话题，例如"CCTV国家宝藏"，在该档综艺节目播出相关湖南省博物馆的节目时，省博物馆官方微博特意发布相关话题并转载，借此扩大博物馆知名度。三是发布近期活动预告。例如"年夜饭

晒图大赛"是长沙市博物馆发布的有关年夜饭的话题,意在收集观众独具特色的年夜饭照片,增加互动量。省博则发布"来自阿富汗的国宝"此类展览活动话题,宣传近期展览,增加宣传力度。

在吸引关注度方面,两家官方微博采用最多的方式是赠送礼品,如现金红包、展览门票等。如在话题"来自阿富汗的国宝"下,省博物馆通过赠送此场活动的参观门票来吸引受众的关注,参与话题讨论。

三、地方博物馆微博传播策略

(一) 注重与观众互动交流

微博不仅可以发布信息,还可以促进交流和互动。博物馆官方微博应及时关注并回复粉丝的相关评论、建议、疑问和感谢、赞扬等,这有助于博物馆微博形象的树立、加深和粉丝的关系、提高粉丝对博物馆的关注度和满意度。[①] 本研究统计了 2019 年 3 月湖南省博物馆、长沙市博物馆与中国国家博物馆的微博评论量。

表 5 – 7　三家博物馆微博评论量统计表

名称	总评论量	微博数量	平均评论量
湖南省博物馆	803	43	18.67
长沙市博物馆	49	26	1.88
中国国家博物馆	2702	142	19.03

由表 5 – 7 可知,湖南省博物馆、长沙市博物馆在统计期间的微博评论量存在较大差异,其中湖南省博物馆总评论量为 803 条,平均每条评论量 18.67 条,长沙市博物馆总评论量为 49 条,平均评论量为 1.88 条,省博物馆在与观众互动上优于市博物馆,评论数量较多,但相对于

---

① 迟强,朱炜静:《我国博物馆官方微博运营的统计与分析》,《东南传播》,2015 年第 3 期。

国内领先的博物馆——中国国家博物馆，省博物馆无论在总评论数、微博数还是平均评论量上都存在较大差异。

（二）亲民且注重流行语的运用

微博的语言特点之一是亲民。博物馆官方微博的语言应区别于传统报刊的语言，用相对口语化的叙事语言代替严肃、说教、古板的说话方式，使得传授双方以平等态度进行对话。在推送文化遗产相关的内容时，尽量避免专业词汇，采用通俗易懂的文字，并适当使用拟声词、节日问候语、日常问候语等，增加微博推文的可读性和趣味性，拉近博物馆和受众之间的距离。如图5-4，湖南省博物馆官方微博采用日常问候语来发布博物馆的开放信息。

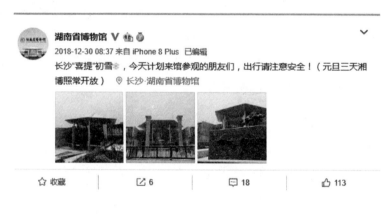

图5-4

如图5-5，湖南省博物馆官方微博发布的"素纱单衣成功仿制大揭秘"，运用通俗易懂的语言来讲解素纱单衣制作的原材料，并配以图片，让受众很容易接受理解信息。如果专业、详细地去解释说明，可能会失去可读性，关注度也会降低。

微博语言特点之二是融入网络用语。网络用语是指产生于网络并运用于网络的语言。博物馆官方微博融入网络热词，可以改变传统文化传

湖南省博物馆 V

3月21日 10:14 来自 iPhone 8 Plus

#素纱单衣成功仿制大揭秘#很多同学对此次仿制素纱单衣的原材料很感兴趣。因为现在的蚕宝宝比较肥，所以这次制作团队煞费苦心寻找到比较瘦弱的三眠蚕，因此仿制素纱单衣的丝纤度只有10.2至11.3旦，而现代使用的四眠蚕有14旦。

📍 南京·中国南京云锦博物馆

☆ 收藏　　　　　⤴ 197　　　　　💬 48　　　　　👍 207

图 5 - 5

播的古老、单调、守旧的风格，涉及面更广，更加亲民，这也是博物馆紧跟潮流、关联社会的表现。在 2018 年网络流行语中，"真香警告""C 位出道"等均在微博中有所体现，并且其中超过一半的网络流行语来源于微博，流行于微博，并且也运用在了微博。如湖南省博物馆官方微博在 2018 年 12 月 22 日发布的微博"太美太萌太可爱了，为大唐的女团打 call!"，借助流行的网络用语来传播文物信息，提升了内容的趣味性，增加了可读性。

（三）视觉表现形式丰富且吸引力强

博物馆的藏品以实物居多，如陶器、书画、遗址等，是一笔不可多得的"视觉遗产"。与其他类型的微博不同，博物馆的官方微博有源源不断的实物作为原创素材，图文、视频、直播等成为博物馆微博传播的主要方式。通过专业摄影师的拍摄，以不同角度、不同形态来塑造文物形象，传递文物发自内在的文化气息，并让受众产生共鸣。例如湖南省博物馆官方微博在 2018 年 9 月 21 号发布的有关于法老诸神木乃伊的展览，通过图片的形式展示藏品，介绍埃及文化，让受众更加直观地感受埃及木乃伊背后的文化底蕴。

　　直播是当下最受欢迎的传播方式之一，基于上手容易、操作简单、传播覆盖面广等优点，实现随时随地播，随时随地看。博物馆也顺应这一主流趋势，通过直播将藏品信息、文物看点进行现场讲解，普及专业知识从而引发粉丝关注和追捧。

　　湖南省博物馆在开馆之际，通过微博平台举行直播开馆现场的活动。直播在线进行了1小时48分44秒，近4万观众收看了本次直播，并在评论区点赞互动。如图5-6。省博物馆官方微博选择在开馆之际进行直播，旨在让更多的人了解，让那些无法到现场观看的人一睹为快。在直播过程中有讲解员对博物馆构造、设施以及相关设备的介绍，也有相关专家在网络上对藏品进行讲解和问答。

图 5-6

四、地方博物馆微博传播问题与建议

（一）地方博物馆微博传播问题

1. 推文时间不固定，断更现象严重

从统计数据来看，两家博物馆的官方微博在内容发布的时间上不固定。例如湖南省博物馆官方微博在 2019 年 3 月 19 日 12：51、14：14、14：49 发布了 3 条微博；2019 年 3 月 20 日 21：13 发布 1 条微博；2019 年 3 月 21 日 09：25、09：50、10：14、11：00、14：20、18：52 发布了 6 条微博。没有固定的推文时间，就很难形成固定的受众，这对于博物馆信息的传播效率有较大影响。

两家博物馆在微博内容更新方面还存在断更的问题。例如长沙市博物馆的官方微博开通于 2013 年 7 月，但在开通后的三年内，仅发布了几条微博，甚至在 2015 年出现连续数月不更新的情况。这对于博物馆的形象和文化传播都极为不利，也难以留住稳定的关注人群。

2. 微博评论转发量少，粉丝活跃性低

经统计数据分析，长沙市博物馆官方微博关注人数一度达到 18974，湖南省博物馆官方微博关注人数也达到 138865，虽然粉丝数量相对较多，但在微博图文下留言评论的却少之又少。截至 2019 年 3 月，湖南省博物馆官方微博中最热门的微博评论数与转发总量勉强过千，粉丝活跃度不够，疑似存在"僵尸粉"。

3. 原创度低，内容模式化

湖南省博物馆与长沙市博物馆官方微博发布的内容原创度分别是 58.5% 和 61.9%，原创度和转发量各占一半。虽然转发的内容可能比较精彩，但博物馆官方微博大量转发其他微博号的原创内容，会使粉丝流失，削弱博物馆的影响力。

在原创内容方面，两家博物馆也存在内容模式化的问题，缺乏新意，没有抓住受众关注点，带有一定的教科书痕迹。很多内容只是单纯地介绍文物知识及其文化价值，与书本和网络知识搜寻的内容没有多少差异，信息没有经过整合处理，并用丰富生动的形式表达出来。在形式上也不够新颖，以图文等传统的传播方式为主，视频、动画、动图等较具视觉冲击力的形式运用较少。

4. 文创类内容较少

文创产品越来越成为博物馆扩大影响力、提高关注度的关键因素。两家博物馆在该类内容上涉及较少，多为转发，这对博物馆转型发展有消极影响。因为文创可以为博物馆创收提供可能，将博物馆的形象，相关藏品做成文创产品，对博物馆形象的宣传和藏品文化内涵传播也具有重要意义。

（二）改进地方博物馆微博传播的建议

1. 丰富内容形式

博物馆官方微博应适当突破传统运作思想的束缚，提高原创动力。在传播内容方面，可以立足本土文化，结合自身定位，发表相关的历史文化内容的微博，如藏品信息可通过系列推文的形式详细介绍，而不是粗略地一笔带过。可将其中有趣、"吸睛"的部分提炼出来，与受众分享，而不单单是复制粘贴网络和图书上的死板内容。在推广方面，应尽量不以链接形式发布讲座、会议等信息，可结合相关热点发表推文，增强推文的时效性和热点性。

丰富推文传播形式也是提高推文质量的关键因素。可以运用虚拟现实、全景图、动图等技术于微博中，以获得更多受众关注。例如湖南省博物馆将马王堆汉墓的现场全景呈现在社交平台，将当时生活场景制作成动画短片，这比单纯地用文字、图片介绍效果好得多。

2. 开展多种形式互动，固定推文发布时间

为增强历史文化传播效果，博物馆应该加强和粉丝之间的互动，时刻关注粉丝的关注点，及时回复粉丝的提问，和粉丝进行良好有效的沟通，提高粉丝的活跃度。还可以组建粉丝群进行系统化管理，定期举办线上线下的活动，并发放粉丝福利等。例如长沙市博物馆时常举办亲子活动，邀请父母带着孩子进入博物馆参观并参加有关的活动。还可以定期开展博物馆进校园等公益性的宣讲和展览活动，让更多的受众接触博物馆的相关信息，提高受众的关注度和参与度。

在推文发布方面，博物馆官方微博应该固定推送的时间，让受众形成该时间段查看动态的习惯，形成稳定的关注人群，切勿断更。在发布时间选择上，可以选在受众休闲娱乐或者睡前这个时间段，提高受众的关注度。

3. 健全机制，引入专业人才

博物馆和社交媒体融合发展是必然的趋势，也是博物馆扩大宣传的一个重要途径。但由于适应新兴技术需要一个过程，其间必然会产生诸多问题，如缺乏健全有效的管理机制，导致推文的更新及内容差强人意、处于一种自发无序的状态、运营规划较模糊不够明确。因此在观念上应重视社交平台在传播博物馆信息上的作用，加大投入，引入专业人才，建立专业化的运营团队，并且让博物馆专业研究人员加入其中，满足受众多元化需求，形成一套分工明确、效率高、专业性强的传播团队，提高博物馆的公信力和知名度。

结　语

　　本书基于城市的空间媒介特质凸显，城市与媒介相互嵌入的新范式，即从空间传播的新范式出发，来分析城市记忆的建构与传播。具体来说，从地理景观、大众媒介和日常生活等不同的空间场域切入，揭示城市记忆传播的内容、策略与机制，剖析城市记忆的生产、消费与体验，探讨与反思城市记忆建构与传播的价值与意义。

　　城市记忆的空间性传播是一种实体空间的传播，需要关注城市实体空间的文化逻辑与传播价值。博物馆、历史文化街巷、纪念碑、民居等怀旧和纪念空间，作为城市集体记忆的表现形式，承载过去的信息，从中可以解读过去的事件与人物信息、文化价值、共同的身份认同等，因此城市记忆作为实体空间的存在，对于构筑集体记忆，建构市民认同感的作用巨大。城市就是一座巨大的博物馆，要保留不同时期和不同形态的建筑物与遗存片段，活化具有集体记忆的公共场所，通过复生街区记忆、构建地方场景、再造地方体验、延展怀旧空间等方式来保护和更新怀旧空间的文化基因，将景观背后所蕴含的地方精神、民俗习惯、社会秩序、文化价值观等进行诠释、活化与传播，形成强大的凝聚力。

　　城市记忆的空间性传播是一种虚拟空间的传播，它使城市记忆以文字、声音、画面、虚拟现实等形式得以再现，历史文化得以传播、保护与传承，增强了城市的文化底蕴，展现出城市的个性与美好形象。为了使城市记忆在媒介空间中传承延续，媒介必须采取各种劝服性的策略和技巧对记忆展开建构和加工，从而建构起与真实的关系，并最终产生认同。同时应推进对传统和历史的反思与批判，寻找历史文化与当下社会处境、精神困境的内在联系，在记忆中寻找过往经验，思考对当今的人性关怀和情感慰藉能带来怎样的药方和疗效，从而为人们走出迷茫的精神困境提供借鉴。

城市记忆的空间性传播是一种日常生活实践中的传播。社会记忆的传承与传播高度依赖人们的身体行为，民众正是通过各种社会性、日常化的行为实践来体验、传播与认同城市记忆，建构城市意义网络。市民在长期相处过程中结成了丰富的社会网络，这种无形的、看不见的社会网络，对于市民生活及居住区的稳定，对于维持共有的城市记忆有着强大的内在力量。我们需要保护与延续市民长期积累的社会网络，使日常交往方式、交往距离、交往频率得以维系，才能使城市记忆在生活世界演进中得以传承，将城市的历史脉络延续下去。而传统艺术、传统手工艺、节庆活动、仪式等非物质文化遗产的传播与保护，以及传统文化的传承，也需要刻写与体化的结合，将其融入日常生活实践中。

城市记忆的空间性传播是一种融合性和体验式传播。以互联网带动的融合媒介重构多重空间关系的实践，将实体空间与虚拟空间的传播融汇在一起，城市传播从单一的实体空间或虚拟空间，转化为实体空间与虚拟空间并存、转化、融合的状态。移动新媒体开辟了身体体验的新维度，调动人的各种感官，使城市记忆融入人的日常生活实践中，这种体验式传播创造了一种崭新的社会实践，城市记忆也在体验式的传播空间中绽放异彩。

城市的功能除生产、消费和居住，其重要的价值在于创造和传播文明。如刘易斯·芒福德所言："城市通过它集中物质的和文化的力量，加速了人类交往的速度，并将它的产品变成可以储存和复制的形式。通过它的纪念性建筑、文字记载、有序的风俗和交往联系，城市扩大了所有人类的活动范围，并使这些活动承上启下，继往开来。"由此可见，城市文化的塑造、城市凝聚力的增强，需要实现传统与现实的交流融合，城市共同体的建构依赖跨越时空的传播编织意义网络。城市记忆的传播，需要多层次全方位引导建立拥有大致相同的文化记忆、价值、伦理的共同体，为老百姓的乡愁留足记忆空间，积极建构诗意栖居的地方理想家园，同时给不同的记忆内容与形式提供空间，给不同价值观、审美趣味以充分的尊重，最大限度促成民众对话、交流和理解，以增进社会和谐，进而实现"留住乡愁"的愿景。

参考文献

1. ［法］莫里斯·哈布瓦赫：《论集体记忆》，毕然，郭金华译，上海世纪出版集团、上海人民出版社，2002年版。

2. ［美］刘易斯·芒福德：《城市发展史：起源、演变和前景》，倪文彦、宋峻岭译，中国建筑工业出版社，2005年版。

3. ［德］阿莱达·阿斯曼：《记忆中的历史：从个人经历到公共演示》，袁斯乔译，南京大学出版社，2017年版。

4. ［法］皮埃尔·诺拉：《记忆之场：法国国民意识的文化社会史》，黄艳红等译，南京大学出版社，2015年版。

5. 黄旦：《城市传播：基于中国城市的历史与现实》，上海交通大学出版社，2015年版。

6. 包亚明：《现代性与空间的生产》，上海教育出版社，2003年版。

7. 冯雷：《理解空间：现代空间观念的批判与重构》，中央编译出版社，2008年版。

8. ［英］安东尼·吉登斯：《现代性与自我认同》，赵旭东、方文译，生活·读书·新知三联书店，1998年版。

9. ［美］爱德华·苏贾：《后现代地理学：重申批判社会理论中的

空间》，王文斌译，商务印书馆，2014 年版。

10. ［美］爱德华·苏贾：《后现代地理学：重申批判社会理论中的空间》，王文斌译，商务印书馆，2014 年版。

11. 朱蓉，吴尧：《城市·记忆·形态：心理学与社会学视维中的历史文化保护与发展》，东南大学出版社，2013 年版。

12. 陶东风，周宪：《文化研究》（第 10 辑），社会科学文献出版社，2010 年版。

13. ［美］曼纽尔·卡斯特：《网络社会的崛起》，夏铸九等译，社会科学文献出版社，2001 年版。

14. ［荷］根特城市研究小组：《城市状态：当代大都市的空间、社区和本质》，敬东译，中国水利水电出版社，2005 年版。

15. ［加］埃里克·麦克卢汉：《麦克卢汉精粹》，何道宽译，南京大学出版社，2000 年版。

16. ［美］詹姆斯·罗尔：《媒介、传播、文化：一个全球性的途径》，董洪川译，商务印书馆，2005 年版。

17. ［日］佐藤卓已：《现代传媒史》，诸葛蔚东译，北京大学出版社，2004 年版。

18. 赵静蓉：《文化记忆与身份认同》，生活·读书·新知三联书店，2015 年版。

19. ［德］扬·阿斯曼著，金寿福：《文化记忆：早期高级文化中的文字、回忆和政治身份》，黄晓晨译，北京大学出版社，2015 年版。

20. 王笛：《茶馆：成都的公共社会和微观世界：1900—1950》，社会科学文献出版社，2010 年版。

21. 周正楠：《媒介·建筑：传播学对建筑设计的启示》，东南大学出版社，2003 年版。

22. ［加］马歇尔·麦克卢汉：《人的延伸：媒介通论》，何道宽译，四川人民出版社1992年版。

23. ［英］阿兰·R. H. 贝克：《地理学与历史学：跨越楚河汉界》，阚维民译，商务印书馆，2008年版。

24. 陈蕴茜：《崇拜与记忆：孙中山符号的建构与传播》，南京大学出版社，2009年版。

25. 王军：《城记》，生活·读书·新知三联书店，2003年版。

26. ［澳］斯科特·麦奎尔：《媒体城市：媒体、建筑与都市空间》，邵文实译，江苏教育出版社，2013年版。

27. 谢建辉：《长沙老建筑》，五洲传播出版社，2006年版。

28. ［美］本尼迪克特·安德森：《想象的共同体：民族主义的起源与散布》，吴睿人译，上海人民出版社，2003年版。

29. ［美］斯蒂文·小约翰：《传播理论》，陈德民，叶晓辉译，中国社会科学出版社，1999年版。

30. ［美］保罗·康纳顿：《社会如何记忆》，纳日碧力戈译，上海人民出版社，2000年版。

31. 邵鹏：《媒介记忆理论：人类一切记忆研究的核心与纽带》，浙江大学出版社，2016年版。

32. 张英进：《空间、时间与性别构形：中国现代文学与电影中的城市》，江苏人民出版社，2007年版。

33. 邵培仁等：《媒介地理学：媒介作为文化图景的研究》，中国传媒大学出版社，2010年版。

34. ［英］戴维·莫利，凯文·罗宾斯：《认同的空间》，司艳译，南京大学出版社，2001年版。

35. 赵静蓉：《抵达生命的底色：老照片现象研究》，广西师范大学出版社，2005年版。

36. 赵静蓉：《怀旧：永恒的文化乡愁》，商务印书馆，2009年版。

37. ［美］爱德华·希尔斯：《论传统》，傅铿，吕乐译，上海人民出版社，2009 年版。

38. 唐晓峰：《文化地理学释义：大学讲课录》，学苑出版社，2012 年。

39. ［美］凯文·林奇：《城市意象》，方益萍，何晓军译，华夏出版社，2001 年版。

40. 孙逊：《都市文化研究》（第一辑），生活·读书·新知三联书店，2005 年版。

41. ［美］曼纽尔·卡斯特：《认同的力量》，夏铸九，黄丽玲等译，社会科学文献出版社，2003 年版。

42. 李燕：《媒介认同论：传播科技与社会影响互动研究》，中国传媒大学出版社，2010 年版。

43. ［德］阿斯特莉特·埃尔：《文化记忆理论读本》，余传玲等译，北京大学出版社，2012 年版。

44. ［美］蒂姆·克雷斯韦尔：《地方：记忆、想像与认同》，徐苔玲，王志弘译，群学出版有限公司，2006 年版。

45. ［澳］德波拉·史蒂文森：《城市与城市文化》，李东航译，北京大学出版社 2015 年版，第 88 页。

46. 刘宏宇：《呈现的真相和传达的策略：博物馆历史展览中的符号传播和媒介应用》，人民日报出版社 2016 年版，第 6 页。

47. ［英］贝拉·迪克斯：《被展示的文化：当代"可参观性"的生产》，冯悦译，北京大学出版社，2012 年版。

48. ［英］安娜·路易莎，桑切斯·劳斯：《博物馆网站与社交媒体：参与性、可持续性、信任与多元化》，刘哲译，上海科技教育出版社，2016 年版。

49. Rossi A. The Architecture of the City ［M］. Cambridge：MIT

Press. 1984.

50. Hayden D. The Power of Place：Urban landscapes as Public History ［M］. Cambridge：MIT press. 1995.

51. Casey E. S. Remembering：A Plenomenological Study ［M］. Bloomington ：Indiana University Press. 1987.

52. Rossi A. , Ghirardo D. , Eisenman P. The architecture of the city ［M］. Cambridge：MIT Press. 1984.

后 记

　　本书是 2017 年度教育部人文社科基金一般项目的最终研究成果，在项目申报与研究过程中，新闻传播学院的同仁以及学校相关部门均给予了关心与支持，在此表示感谢。

　　课题申报与研究得到了中国传媒大学传播研究院陈卫星教授的点拨与鼓励，陈老师的教导让我在研究中受益非浅。虞金辉、朱媚、郑晨红、洪恒飞、孔维、周丹、何兰等多位学生参与研究，在资料收集、案例分析、田野调查等方面做了一些基础性工作，在此一并致谢。

　　我还要感谢我的家人，他们的支持让我有足够的精力和条件顺利完成这项课题。城市记忆与空间传播已有相当丰硕的研究成果，这些成果是本研究的基础，书中尽可能对引用的内容标明出处，在此一并致谢。因学术水平有限，对于书中存在的不足和问题，还望有关专家、学者和读者不吝赐教，提出宝贵意见。

邓庄

2020 年 2 月 19 日